Allitera Verlag

GERD HOLZHEIMER

ÜBER DIE SCHWELLE

DIE FAMILIE HAUSHOFER

in Kunst, Wissenschaft und Politik

Allitera Verlag

Die Drucklegung wurde ermöglicht dank der großzügigen Förderung
der Hubertus Altgelt-Stiftung.

Originalausgabe Oktober 2023
Allitera Verlag
Ein Verlag der Buch&media GmbH München

Layout, Satz und Umschlaggestaltung: Johanna Conrad
Gesetzt aus der Helvetica Neue und der Adobe Garamond
Umschlagvorderseite: Portal zum Frauenmünster auf Frauenchiemsee, Foto: Valerie Lex
Printed in Europe · ISBN 978-3-96233-222-8

Allitera Verlag
Merianstraße 24 · 80637 München
Fon 089 13 92 90 46 · Fax 089 13 92 90 65

Weitere Publikationen aus unserem Programm finden Sie auf www.allitera.de
Kontakt und Bestellungen unter info@allitera.de

INHALT

DER HARTSCHIMMEL 9

ZUR INSEL: DIE ERSTE MALERKOLONIE IN BAYERN 23
Maximilian (Max) Haushofer (1811–1866)

IN DIE BERGE ZU DEN STEINEN 35
Karl Haushofer der Ältere (1839–1895)

VOLKSWIRTSCHAFT UND FRÜHE SCIENCE-FICTION 43
Max Haushofer der Jüngere (1840–1907)

MIT DER KUNST IN DIE FRAUENBEWEGUNG 57
Emma Haushofer-Merk (1854–1925)

ES LEBE DIE FREIHEIT 61
Marie Haushofer (1871–1940)

GEOPOLITIK ALS POLITISCHE GEOGRAPHIE 67
Karl Haushofer der Jüngere (1869–1946)

DIE STARKE FRAU AUF AUGENHÖHE MIT DEM MANN 129
Martha Haushofer, geb. Mayer-Doss (1877–1946)

MIT DEM LEBEN ZAHLEN FÜR SEINE ÜBERZEUGUNG 145
Albrecht Haushofer (1903–1945)

FORTSETZUNG BÄUERLICHER BESTIMMUNG 177
Heinz Haushofer (1906–1988)

DER HARTSCHIMMEL IM ZENTRUM VON POLITIK UND LEBEN . . . 191
Martin (1936–1994) und Renate Haushofer (geb. Gräfin von Lüttichau *1940)

DANK 201

ANMERKUNGEN 202

BILDNACHWEIS 208

LITERATURVERZEICHNIS 209

REGISTER 212

Der Weg zum Hartschimmel

DER HARTSCHIMMEL

Von dem Tor aus, das ein längeres Stück Weg zum Hartschimmelhof hinauf eröffnet, windet sich eine kleine Straße durch weite Wiesen und Weiden, aus denen einzeln riesige Bäume ragen, Buchen und Eichen. Sie ist nicht geteert. Die ganze Anlage sieht so aus, als hätte ein Landschaftsgärtner der englischen Schule einen Park in dieser hügeligen Gegend aus Wäldern, Wiesen und Moorgründen oberhalb des Ammersees angelegt. In der Zeit im Jahr, in der Baum und Strauch laublos bleiben, schimmert an der einen oder anderen Stelle blau und silbern der See herauf, aus eiszeitlichem Talgrund. In der Ferne gen Süden zeichnen die Berge der Alpen ihre bald haarscharfen, bald weich verschwimmenden Konturen in einen so oft zitierten weiß-blauen Himmel, wie man ihn aus dem Bilderbuch kennt. Der Weg führt leicht hügelan durch eine Allee stattlicher Eschen zu einem Gutshaus im ländlichen Stil, das zu einem Ensemble mehrerer Gebäude auf dem Gut Hartschimmel gehört. Es hält eine freundliche Mitte zwischen Bauernhaus und stattlicher Villa. Man könnte meinen, Eingang ins Paradies auch im Diesseits gefunden zu haben.

Wahrscheinlich hat man dabei aber den kleinen Friedhof nicht bemerkt, der hinter den Büschen versteckt liegt, noch vor dem Tor, ein Familienfriedhof auf eigenem Anwesen, sehr ungewöhnlich. Eine Grabplatte ist mit dem Todesjahr 1945 versehen. Bei einem Ehepaar ist 1946 ein und derselbe Sterbetag vermerkt, da muss etwas passiert sein. »Unter jedem Dach ein Ach«, sagt ein altes Sprichwort, und dieses Ach macht auch um dieses schon beinah märchenhafte Idyll keinen Bogen. Eines Tages sind die Eschen gefällt, weil sie vom Pilz befallen waren wie so viele im Land seit der Jahrtausendwende, Gang der Dinge. Und wie dieser die Geschichte der Bewohner dieses Guts bestimmte, erfährt man – nach und nach und mehr und mehr – von der Geschichte dieses Hofes und der Familie, die ihn zu dem gemacht hat, was er ist, der Familie Haushofer. Es ist eine Geschichte hoch erfüllter, beglückter Augenblicke, aber auch tiefer Schatten, ein Ort geistiger und künstlerischer Inspiration und zugleich deprimierender Abgründe.

Das über hundert Hektar weite Gelände ist allerdings nicht von einem Landschaftsgärtner angelegt worden, sondern Ergebnis jahrhundertelanger Allmende-Wirtschaft. »Allmende« bedeutet »Gemeindeflur«, also gemeinschaftliches Eigentum einer Gemeinde. Auf diesem Gemeindegut pflegten die Bauern ihre Kühe weiden zu lassen, geleitet und behütet von einem Hirten. Automatische ökologische Folge einer solchen Wirtschaftsform ist eine extensive Landwirtschaft, die im Gegensatz zur intensiven eine Artenvielfalt von sich aus ermöglicht und hervorbringt. Eine alte Karte für das nahe Kerschlach weist Boden und Bewuchs solcherart aus: »Kerschlacher Wisen, darauf alte Aichen Stumppen, auch ainschichtige Faichtenpäumb, sambt Staudtenwerch.« Solche Wörter sind dem Erforscher und Sammler der bairischen Sprache eine Freude. »Faichtenpäumb« leiten sich aus dem Bairisch-Althochdeutschen »fiuchta« ab, das über »feichte, Feichten, Feichterne« zum Fichtenbaum wird. »Faichtenpäumb« sind Fichtenbäume. Und »Staudtenwerch« ist »Staudenwerk«, also Gesträuch.[1]

Diese Wiesen finden sich gen »Mitternacht«, also in Richtung Norden, und damit in die Gegend des Hartschimmelhofes, sodass sich bis zum heutigen Tage ein weitgehend einheitliches Landschaftsbild ergibt: »In dem eingeschlossenen Gezürkh ist die Kerschlacher Waydt, welche zimlich starkh verwachst, darin seind auch 3 Filz und 1 Faichthölzl, sambt villen Farchenholz [Föhren], das mehr ist aber roßrechtig, worinnen hinvür guethe Waydschaft für Roß und Vich«.[2] Wenn auch der Hartschimmelhof längst in privater Hand ist, hat sich doch eine enorme Artenvielfalt erhalten, weil man bei der extensiven Bewirtschaftung geblieben ist.

Der Hartschimmelhof liegt auf einer Anhöhe über dem Ammersee in Oberbayern. Als »Juwel bayerischer Landschaft« wird das weitläufige Anwesen, das in völliger Alleinlage hoch über dem Ammersee liegt, zu vollem Recht immer wieder genannt. Siedlungsspuren lassen sich mit den Hügelgräbern bis in die Bronzezeit zurückverfolgen. Als bayerischen »Schliemann«[3] beschreibt Heinz Haushofer in seiner Schrift *Schimmel auf der Hart* den Forscher Julius Naue, Schüler des Malers Moritz von Schwind. Was als hochgegriffen erscheint, trifft zunächst auf eine weitgehende Zeitgleichheit zu. In den Achtzigerjahren des 19. Jahrhunderts, in denen Schliemann Mykene und Tiryns ausgrub, zeigte Naue seiner erstaunten Umwelt einen Streitwagen, den man vom Hörensagen nur aus den Epen eines Homer kannte. Das wird einiges Stirnrunzeln verursachen: Was hat Homer mit dem Hartschimmelhof zu tun? Nichts – oder auch viel. Das Schlachtfeld von Troja und dessen Niederlage schieben sich metaphorisch in historisch bedrohlicher Wiederholbarkeit auch in unsere Umgebung, nach dem Ersten Weltkrieg, im Zweiten – und wer weiß, wann wieder.

Julius Naue fand auch das Grab einer Fürstin und viele Überreste einer bäuerlichen Kultur, die Naue als friedliebend einschätzte: »Ernst und würdevoll, wie die Berge, welche die Wohnstätten und Friedhöfe der frühesten Bewohner unseres oberbayerischen Gebietes umrahmten, muss auch ihr Sinn, fest und entschlossen ihr Tun, und einfach und gediegen ihr Leben gewesen sein.«[4] Der Friedhof der Familie Haushofer ist auf einem Grabhügel aus der Bronzezeit angelegt, Kontinuität auch noch in der Grabkultur fortsetzend.

Zwei Heilige Berge Bayerns bilden topographische Bezugspunkte zum Hartschimmelhof: der Heilige Berg vom Kloster Andechs und der Hohe Peißenberg. Freilich hat die Gegend auch schon äußerst unselige Zeiten erfahren. 1632 fallen die Schweden im Dreißigjährigen Krieg ein, zerstören die Hälfte aller Anwesen und töten viele Einwohner. Zwei Jahre später wütet die Pest. Allein im nahen Pähl gibt es 300 Tote, in Kerschlach überlebt niemand. Der Pandemie und den Kriegen und Kriegern folgen Ratten, Wölfe und Wildschweine und verwüsten die Felder.

Hartschimmel Heimat Eigen, Zeichnung von Karl Haushofer

Geht man aber in diesen Tagen, gelegentlich in Begleitung einer kleinen Gesellschaft, die hier Hochzeit feiert, auf dem geschotterten Weg auf den Hof zu, überkommt einen das Gefühl, er müsse schon immer hier gestanden sein. Und dass alles Glück dieser Erde auf ihm versammelt sein muss, das man sich nur denken kann, wie er so weltabgeschieden und in aller Eintracht mit sich selbst und mit seiner Umgebung daliegt, inmitten der weitläufigen Wiesen- und Weidengründe und der mächtigen alten Buchen und Eichen, die sich nur deshalb so prächtig entfalten können, weil sie einzeln stehen und den Platz haben, den sie brauchen. Jeder Baum steht für sich allein.

Der Hartschimmelhof ist nicht immer schon hier gestanden. Eis in einer Höhe von einhundertfünfzig Metern hat auf diesen Boden gedrückt, hat Gestein aus den Bergen mitgebracht, den heutigen Alpen: Kalk aus dem Wettersteingebirge mit der Zugspitze, Gneis und Glimmerschiefer aus den Zentralalpen, dem Ötztal zum Beispiel. Und hat das Gestein teils zusammengequetscht, teils auf die Seite geschoben, was wir heute Randmoräne nennen in dem einen Fall, Grundmoräne im anderen. Obgleich dieses Geschehen zehntausend Jahre her ist, prägt es diese Landschaft – und vor allem auch den Boden, dessen Humusschicht gerade fünf Zentimeter beträgt. Wenn es regnet, rinnt das Wasser oben auf der Höhe der Randmoräne schnell durch den dünnen Boden und verläuft im Schotter, während es weiter unten in moorähnlichem Sumpf sich sammelt: beides für die Landwirtschaft nicht gerade tauglich. Aber so weit war es noch lange nicht, als die Gletscher langsam begannen abzuschmelzen.

Nach dem gewaltigen Geschiebe der Steine folgte ein nächster Kampf in der Natur, der Kampf der Pflanzen, diesem Schotter Lebensraum abzugewinnen. Das gelingt so nach und nach als Ersten den »Pionierpflanzen«, die auch »Schuttwanderer« genannt werden, unter ihnen die Silberwurz (Dryas octopetala L.), nebenbei auch ein Indikator für globalen Klimawandel. Aber die Silberwurz kann sich nicht ausruhen, neue Pflanzenarten drücken nach, die auch Schuttbesiedler werden wollen und sich des eroberten Terrains bedienen, der Steinbrech etwa, Ampfer und natürlich alle Arten von Moosen und Flechten. So entsteht Vegetation, so entwickelt sich Leben.

Und so kommt – in großem zeitlichen Sprung – der Anblick zustande, den heute der Hartschimmelhof bietet. Die beträchtlichen Wiesenflächen sind Ausdruck einer minderen Bodenqualität, die kaum einen Ackerbau erlauben. Renate Haushofer, die langjährige Besitzerin des Hartschimmelhofs, erzählt, dass eine kleine Besucherin angesichts eines Ackerversuches gefragt hat: »Baut Ihr hier Steine an?«

Es bleibt nahezu ausschließlich die Viehwirtschaft. Die wunderbaren Bäume in den weiten Wiesenflächen setzen also mitnichten Akzente in einem englischen Landschaftsgarten, sie sind Bestandteil eines Hutewaldes, sind Bäume, die seit alters eine Viehhaltung auf freier Weide ermöglichen. Der Begriff »Hutewald« leitet sich von »hüten« ab. Ein Hüter passt auf die Herde auf, die sich aus Rindern verschiedener Bauernhöfe zusammensetzt, deren Besitzer sich die »Allmende« als Weide teilen.

Das Vieh sorgt durch Verbiss dafür, dass rings um die Bäume keine anderen Pflanzen aufkommen und sie solcherart alle Kraft und alles Licht allein auf sich versammeln können. Hutweide und Hutewald sind keine Natur-, sondern Kulturlandschaften zur Viehhaltung. In seiner Monographie *Schimmel auf der Hart* hält Heinz Haushofer unmissverständlich fest: »Die Gestaltung der Landschaft ist in unserem Fall also nicht eine Angelegenheit der Ästhetik, sondern der Bewohnbarkeit – nicht eine Frage der Erhaltung einer Kulisse für Sonntagswanderer oder Autofahrer, sondern des Ausbaus einer dauernden Heimat.«[5]

Die Geschichte des Hartschimmelhofes im engeren Sinne beginnt im Jahre 1856. Longinus Rappenglück, Sohn eines Bauern in Kerschlach mit Hofnamen »Beim Schimmel«, kauft die Wiesen auf dem Hart. Der alte Hof steht noch immer, in Sichtweite des ehemaligen Klosters der Missions-Benediktinerinnen – wo, seltsame Koinzidenz der Geschichte, Albrecht Haushofer eineinhalb Jahrhunderte später auf seiner Flucht vor der Gestapo nach einem Platz fragt, an dem er sich verstecken könnte.

Wenn aber zum Glück der landschaftlichen Schönheit auch noch ein Mensch namens »Rappenglück« hinzukommt, scheint alles zum Guten gefügt. Der Hofname »Schimmel« rührt nicht vom Schimmelbefall einer Mauer her, sondern aller Wahrscheinlichkeit nach daher, dass einer der Besitzer weißblond gewesen sein muss. Und »Hart« bedeutet »bebaumte Hügelweide«. Im Jahre 1900 erwirbt Georg Ludwig Mayer-Doss, der Vater von Martha Haushofer, den Hof und übergibt ihn seiner Tochter und ihrem Mann Karl Haushofer, den Eltern von Albrecht und Heinz Haus-

Grabkreuz der Familie Rappenglück, Friedhof Gut Hartschimmel

Beim Schimmel, Hof der Familie Rappenglück in Kerschlach

hofer. Seither ist er in Familienbesitz. Nicht minder verflochten wie Siedlung, landwirtschaftliche Nutzung und Waldbau sind die Schicksale der auf dem Hof lebenden Familienmitglieder mit gewaltigen Pendelausschlägen zwischen hohem Glück und tiefer Tragik. Der Kampf, der über die Jahrtausende hindurch auf dem Moränenhügel in der Natur stattgefunden hat, setzt sich in den einzelnen Biographien der Haushofers vor allem auch auf politischer Ebene fort.

DIE FAMILIE HAUSHOFER

Es gibt viele bemerkenswerte Familien in Bayern. Die Familie Haushofer gehört in ganz besonderer Weise dazu. Sie ist seit langer Zeit eine, in der über Generationen hinweg immer wieder herausragende Persönlichkeiten von sich reden machen. Geradezu exemplarisch bilden sich in ihren Vertretern Frauen und Männer aus der Kunst, der Wissenschaft und der Politik heraus, die sowohl im 19. wie im 20. Jahrhundert maßgebend am künstlerischen, gesellschaftlichen und politischen Leben in Bayern beteiligt waren.

»Wer als Haushofer geboren wurde«, weiß Heinz Haushofer, »und entweder sein Leben lang oder bis zur Heirat Haushofer hieß, trägt mit diesem Namen eine Erinnerung mit sich, die rund 800 Jahre zurückreicht.«[6] Nur wenige Familien können ihre Herkunft über so lange Zeit nachverfolgen, kaum eine geht zurück auf die Zeit vor dem Dreißigjährigen Krieg. Der Familienname leitet sich vom Hofnamen »Haushof« in Niederbayern ab, in Sandbach an der Donau, unweit von Passau, 1352 erstmals beurkundet in einer Urkunde der Grafen von Ortenburg.

Vier Jahre zuvor wird die erste deutsche Universität gegründet, in Prag. Heinz Haushofer beschreibt zu Beginn seiner Autobiographie *Mein Leben als Agrarier*, wie man sich die weitere Geschichte der Familie vorzustellen hat, die sich zunächst zum Bayerischen Wald gewendet hat, »wo wir ein Jahrhundert lang Bauern und Gastwirte in Thurmansbang waren«[7]. Von einem Georg Haushofer von Haushofen weiß man, »Bauer und Jäger«, vor 1654 geboren, »am Ort bei Heining«, ebenso von einem Hieronymus Haushofer, Bauer in Rathmannsdorf/Ndb. mit ungefähren Lebensdaten zwischen 1630 und 1680. Denker wie René Descartes (1596–1650) oder Gottfried Wilhelm Leibniz (1646–1716) begründen in dieser Zeit den Geist einer neu ansetzenden Zeit, der Aufklärung, deren Wahlspruch Descartes' Formel »cogito ergo sum!« (Ich denke, also bin ich) wird. Die Wintermonate 1618/19 verbrachte René Descartes in bayerischen Kriegsdiensten in Neuburg an der Donau; hier entwickelte er sein philosophisches System und begann die Niederschrift der *Regeln zur Leitung des Geistes*.

Professor Kurt Huber, Lehrer der Studenten der »Weißen Rose«, hat bis kurz vor seiner Hinrichtung durch die Nationalsozialisten an einem Werk über Gottfried Wilhelm Leibniz gearbeitet, einem Philosophen, dem es um die Sinnhaftigkeit des Weltganzen ging. An der Fassade des historischen Museums Hannover wird seiner so gedacht: »Es gibt nichts Ödes, nichts Unfruchtbares, nichts Totes in der Welt, kein Chaos, keine Verwirrung, außer einer scheinbaren, ungefähr wie sie in einem Teiche zu herrschen schiene wenn man aus einiger Entfernung eine verworrene Bewegung und sozusagen ein Gewimmel von Fischen sähe, ohne die Fische selbst zu unterscheiden.«

Bartholomäus Haushofer wird Gottfried Wilhelm Leibniz nicht gekannt haben, aber wenn er diese Zeilen gelesen hätte, wäre er gewiss damit einverstanden gewesen. Bartholomäus Haushofer war Müller und Bäcker in Rathmannsdorf und Kapfham, er ist vor 1662 geboren, seine irdische Laufbahn beendet hat er 1732. Sein Sohn Johann Evangelist Haushofer war Wirt und Bäcker in Thurmansbang, gelebt hat er von 1693 bis 1774. In seine Lebenszeit fällt der Siebenjährige Krieg (1756–1763), der erste tatsächliche Weltkrieg der Menschheitsgeschichte, von dem die Familie Haushofer vermutlich wenig oder nichts mitbekommen hat. Über Jahrhunderte geht ihr Leben überwiegend in ähnlichen Bahnen weiter. Auch Metzger gab es in der Familie, einen Johann Evangelist Haushofer etwa, Metzger in Regen, gelebt von 1751 bis 1822 – er erlebt die Auflösung des Deutschen Reiches 1804 bis 1806, die Säkularisation allen Kirchenguts, die Befreiungskriege gegen Napoleons Frankreich 1813 bis 1815, den Wiener Kongress mit dem Versuch einer Neuordnung Europas, den Beginn der Industrialisierung, die Grundlegung einer Geschichtsphilosophie durch Georg Wilhelm Friedrich Hegel (1700–1831). Aber noch kommen diese Welten nicht miteinander in

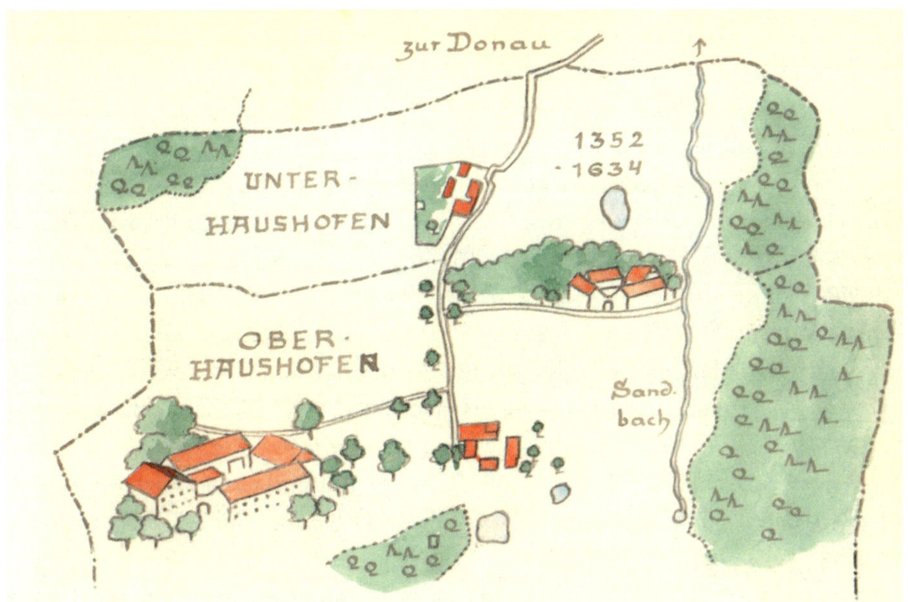

Der Urspungshof in Oberhaushofen, Zeichnung von Karl Haushofer

Berührung, die Welt der sogenannten einfachen Leute wie der Haushofers und die der geistigen Elite.

Man könnte diese Geschichte der Familie also auch im 13. Jahrhundert beginnen lassen, weil sie sich mit Quellen belegen ließe. Interessant genug wäre sie. Es ist eine lange Geschichte von Bauern und Handwerkern, auch Wirtsleuten unweit der Donau, gar nicht so weit entfernt vom Bayerischen Wald. Den Ort »Haushof« gibt es noch heute, namensgebend für die Familie. Aber wie bei jeder Geschichte, die man erzählen will, muss man eine Auswahl treffen. Dazu braucht es auch einen Anfang und einen Schluss. Der Anfang der Geschichte der Familie Haushofer soll in diesem Buch mit einem wichtigen, einem zukunftsweisenden Schritt getan werden. Einem Pfarrer fällt die große zeichnerische Begabung eines jungen Burschen, Sohn des gleichnamigen Metzgers, namens Johann Evangelist Haushofer (1776–1815) auf, die er fördern möchte. Dazu muss man ihn in die Stadt schicken, nach München.

Auch wenn man die Geschichte dieser weitverzweigten Familie auf eine Grundlinie der künstlerisch, wissenschaftlich und politisch tätigen Persönlichkeiten als Gemeinsamkeit einschränkt, kann man leicht den Überblick verlieren – allein schon, weil es zwei Familienmitglieder gibt, die Max Haushofer heißen, und zwei des Namens Karl Haushofer. Deshalb soll ein erster Überblick für ein gewisses Fundament sorgen, das die Einordnung der einzelnen Familienmitglieder erleichtern hilft.

Es ist schon begonnen worden bei Johann Evangelist Haushofer (1776–1815), Lehrer in München. Er ist Vater von Max Haushofer (1811–1866), der zur besseren Unterscheidung von seinem gleichnamigen Sohn Max Haushofer »der Ältere« genannt werden soll: Maler und Begründer der Künstlerkolonie auf der Fraueninsel im Chiemsee. Seine Ehefrau wird Anna Dumbser (1819–1902), Tochter des Lindenwirts auf der Fraueninsel, Chiemsee. Beide werden Eltern unter anderem von dem Mineralogen Karl Haushofer (1839–1895), der gleichfalls zur Unterscheidung von seinem Neffen Karl Haushofer im weiteren Fortgang als »der Ältere« apostrophiert wird. Ein weiterer Sohn ist Max Haushofer, vulgo »der Jüngere«, (1840–1907), Professor für Nationalökonomie und Schriftsteller. In erster Ehe ist er mit Adelheid Fraas, genannt Adele (1844–1872), verheiratet, eine zweite Ehe geht er mit Emma Haushofer-Merk ein (1854–1925). Max Haushofer der Jüngere und Adele Fraas sind die Eltern von dem Professor und Begründer der Geopolitik Karl Haushofer (1869–1946), im Folgenden »der Jüngere« genannt. Dieser geht eine Ehe mit Martha Haushofer (geb. Mayer-Doss, 1877–1946) ein, und beide sind wiederum Eltern von Albrecht Haushofer (1903–1945), Politiker und Dichter, und Heinz Haushofer (1906–1988), Landwirt, Schriftsteller und Politiker.

Es ist nicht möglich, den Stammbaum in seiner ganzen Breite, in seinem Kinderreichtum an dieser Stelle darzustellen. Damit würde auch der Rahmen der Auswahl innerhalb dieser Familienchronik gesprengt werden, der sich auf Vertreter im Bereich der Kunst, Kultur, Wissenschaft und Politik beschränkt.

Heinz Haushofer war in erster Ehe mit Adrienne Desportes (1906–1932), Adoptivtochter des Verlegers Thomas Knorr (Knorr & Hirth Verlag), verheiratet, mit der er zwei Kinder bekam, in zweiter Ehe mit Luise Renner, Tochter des Typographen Paul Renner (Entwicklung der serifenlosen Futura), aus der drei weitere Kinder hervorgingen, darunter Martin Haushofer (1936–1994). Aus erster Ehe mit Veronika Stöckinger stammt die Tochter Alexandra von Schönberg (geb. 1965), die inzwischen den Hartschimmelhof führt und dort unter anderem eine Papierwerkstatt sowie eine Event Location betreibt. In zweiter Ehe war er mit Renate Gräfin von Lüttichau (*1940) verheiratet, die nach seinem Tod den Hartschimmelhof geführt hat.

DIE METAPHORIK DER SCHWELLE

Jeder Mensch kennt »Schwellen«-Situationen in seinem Leben, in denen er sich vor die Aufgabe gestellt sah und sieht, über eine mehr oder weniger hohe Schwelle zu treten, um eine neue Aufgabe anzugehen, eine neue Perspektive zu entwickeln. Diese Schwelle kann naturgegeben sein, gesellschaftlich bedingter Art, von anderen errichtet, die einem etwas in den Weg legen wollen – oder auch selbst im eigenen Inneren aufgebaut, aus Angst, aus Überlegung, aus Mangel am eigenen Zutrauen usw.
In vielen Kulturen wird die symbolische Bedeutung der »Schwelle« spirituell gekennzeichnet. In christlich geprägten Haushalten werden am Dreikönigstag, also am

Stammbaum der Familie Haushofer

Der Haushof
in der bairischen Grafschaft Ortenburg, gegründet ca. 1200,
erste Beurkundung 1352

Georg Haushofer »von Haushofen«
Bauer und Jäger, † vor 1654, bei Heining

Hieronymus Haushofer
Bauer in Rathmannsdorf, ca. 1630–1680

Bartholomäus Haushofer
Müller und Bäcker in Rathmannsdorf und Kapfham
1662–1732

Johann Ev. Haushofer
Wirt und Bäcker in Thurmansbang, 1693–1764

Johann Ev. Haushofer
Metzger in Regen, 1745–1822

Johann Ev. Haushofer ⚭ Dorothe Löschhorn
Lehrer im Schloss Nymphenburg u. Musiklehrer der Englischen Fräulein
1776–1815

Maximilian Haushofer
Patenkind König Max I. von Bayern
Landschaftsmaler, Professor der Akademie
in Prag, 1811–1866

⚭ 1838

Anna Dumbser
von Frauenchiemsee, Tochter des
Bierbrauers, Gastwirts »Zur Linde« und
Landwirts, 1814–1902

Karl von Haushofer
Professor der Mineralogie,
Mitglied der Akademie,
Direktor d. TH München
1839–1895

⚭ 1868

Wilhelmine Boshart
Tochter des
Landschaftsmalers
Wilhelm Boshart
1846–1890

Max Haushofer
Prof. der Nationalökonomie
und Statistik, TH München,
Schriftsteller
1840–1907

⚭ 1868

I. Adelheid Fraas
Tochter des Professors der
Landwirtschaft Carl Fraas
1844–1872
II. **Emma Merk**
Schriftstellerin, 1854–1925

Martha Mayer-Doss
1877–1946

⚭ 1896

Karl Haushofer
Generalmajor und
Universitätsprofessor
der Geographie und
Geopolitik
1869–1946

Marie Haushofer
Malerin in München,
unverheiratet
1871–1940

Alfred Haushofer
Landschaftsmaler
in Seebruck am
Chiemsee
1872–1943

…enne Knorr
…06–1932

⚭ I.

Heinz Haushofer
Min. Rat, Hon. Prof. für Agrar-
geschichte und Agrarsoziologie,
Weihenstephan
1906–1988

⚭ II.

Luise Renner
1906–1988

Albrecht Haushofer
Prof. der Geographie und Geopolitik
an der Universität Berlin,
unverheiratet
1903–1945

Monika
*1934

Martin
1936–1994

⚭ I.

Veronika Stöckinger
*1940

⚭ II.

Renate Gräfin von Lüttichau
*1940

Andrea
*1940

Alexandra von Schönberg
*1965

6. Januar, als Haussegen mit Kreide drei Buchstaben auf den Türstock geschrieben: C M B, für »Christus Mansionem Benedicat«. Das bedeutet: »Christus segne dieses Haus«. Am Türstock von jüdischen Häusern ist aus Glas, Holz oder Metall die Mesusa befestigt, in der sich das »Schma Jisrael« befindet, das jüdische Glaubensbekenntnis. Beim Eintritt über die Schwelle berührt oder küsst man die Mesusa, die ebenfalls einen Haussegen darstellt. Im antiken Rom bewachte Janus, der doppelköpfige Gott, die Tür. Er schaut nach vorwärts und nach rückwärts, symbolisiert die Dualität allen Daseins, wie etwa Schöpfung und Zerstörung. Alles und jedes birgt sozusagen seinen eigenen Gegenspieler in sich. Das ist mehr oder weniger auch in jeder menschlichen Biographie der Fall. Bei den Mitgliedern der Familie Haushofer ist es nicht anders.

Die »Urschwelle« auf dem Umschlag dieses Buches wird durch die Schwelle repräsentiert, über die Besucher treten, die durch das Portal des Münsters auf der Fraueninsel im Chiemsee in die Kirche schreiten wollen. Viele Generationen von Menschen haben diese Schwelle so tief ausgetreten, dass sie in der Mitte schon kaum noch eine ist. All ihren Kummer, ihre Angst, ihre Sorgen, ihre Trauer haben diese Menschen in dieser Vertiefung hinterlassen, aber natürlich auch alle Hoffnung, Zuversicht, ihre Sehnsüchte, ihren Glauben.

Gleichzeitig ist damit die Verbindung hergestellt zu dem Maler Max Haushofer, der als Gründervater der Künstlerkolonie auf der Insel gilt. Mit ihm beginnt diese Monographie ihren Generationen-Reigen der Familie Haushofer. Sein mutiger Schritt besteht darin, nachdem die von ihm erwünschte Ausbildung auf der Kunstakademie als Landschaftsmaler nicht möglich war, sich seine Lehrmeisterin in der Natur selbst zu suchen. Auf der Insel, die er seit dem Jahr 1828 kennt, findet er sie – und die Liebe seines Lebens dazu: die Wirtstochter Anna Dumbser. 1832 beschließt der Student der Rechte, Landschaftsmaler zu werden, 1838 heiraten Anna Dumbser und Max Haushofer – und übertreten bei ihrer Hochzeit die Schwelle des Tores zum Frauenmünster auf der Fraueninsel im Chiemsee. Auch bei anderen Mitgliedern der Familie Haushofer werden in der einen oder anderen Form biographische Schwellen-Situationen thematisiert.

Seine Söhne Max und Karl richten sich auf der vom Vater erzielten und dann eingenommenen gesellschaftlichen Position ein: Sie werden Professoren. Einer der Söhne, Max (1840–1907), wird Professor der Nationalökonomie. Thomas Mann gehört zu seinen begeisterten Studenten. Doch er überschreitet die Schwelle der reinen Wissenschaft und beginnt Romane zu schreiben, die man als Vorform der modernen SF-Literatur bezeichnen könnte, z. B. *Planetenfeuer*.

Verschiedene Frauen der Familie raffen die Röcke und überqueren die Schwelle geschlechtsspezifischer Schranken. Es gelingt ihnen, zumindest partiell im privaten Bereich ihre Gleichberechtigung umzusetzen und dann auch öffentlich, soweit das unter den gegebenen Umständen möglich ist, geltend zu machen. Emma

Das Portal des Frauenmünsters auf der Fraueninsel im Chiemsee

Haushofer-Merk, zweite Ehefrau von Max Haushofer dem Jüngeren, tritt über die Schwelle tradierter Geschlechterrollen und nimmt eine herausragende Stellung in der sich Anfang des 20. Jahrhunderts formierenden Frauenbewegung ein. Im 1894 gegründeten *Verein für Fraueninteressen* übernimmt sie verschiedene leitende Funktionen. Emma Haushofer gründet zusammen mit Carry Brachvogel auch den ersten Schriftstellerinnen-Verein. Als Schriftstellerin schreibt sie zahlreiche Novellen, Erzählungen, Romane und Essays.

Die Grundlage der von Karl Haushofer begründeten Wissenschaft der »Geopolitik« bildet eine Recherchen-Reise nach Japan. Auf energische Initiative seiner Frau Martha reisen sie gemeinsam in den Jahren zwischen 1908 und 1910 dorthin. In einem der zahlreichen *Lebensbücher,* die er sein ganzes Leben seit der Geburt seines Sohnes Albrecht in Bild und Text führt, ist als Eintrag in dieser Zeit ein Torii zu sehen, in Japan ein reales oder symbolisches Eingangstor in einen sakralen Bezirk, das ihn von der profanen Welt abgrenzt. Auch hier ist eine Schwelle zu sehen, über die das Ehepaar treten muss, um diese für damalige Zeit ungewöhnliche Reise zu wagen. Allerdings übertritt Karl Haushofer auch noch ganz andere Schwellen, und zwar Schwellen, die ihn in verhängnisvolle Nähe zu führenden Nationalsozialisten bringen.

Martha Haushofer ist Tochter des jüdischen Zigarrenfabrikanten Georg Ludwig Mayer-Doss. Er hatte ihr nicht erlaubt, ihre offenkundigen Begabungen entsprechend zu nutzen. Ihr Eintritt 1896 in den *Verein für Fraueninteressen* ist von daher nur konsequent. Im Jahr darauf wird sie in den Vorstand gewählt, in dem sie bis 1919 verbleibt. Aufgrund ihrer jüdischen Herkunft muss sie jedoch noch ganz andere Schwellen übertreten – gleichsam in Gegenrichtung zu ihrem Mann –, gerät im »Dritten Reich« in ständige Gefahr, braucht zum Überleben einen Schutzbrief, ausgerechnet von Rudolf Heß, dem »Stellvertreter des Führers«, persönlich ausgestellt.

Karl Haushofer überquert forsch in Generalsuniform jede Schwelle, um sich dann doch lieber der Wissenschaft zu widmen und dabei gleichzeitig immer den eigenen Einfluss im Blick zu halten – auf höchste Kreise in der Politik, was ihn im Nationalsozialismus in ein immer uneindeutigeres, das heißt letztlich eindeutigeres Feld führt, bis zum tragischen Scheitern.

Das Janusköpfige bei beider Sohn Albrecht Haushofer besteht darin, dass er vorwärts schaut, hinaus in die Zukunft, auf ein künftig mögliches Deutschland, befreit von den Nationalsozialisten – und zugleich rückwärts, in die Zeiten vergehender Eliten. Man könnte auch sagen: Er schaut nach oben, so wie sich viele Familienmitglieder nach oben orientieren, womöglich nach ganz oben, zum Herrscher. Das macht bei Albrecht das Zaudernde, Selbstzweifelnde seines Lebens aus. Er bleibt mehr der Dichtende und Denkende als der politisch Handelnde. Ein Heiratsantrag an die lesbische Schriftstellerin und Orientalistin Annemarie Schwarzenbach passt zu dem sonst sehr zurückgezogenen, wenn nicht einsamen Menschen.

Albrecht Haushofer tritt zunächst beruflich und politisch in die Fußspuren seines Vaters. Gleich ihm auch im Ministerium von Joachim von Ribbentrop arbeitend, wendet er sich immer mehr von diesem Regime ab – erst innerlich, dann auch durch Kontakte mit Kreisen, die im Widerstand stehen, wobei ihm dieser Schritt über die Schwelle lange schwer fällt, so unweigerlich er für ihn zwingend notwendig wird. Nach dem Attentat auf Hitler am 20. Juli 1944 versucht er unterzutauchen. Nachdem er quer durch das bayerische Oberland Verstecke finden konnte (in Machtlfing, Kerschlach und Partenkirchen), wird er zuletzt doch von der Gestapo aufgespürt. Er wird in Berlin-Moabit gefangen gehalten – und dort in der Nacht vom 22. auf den 23. April 1945, kurz vor der Befreiung Berlins, hinterrücks erschossen. Während dieses Aufenthalts entstehen seine berühmten Moabiter Sonette, in denen seine innere Abwendung vom Nationalsozialismus deutlich wird. Gleichzeitig wird die Vorbereitung auf den bevorstehenden Tod spürbar. Er weiß, dass er vor der Schwelle seines Todes steht.

Am 10. März 1946 folgen ihm über diese Schwelle seine Eltern Karl und Martha Haushofer aus Trauer, Scham und tiefer Verzweiflung auf dem Gelände des Hartschimmelhofs – aus »freien Stücken«.

Albrechts Bruder Heinz und dessen Sohn Martin, tatkräftig begleitet von seiner Frau Renate Haushofer, überqueren als ebenso tätige wie geistvolle Menschen täglich die Schwelle ihres Hauses in ihr Tagwerk, was in dem Fall ganz wörtlich zu nehmen ist. Die Wiesen um den Hartschimmelhof weisen viele Tagwerke auf, die es landwirtschaftlich zu hegen und zu pflegen gilt. Beide gehen dieser Tätigkeit leidenschaftlich und geradezu vorbildhaft nach. Bis zum heutigen Tag sind diese Wiesen ein Biotop mit hoher Artenvielfalt.

Durchgängig ist in dieser Familie eine starke Erdverbundenheit zu erkennen, was sich in dem griechischen Wort »Geo« für »Erde« ausdrückt. Von der Landschaftsmalerei Max Haushofers, die man als Geopsyche bezeichnen könnte, über die Geopolitik als Wissenschaft Karl Haushofers gelangt die Geschichte der Familie Haushofer zu einer Geopoesie, mit der Heinz Haushofer mit östlicher Weisheit und feinem Stil die Vorgänge in der Natur beschreibt, wie sie sich aus seiner Sicht als Landwirt darstellt.

Wappen der Famlie Haushofer am Hartschimmelhof

Frauenchiemsee von Gstadt aus, um 1855

ZUR INSEL: DIE ERSTE MALERKOLONIE IN BAYERN

MAXIMILIAN (MAX) HAUSHOFER (1811–1866)

Der Vater des Malers Maximilian Haushofer, Johann Evangelist Haushofer (1776–1815), kommt aus dem Bayerischen Wald. Er war dem Pfarrer als besonders gescheiter Bub aufgefallen und zwar als so gescheiter, dass er ihn fördert, wie es nur geht, und ihm die Ausbildung aus der eigenen Tasche bezahlt. Und als der gelehrige junge Mann schließlich gefragt wird, was er denn gerne werden möchte, antwortet er: »Lehrer«, einfach nur Lehrer. Er hätte auch mehr werden können, aber das will er nicht. Also wird der Metzgersohn Lehrer.

Vom Himmel fällt solches Talent nicht. Mit Bestimmtheit lässt sich sagen, dass Bauern, die zusätzlich zur Landwirtschaft noch Gastwirtschaft betrieben haben, in ihrer Umgebung gesellschaftlich eine besondere Stellung einnahmen. Sie mussten rechnen können, auch schreiben. Oft gehörte auch noch eine Metzgerei dazu, was in den meisten Fällen zu einem zumindest kleinen Handelsverkehr führte, zu Kontakten, die über den sonst üblichen, eigenen bescheideneren Horizont hinausragten. All diese Voraussetzungen waren über lange Zeiten bei der Familie der Fall. Grundlagen, dass sich ein Talent auch entwickeln konnte, waren vorhanden.

Johann Evangelist Haushofer hält sein Talent für so überschaubar, dass er es dabei belässt, bei den Englischen Fräulein in München Lehrer für Musik und Zeichnen zu werden. Aus der Ehe mit Dorothea Löschhorn geht der Sohn Maximilian Haushofer hervor.

Nach Aufhebung der Schule durch die Säkularisation wird Johann Evangelist Haushofer Hauslehrer am königlichen Hof. Für den 1811 geborenen Sohn stellt sich König Max I. Joseph von Bayern als Taufpate zur Verfügung, weshalb der Bub den Namen »Max« erhält. Was als günstiges Omen erscheint, erfüllt sich zunächst nicht. Sowohl seine Eltern sterben früh – wie auch sein Gönner, der König, der für die Kosten der Ausbildung aufkommen wollte. Als glückliche Wende erweist sich eine Wanderung, auf die sich im Jahre 1828 Max Haushofer im zarten Alter von siebzehn Jahren macht, gemeinsam mit vier Wanderfreunden. Am »4. September abends gegen 8 Uhr« erreichen sie mit der Fähre die Fraueninsel, »wo meine ganze Zukunft schlief«.[8]

»Im Herbst dieses Jahres machte ich in Gesellschaft meiner Vettern Joseph und Karl, unseres Freundes Trautmann, eines unserer ältesten Bekannten und Schulgenossen, und eines Theologen […] namens Wöhrl, die erste Fußreise in die Alpen. […] Am 3. September gingen wir von München ab. In zwei Tornistern befand sich unser Gepäck, in dem einen das meiner Vettern, im anderen meines und das von Trautmann, welches Letztere so schwer wiegen möchte, als das der übrigen zusammen. Ein Gegenstand, welcher Anfangs sehr ins Gewicht ging, vor Schluß des zweiten Tages aber beseitigt war, dies war eine Flasche Liqueur, die uns der alte Trautmann, ein wohlerfahrener Mann, mit auf den Weg gegeben hatte. Es war ein frischer, erquickender Morgen nach mehrtägigem Regen; die Straße frei von Staub, auf Blättern und Blumen die Perlen des Taues, in der Ferne der Schnee der Alpen silbern glänzend zwischen auflagerndem Gewölke. Ich fühlte mich überglücklich, als wir die Stadt mit ihren Drangsalen im Rücken auf den Gasteigbergen standen, auf der breiten Landstrasse dem Tummelplatze des freien pontischen Gelüsters seit den ältesten Zeiten der Menschengeschichte.«[9] Was unter »pontischem Gelüster« zu verstehen ist, ist nur noch schwer nachzuvollziehen. »Pontisch« bezieht sich auf die Region des Schwarzen Meeres, doch welche spezifischen »Gelüste« mag es dort gegeben haben, derer sich ein junger Mann wie Max Haushofer erfreute?

Wie auch immer: »Unter der Einwirkung der Natur, im Gefühl der Freiheit […] belebte sich mein ganzes Wesen. Am ersten Tage gelangten wir nicht weiter als bis Feldkirchen. Diese neun geographischen Stunden kamen uns lange genug vor; unsere Sohlen waren dazumal noch wenig vertraut mit den Schrecknissen der Heerstraße; wir schliefen vortrefflich auf Stroh. […] Während wir den 2. Tag in Rosenheim Mittag machten, entstand ein Gewitter. Wir waren schon etwas müde und der Regen kam nicht unerwünscht. Es mußte ein Wagen gemietet werden bis nach Prien. In diesen begaben wir uns sofort und fuhren über Endorf und Rimsting unserm Ziel entgegen. […] [D]as Gewitter entfernte sich und rollte sich in strahlender Ferne gleich Bergen auf; über diese hochangetürmten Massen aber spannte sich ein prächtiger Regenbogen. […] Konnte ich unter schöneren Zeichen zum ersten Male mich dem Orte nähern, wo meine ganze Zukunft schlief? Ist es nicht ein freundlicher Wink der Vorsehung gewesen, der mich heute dahin führte, durch Sturm und Regen in die erhabenste Szenerie der Gebirgswelt, wo in den Gluten des Abends das Paradies meiner Träume, meiner Hoffnung lag. Der Eindruck war so groß, daß es ein bleibender werden mußte, zumal da sich bis zu unserer Ankunft am Ufer des Sees die Szenerie abermals verändert hatte und dem glühenden Abend mit den wechselnden Effekten die stille Dämmerung gefolgt war und uns zum Schluß zur Fahrt durch das spiegelglatte Gewässer der Vollmond sein klares freundliches Licht spendete. Der alte Ull von Stock war unser Fährmann. Es war am 4. September abends gegen 8 Uhr, als wir der Fraueninsel ansichtig wurden. Ahndungsvolle Andacht lag auf unserem Kahn. Bald auf die dunklen Umrisse der Insel fiel unser Blick, bald auf des Mondes Silberlicht, das uns in zitternder Bewegung im Spiegel des Wassers entgegenschwamm. Endlich legten wir an. Wir wurden aufs freundlichste empfangen. […] Mädchen sah ich keine, obgleich deren sechs von allen Größen vorhanden waren. Hunger und Durst waren die vor Allem zu befriedigenden Leidenschaften jener Periode; etwas Schwärmerei für die Natur kam dazu als Beigabe. Nachdem wir einige sehr vergnügte Tage in Frauenchiemsee verlebt hatten, begaben wir uns wieder auf die Reise […].«[10]

In der *Künstlerchronik von Frauenchiemsee* wird diese Wanderung in historisierendes, beinah heroisches Gewand gehüllt: »In der Zeit da man schrieb Eintausendachthundertzwanzig und acht begab es sich, daß von München, der guten Stadt, etliche tapfere Gesellen auszogen, zu ritterlich Fahrt und Abentheuer. Als ein Hauptmann und Führer hatten sie sich auserkoren Maxen Haushofer und hatten ihren Zug gerichtet gegen Süd, allwo die Gebürg stehen und die großen Wasser.« Mit Max Haushofer hatten sich Karl und Joseph Boshart und Franz Trautmann gemeinsam auf dem Weg gemacht. Die Überfahrt auf dem Chiemsee wird als gefährliches Abenteuer geschildert, im »Einbaum«, da sie auch noch in ein Unwetter geraten – blitzartige Wetterumschwünge, die noch heute bei Seglern gefürchtet sind. Doch »in dem grausamben Sturm« gelang es endlich dem Hauptmann, seine Genossen aus Not und Gefahr »an ein grün Erdplatten im weiten Meer« zu retten. Die kühnen Seefahrer finden »ein öd Insel« vor, »grün bewachsen und von ein absonderlich Nation und wildfremd Volk bewohnt«.[11] Doch erhalten sie »Höhlen zur Herberg« sowie »roh Nahrung«, sodass sich die Abenteuer auf der Insel bald äußerst wohl fühlen: »Zumal der Hauptmann Haushofer die Landschaft gar lieblich anzusehen und zu längerem Aufenthalt geeignet fand. Außerdem entdeckte der keck Capitano, daß etliche unter des Seevolks Töchterlein ihm gut gefallen möchten.«[12]

DIE PLEINAIRMALEREI

Max Haushofer kommt nahezu zeitgleich zur Entstehung der Künstlerkolonie Barbizon in Frankreich zum ersten Mal auf die Insel im Chiemsee. Fügung oder nicht: So wenig, wie die Künstler, die sich in dem von Paris eineinhalb Eisenbahnstunden entfernten Dorf Barbizon am Wald von Fontainebleau nach und nach einfanden, hatte irgendjemand die Vorstellung, eine »Künstlerkolonie« zu bilden. Was da entstand, war ein eher lockerer Kreis gleichgesinnter Freunde und Maler. Als verbindend erwies sich eine gemeinsame Neigung zur »Paysage intime«, also zur »vertrauten Landschaft«, die man gerne malte. Eine Schule war es, anders als der Titel »The Barbizon School Painters« vermuten lässt, nicht. Der Schriftsteller und Kunsthändler David C. Thompson prägte diesen Begriff als Titel seines Buches, das aber erst 1890 erschien. Zutreffend ist, dass dieser Stil Einfluss auf den entstehenden Impressionismus hatte, ebenso auf »Künstlerkolonien« wie die von Worpswede oder Dachau.

Die Pleinairmalerei, eine Malkunst, die nicht mehr im Atelier stattfindet, sondern unter freiem Himmel, hat vielerlei Wurzeln. Zunächst galt sie aus Sicht der arrivierten Künstler als verpönt, obgleich schon länger verschiedene Maler an verschiedenen Orten sich einer Landschaftsmalerei zugewandt hatten, die nicht mehr nur Staffage war, sondern eigenständiges Motiv. In England war das zum Beispiel William Turner (1775–1851), in Deutschland Philipp Otto Runge (1777–1810) oder Johann Georg von Dillis (1759–1841). In München aber residierte an der Akademie Peter von Cornelius (1783–1867), Vertreter eines gusseisernen Historismus. So war es aus seiner Sicht nur konsequent, 1828 die Landschaftsklasse der Münchner Kunstakademie zu schließen.

Anna Dumbser und Max Haushofer der Ältere, Gemälde von E. Seibertz, 1846; bei beiden hat Max Haushofer den Hintergrund gemalt

Dieser Vorgang erweist sich, so schmerzlich er zunächst von angehenden Studenten empfunden wurde, als glückliche Herausforderung. Im gleichen Jahr 1828, in dem Max Haushofer die Fraueninsel im Chiemsee betritt, entdeckt er auch sein Talent zum Zeichnen und Malen, Erbgut gewiss seines Vaters Johann Evangelist Haushofer, Zeichenlehrer in königlichen Diensten.

1832 gibt er sein Jurastudium auf und beschließt, Landschaftsmaler zu werden. Unterricht nimmt er bei Joseph Anton Sedlmayr (1797–1863), seinerseits Schüler von Johann Georg von Dillis und Wilhelm von Kobell (1766–1853). Seine wahre Lehrmeisterin aber ist die Natur. Eine jüngere Künstlergeneration war der herrschenden Historienmalerei überdrüssig geworden, die sich in einer Überhöhung historischer Vorgänge durch oft auch mythologische Grundierung erschöpfte. Sie

»hofierte adelige oder kirchliche Auftraggeber, anstatt ihnen einen künstlerischen Spiegel vorzuhalten«[13].

Eine »Paysage intime« ist nicht allein die Ansicht einer lieblichen Landschaft, sie ist auch eine Landschaft des eigenen Inneren. Auf die Nähe zum künftigen Impressionismus wurde schon hingewiesen. »Vertraute Landschaften« sind es auch, die Max Haushofer malt. Immer wieder ist es der Chiemsee, meist im Vordergrund,

Chiemseelandschaft, 1835

»bevölkert« von nur ganz wenigen Menschen, einem Reiter und einem Schäfer etwa wie in der »Chiemseelandschaft« von 1835 oder einer kleinen trauten Wandergruppe in dem Bild »An der Prien mit Blick zum Hochgern« 1845. Ein wenig abgesondert von den drei Wanderern steht ein einzelner und winkt mit einem Tücherl in die Ferne. In ihm und seiner rührenden Geste verkörpert sich geradezu das »Vertraute« in den Bildern von Max Haushofer. Der Hintergrund ist wahlweise eine sanfte Berglandschaft in zarten blauen Farben oder auch eine wildbewegte Landschaft voller Schluchten und steil aufragender Felswände, über denen sich dunkle Wolkenfelder zusammenballen.

»Die tradierte bäuerliche Form der Landschaft konnte draußen am Tegernsee, am Starnberger See, am Schliersee, im Salzburger und im Berchtesgadener Land die wachsende Sehnsucht der Städter nach einem besseren Jenseits des zivilisatorischen Betriebes noch befriedigen. Die hier vorläufig noch erhaltene Landschaft der feudalistischen Agrarwirtschaft wurde vielen Romantikern zum Inbegriff ›freier Natur‹ und Maßstab des Landschaftsschönen. Die zu dieser Zeit in diese Form der Außenwelt projizierte Kontrastidee des Freien und Schönen setzte sich in Abbildern der Landschaft wirksam fort.«[14] Barbara Wormbs zitiert in diesem Zusammenhang Schellings Rede an der Kunstakademie München im Jahre 1807, dass die »Absicht der Kunst« in der »Darstellung des wahrhaft Seienden« liege und das bedeutet die Aufhebung alles Unwesentlichen, allem voran der Zeit, mithin des geschichtlich Gewordenen.

DIE KÜNSTLERCHRONIK

1841 beginnt Max Haushofer eine Künstlerchronik, die von vielen Künstlern in Wort- und Bildbeiträgen fortgeführt wird und auf fünf Bände anwächst. Max Haushofer begründet damit eine Familientradition, welche vom Sohn Max Haushofer dem Jüngeren fortgesetzt wird – und in wiederum der nächsten und übernächsten Generation in anderer Form in den *Lebensbüchern* von Karl und Albrecht Haushofer.

Buchumschlag der *Künstlerchronik*

Das Bedürfnis, eine Chronik des eigenen Lebens zu führen, ist Gegenstand eines Tagebuches. Was jedoch mehrere Mitglieder der Familie Haushofer in der Anlage ihrer Chroniken oder wie Karl und Albrecht Haushofer »Lebensbücher« nennen, geht weit über die Form eines Tagebuches hinaus. Sie fügen die eigene, die private Geschichte in die allgemeine, große Geschichte ein, deren Bestandteil sie sind. Und das in einer ganz besonderen, einzigartigen Form: Es sind Kunstwerke eigener Art, die da entstehen, liebevoll künstlerisch gestaltet in poetischer Form wie in der Illustration.

Im Vorwort zur ersten Auflage einer für die Allgemeinheit veröffentlichten Ausgabe der *Künstlerchronik von Frauenchiemsee* schreibt Franz Wolter (1865–1932), selbst Maler und Kunstschriftsteller: »Es sind fast hundert Jahre her, seitdem die Insel der Heimgarten der Künstler, der Maler und Dichter wurde.«[15] Er beschreibt, welchen tiefen Eindruck die Fraueninsel auf sie macht: »Die uralte Geschichte der Fraueninsel wurde den Künstlern vertraut, sie schauten hinauf zu den alten verwitterten Mauern des Klosters, lernten die Gebräuche der Vergangenheit, des einfach, schlichten Fischervölkleins kennen, ihre Leiden und Freuden und blickten über die Wunder der Vergangenheit von einem Jahrtausend hinweg auf die grün sprossende Natur, den zitternden Wasserspiegel, den Wolkenhimmel und all das Glanzvolle, das hier im Licht funkelt. Aus diesem Erleben und dem geselligen Verkehr heraus entstand unter der Obhut des hochgesinnten Max Haushofer, des treuen Chronisten von Frauenchiemsee, ein Werk, in welchem echter Künstlergeist und Künstlerhumor waltete und noch waltet, ein Born, dem das Alltägliche und Unkünstlerische fernblieb.«[16]

In der Einleitung ist davon die Rede, dass die Künstler auf der Insel lange Zeit »ungestört in idyllischer Ruhe ihrer heiteren Geselligkeit«[17] leben und arbeiten konnten. In dem Abschnitt »Vor Ankunft der Maler« wird historisch weit ausgeholt, bis in die Römerzeit zurück. Sehr vergnüglich wird dann über die »Zeit der Maler« berichtet, etwa von Adolf Mende (1807–1857), der sein Atelier in dem seit der Säkularisation leer stehenden Kloster bezogen hat und »in denen Zellen der Nonnen viel grob Tiroler gemalt und das Proviant der Insel sämtlich aufgefressen«[18].

Ohne weiter erklärende Worte und gleichwohl programmatisch ist am Anfang auf dem Vorsatzblatt der *Künstlerchronik* die Reproduktion eines Gemäldes mit dem Titel »Der Malertisch im alten Gasthaus auf Frauenchiemsee. Nach der Natur gemalt von Karl Raupp«[19] zu sehen. Die Stube liegt ohne einen einzigen Besucher ruhig und still im Sonnenlicht, das durch die Butzenscheiben der Fenster auf einen Teil der Tischplatte fällt. Die Tischfläche ist völlig leer, bereit, dem weißen Blatt eines Zeichners, eines Malers als Unterlage zu dienen. Das ganze Bild stellt eine einzige freundschaftliche Einladung an jeden Künstler dar, hier in aller Ruhe und Konzentration an sein Werk zu gehen. Ausführlich wird es in der *Künstlerchronik* beschrieben: »Im alten Teil des Gasthauses, dessen efeuumrankte Giebelseite hinaus über den Weitsee schaut, steht im ebenerdigen Wirtszimmer in traulicher Ecke ein viereckiger, von alten Holzbänken umstellter Tisch, an dem von jeher der Maler saß, seit er auf Frauenchiemsee sich Heimatrecht erwarb. Die Wände zieren Wappen und Pokale, im Fenster sind Butzenscheiben mit farbigen Wappen, meist von der Künstlerhand Ferdinand Barths entworfen, eingelassen, und von der Decke hängt über dem Tisch ein Wappenschild, an dessen unterm Ende eine kleine Palette baumelt als Wahrzeichen derer, die hier in fröhlicher Kameradschaft gelebt, gemalt und gezecht. Das Wappen zeigt auf der einen Seite ein blaues Feld mit drei silbernen Schildchen, das Künstlerwappen, das bereits in der ersten Hälfte des 15. Jahrhunderts die Maler (die Schilder-Tartschenmacher [das sind eben Maler großer Schilde]) als Wappen führen. Die andere Seite des Wappens zeigt im Bild die Giebelseite des gastlichen Hauses. Ein schmaler, dürrer Maler, mit spitzem, breitrandigem Hut, eine große Mappe unterm Arm, schreitet links herein und kommt rechts wohlgenährt, mit rundem Bäuchlein wieder heraus; darüber auf fliegendem Blatt steht folgende Inschrift:

›Wenn d'wissen willst, wie d'lebst in diesem Haus,
So kommst herein, so gehst hinaus‹.«[20]

Wie schon angedeutet, entdeckt Maximilian Haushofer auf der Insel nicht nur seine Bestimmung als Maler, sondern er findet dort auch das private Glück seines Lebens: Anna Dumbser, die Tochter des Lindenwirts der Insel, und er verlieben sich ineinander. Die beiden heiraten 1838. Was zunächst als riskant erscheint, die Verbindung zwischen der bodenständigen Tochter eines einheimischen Wirtes und einem frei schwebenden Künstler aus München, gelingt. Die Ehe hält. Und der junge Künstler wird nicht nur zum Begründer einer ganzen Künstlerkolonie auf der Fraueninsel, 1844 wird er Professor in Prag.

Auch der Maler und Hochschullehrer Christoph Christian Ruben (1805–1875) gehörte zu der Künstlerkolonie auf der Fraueninsel. Er heiratete eine Schwester von Haushofers Ehefrau Anna, Susanna Dumbser (1819–1903). Nachdem er Direktor der Kunstakademie in Prag geworden war, holt er seinen Freund und Schwager Max Haushofer als Professor nach Prag.

Dort hat sich allerdings, teils auch als Folge politischer Umwälzungen, die Zahl der Studenten verringert. Düster vermerkt Haushofer: »Unsere Akademie ist so dürftig bestellt, daß ich nur mehr zwei Schüler besitze. Ich erwarte von Semester zu Semester, daß die Akademie zusammenbreche.«[21] »Im Revolutionsjahr von 1848 gab es in Prag einen Pfingstaufruhr, der zur Schließung der Akademie und zum Bruch mit Ruben führte, weil dieser noch dem Absolutismus zuneigte und gegenüber dem liberal gesinnten Demokraten Haushofer die Meinung vertritt, ein Künstler solle sich möglichst von der Politik fernhalten.«[22] Haushofer hingegen steht auf dem Standpunkt: »Lieber keine Kunst als kein Vaterland!« 1849 versucht Haushofer seine Verbindungen zu Ferdinand von Miller, als königlicher Erzgießer Schöpfer der Bavaria, mit dem er befreundet war, und zu Wilhelm von Kaulbach, dem Direktor der Akademie, zu nutzen, um eine Anstellung in München finden zu können. Auf diesem Weg wird selbst von Bayern um Fürsprache gebeten – alles vergeblich. Dabei hatte es nicht an Erfolgen gemangelt. Kaiser Franz Joseph zum Beispiel kaufte das Bild *Eibsee* an.

Ein Bild von ihm, das heute über dem Schreibtisch auf dem Hartschimmel hängt, mit dem Titel *Blick auf den Chiemsee von der Kampenwand* aus dem Jahre 1856 zeigt seine Situation. Sie fängt sich in dem Bild, wie sie im Katalog *Münchner Landschaftsmalerei 1800–1850* zu der Ausstellung im Lenbachhaus München im Jahr 1979, herausgegeben von Armin Zweite, vermerkt ist: »Im Vordergrund ragen rastlose, vom Blitz zerstörte Föhren auf, Baumstümpfe und ausgewaschener Fels runden das Bild der Trauer ab. In der Ferne hingegen die ruhige Fläche des Sees, eingefasst von weiten Uferbogen. Die Gegensätze werden durch die Lichtgebung verstärkt; während im Vordergrund lediglich die toten Baumstämme, die in ihrer bizarren Form an die laublosen, knorrigen Eichen C. D. Friedrichs erinnern, rosa angeleuchtet sind, ist die

Ebene von rosabläulichem Licht überflutet.«[23] Im Katalog wird der Vordergrund als »Gegenwartsbereich« gedeutet, der Hintergrund als das Vergangene und zwar sowohl räumlich wie zeitlich. Max Haushofer hat diese für ihn nicht so glückliche Lebensphase bewusst oder unbewusst in das Bild übertragen.

Seine lebenslange Sehnsucht gilt der »Insel«, auf die er bis zum Tod seines Schwiegervaters Daniel Dumbser immer wieder zurückkehren wird. Dessen Tod brachte einen Besitzerwechsel des Gasthofes mit sich, sodass es dort seit 1860 keine Bleibe mehr für ihn gibt. Haushofer begibt sich fortan auf Reisen durch das Oberland, bei Berchtesgaden und Freilassing, in der Umgebung der Ramsau, in Lermoos, Partenkirchen und am Tegernsee. Er sät damit eine große Liebe bei allen folgenden Haushofer-Generationen für das bayerische Oberland. Allerdings holt er sich bei einer Bergtour eine starke Erkältung, die in eine Tuberkulose übergeht. Am 24. August 1866 stirbt Max Haushofer an seiner schweren Krankheit in Starnberg.

Das Grab von Max dem Älteren und seinem Sohn Karl Haushofer dem Älteren auf dem alten Südfriedhof in München

Von den ca. 30 000 Druckseiten, die Felix Dahn in seinem Leben geschrieben hat, sind die in dem Roman *Ein Kampf um Rom* (1876 veröffentlicht) die mit Abstand erfolgreichsten, Auflage: über eine Million Exemplare. Über Max Haushofer schreibt er in seinen *Erinnerungen:* »Professor Haushofer, ein ganz prächtiger deutscher Mann, voll Tiefe des Gemüts und der Empfindung, ein glühender Vaterlandsfreund, [...] wirkte mit einem kurzen, schlagenden Witzwort aus seinem kerngesunden Realismus heraus eindringsamer auf mich, als alles andere. Wenn er, vermöge unvergleichlichen Ansehens, das ihn krönte thatsächlich der König des Eilands, im Dumbserhaus in der Thür des grossen Wirtszimmers gegen den Pfosten gelehnt, die kurze Pfeife schief im Mund, aus seinen dunklen Augen spöttisch auf mich zwinkerte – dann wusste ich schon: jetzt kommt aus diesem Mund ein Pfeil geflogen, der sitzt! Aber wie lieb hatte ich ihn dafür! Ich spürte unwillkürlich, dass diese spröde, männliche, rauhe Herbe, dieser lachfrohe Humor das rechte Gegengift war wider meine überzarte, überweiche Art und krankhaft schwermütige Verträumtheit. Und wahrlich besuchte ich ihn an seiner Staffelei in dem stattlichen, luftigen, hohen Saal des höchst malerischen Tuchmacherhäusls, – dann sah man mit Augen, welch' tiefe und zarte Seele in der so rauhen Schale steckte, d e s Mannes, der scheinbar für Poesie nur Spott und Hohn hatte. Die unvergleichliche Poesie des Chiemsees hat nur in den Bildern Haushofers vollen Ausdruck gefunden, wie die des Dachauer Malers in Zwengauerschen.«[24] Gemeint ist Anton Zwengauer (1810–1884), bekannt geworden unter anderem durch das Gemälde *Dachauer Moos* aus dem Jahre 1848.

Max Haushofer findet Platz im *Biographischen Lexikon des Kaiserthums Oesterreich*, dem Lebenswerk von Constant von Wurzbach-Tannenberg (1818–1893), das sage und schreibe 24 254 Biographien denkwürdiger Personen enthält, eine Nationalbiographie der österreichischen Kronländer in 60 Bänden, veröffentlicht in den Jahren 1856 bis 1891. Darin steht über ihn zu lesen, dass er sich der Kunst widmete, »zu welcher ihn auch der Drang nach persönlicher Freiheit und eine nicht zu bemeisternde Reiselust trieb. Hinaus zog er in die Alpen, die er bereits nach allen Richtungen kannte; für ihn gab es nichts Schöneres als am Saume eines Waldes zu liegen und unverweilt den Blick nach einer Kette der Alpen zu richten, und kein trostreicheres Bewußtsein, als die Hoffnung, sich alljährlich einige Monate an die einsamen Gestade der Alpenseen, in die Schatten der Wälder und auf die Bergeshöhen zurückziehen zu können. Dem Drange aller Deutschen folgend, ging H. früh nach Italien. So lieb ihm aber auch Rom geworden, er sah in der ewigen Stadt nur die arme Mutter eines todten Reiches; seine Mutter war allein die Alpenwelt, und der deutsche, der rauschende Wald. Diese Natur ging ihm über Alles, und so hat er niemals den Ehrgeiz verspürt, zu den stilisierenden Landschaftern gezählt zu werden, aber auch gewissenhaft sich verwahrt, in das Gegentheil zu verfallen. Seit dem Jahre 1846 wirkt H. in Oesterreich, wohin er einem Rufe als Professor der Landschaftsmalerei an der Akademie der Künste zu Prag gefolgt war und daselbst mit um so entschiedenerem Erfolge, weil er seinen Schülern ebenso viel Liebe für die Natur, als für die Kunstdarstellungen einzuflößen versteht«. Es folgt eine stattliche Aufzählung seiner Werke, bis Constant von Wurzbach-Tannenberg schließt: »Er ist der ausschließliche Maler des Chiemsee's, dessen Reize er immer wieder in neuer Form auf die Leinwand zu zaubern versteht.«[25]

Das Portrait, das es von dem Maler Max Haushofer gibt und das noch immer im Speisezimmer des Hartschimmelhofes hängt, bis zum heutigen Tag, zeigt einen sehr ernsthaft aussehenden Mann, der nicht mehr ganz jung ist, aber auch noch nicht gealtert. Sein Gesicht ist ausdrucksstark und schön zu nennen. Der volle Bart rahmt ein ebenmäßiges Gesicht ein, dieser Mann könnte ebenso gut ein ehrbarer Bürger sein, auch von seiner Kleidung her. Und das ist er ja auch. Nichts an diesem Bild hat irgendetwas von der Attitüde eines Künstlertums, mit der sich sonst Künstler gerne als solche ausstellen.

Blick auf den Chiemsee von der Kampenwand, 1856

Zeichnung aus dem Buch *Die Mineralien*

IN DIE BERGE ZU DEN STEINEN

KARL HAUSHOFER DER ÄLTERE (1839–1895)

Von seinem Neffen Karl Haushofer dem Jüngeren, dem im Alter von drei Jahren die Mutter verstorben war, wird Karl Haushofer der Ältere als das eigentliche Familienoberhaupt angesehen. Auch wissenschaftlich wird er später von ihm profitieren. Der am 28. April 1839 in München geborene Karl Haushofer besucht erst das deutsche Stephansgymnasium in Prag, absolviert das Abitur dann aber am Maximiliansgymnasium in München – und wird schließlich wie sein Vater ebenfalls Hochschullehrer, allerdings als Professor für Mineralogie. Ab 1857 studiert er Chemie in München, Prag und Freiberg und promoviert. Nach zweijähriger Praxis im Eisenhüttenwesen habilitiert er sich 1865 als Privatdozent der Mineralogie an der Universität München. 1868, bei der Gründung der Technischen Hochschule (TH), wird er Nachfolger des Mineralogen Franz von Kobell, Schöpfer des unsterblichen *Brandner Kaspar*, der den »Boandlkramer«, also den Tod, mit Kerschgeist betrunken macht und so verhindert, dass er von ihm ins Jenseits befördert wird, um ihm schließlich doch ins Paradies zu folgen. Schon vor seiner Emeritierung erbittet und verlangt damit Kobell immer wieder von seinem Assistenten Haushofer, universitäre Pflichten für ihn zu übernehmen und als Vertretung einzuspringen. Das muss manchmal sehr spontan vonstattengehen, worauf knappe Notizen auf Zetteln hinweisen, so zum Beispiel am 20. November 1874. Einmal wird er von Kobell gleich für ein ganzes Semester zum Vertreter bestellt, am 9. April 1882.[26]

Karl Haushofer, ca. 1869

Als Professor der Mineralogie und Eisenhüttenkunde wird Haushofer 1889 dann Direktor der TH München, drei Jahre später Mitglied des obersten Schulrats. Auch geologische Wandtafeln für den Schulgebrauch gehen auf ihn zurück. Als Wissenschaftler macht er sich vor allem auf dem Gebiet der Kristallphysik einen Namen und veröffentlicht Untersuchungen über kristallographische Verhältnisse verschiedener Gesteine.

DER TYP DES POLYHISTORS

Karl Haushofer verkörpert den Typ des Polyhistors in geradezu idealtypischer Weise. Karl der Jüngere wird des Schwärmens gar nicht müde. Er ist »Mineraloge von Rang, im Liebhaberberuf glänzender Aquarellist und wissenschaftlicher Schriftsteller, der seine Laufbahn als praktischer Hüttenmann in Kladno begann [...] ein vielseitiger Kenner der anorganischen und organischen Natur, mit dem stillen Lebensziel, den Übergangsmöglichkeiten von Kristall zur Zelle nachzuspüren«. Neffe Karl der

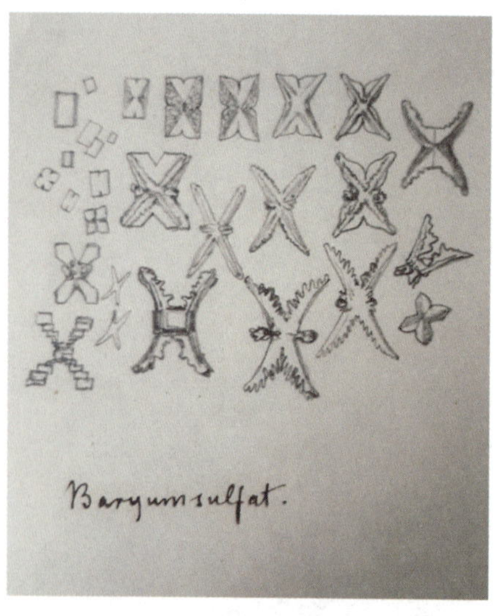

Baryumsulfat, Zeichnung von Karl Haushofer dem Älteren

Ein Mineralienkästchen von Karl Haushofer

Jüngere erinnert sich, dass »er uns Kindern kaum eine Frage nach einer Pflanze, einem Gestein, einem Stern oder den vergänglichen Erscheinungen der Farbe am Himmel und auf Erden schuldig« blieb. Er »beriet uns bei den ersten Mineraliensammlungen, auf die er uns vom Stören des Lebendigen und Tier- und Pflanzenwelt ablenkte und war – wie übrigens mein Vater auf seinen Arbeitsfeldern auch – von unerschöpflicher Geduld gegenüber unseren Fragen.« Seine »Achtung vor dem Buch als Freuden- und

Wissensspender« ist für den Jüngeren vorbildlich, aber »noch größeres vor allem lebendiges Wissen ist uns durch ihn und unsern Vater so selbstverständlich gewachsen, dass die Schule nicht dagegen aufkommen konnte«.[27] Damit noch nicht genug: »Daneben war Onkel Karl ein erstklassiger Naturbeobachter, auch auf meteorologischem Felde, so dass die Bauern in Gstadt und Frauenchiemsee ihn frugen, ehe sie über den See in die Rott zum Heuen fuhren, und lernten, sich an seine, oft auf die Stunde zutreffenden Vorhersagen zu halten.«[28] Im »offenen Buch der Natur«[29] lehrt er den jungen Neffen lesen.

BEGABUNG ZUR SELBSTIRONISIERUNG

Ein sehr witziges Büchlein mit dem Titel *Aula*[30] verfasst er mit seinem Bruder Max, in dem sie ihre Kollegen, Zeitgenossen und auch sich selbst aufs Korn nehmen: Karl Haushofer fertigt die Karikaturen an, Max Haushofer die Texte in Versform. Karl portraitiert Ludwig Steub (1812–1888) in einer Karikatur, die ihn auf Wolken schwebend im Strahlenkranz des Lichts zeigt, und Bruder Max lobpreist ihn so: »Sei uns gegrüsst, schreibkundiger Mann, / Du erster der rhätischen Weisen, / Der Du in Dorf und Busch und Tann / Lustwandelst auf lyrischen Reisen! // Gelesen bist Du im deutschen Land / Von Pommern bis Judicarien! Gelesen vom Rhein, bis zum Wechselstrand, / Und selbst in Bajuwarien.«[31] Max Haushofers hohe Wertschätzung für Steub lässt sich auch in seiner Grabrede auf das Leben des Verstorbenen ablesen, an seine Liebe zu Griechenland, an seine unübertroffenen Wanderschilderungen durch Bayern und Tirol und an seine wissenschaftlichen Arbeiten.

Und Karl Stieler (1842–1885) wird in dieser Weise charakterisiert: »I sing', was i' mag / und frag' net um's Leut: / Es werd mir scho' zahlt: / I sing', weil's mi freut! // Und wenn's oan net recht is: Mir is koana z'gscheid; I' schlag' halt nieder. / Geht's her! Habt's a Schneid?«[32]

Sich selbst zeichnet Karl Haushofer als grimmigen Mann in der Pose eines Attackierenden, von seinem Bruder Max so kommentiert: »Hier ist der schlimme Photograph, / Den diese Werke zieren; / Wen er nicht grad zum besten traf, / Den darf es nicht genieren. / Es schaut halt jeder wie er kann / Die Menschen und die Köpfe an. // Die Köpfe macht er viel zu dick: / Ihm fehlt's am Idealismus; / Für's Schöne hat er keinen Blick, / Mehr für den Cretinismus. / Uns bleibt ein süsser Trost: Ihr wisst, / Dass jeder wirklich schöner ist.«[33]

Und auch sein Bruder bekommt sein Fett weg, aber das schreibt er sich selbst auf den Leib: »Ein Skribler ist kein Juvenal, / Ob er auch schreib' und schmiere; / Sein Scherz ist faul, sein Witz ist schal; Geschwätz ist seine Satire // Wenn er die Schatten schwärzt, so glänzt / Das Licht nur um so lichter; / Und die Vergangenheit bekränzt / Mit Stroh den eitlen Dichter.«[34] Eine solche Fähigkeit zur ironischen Distanz zu sich

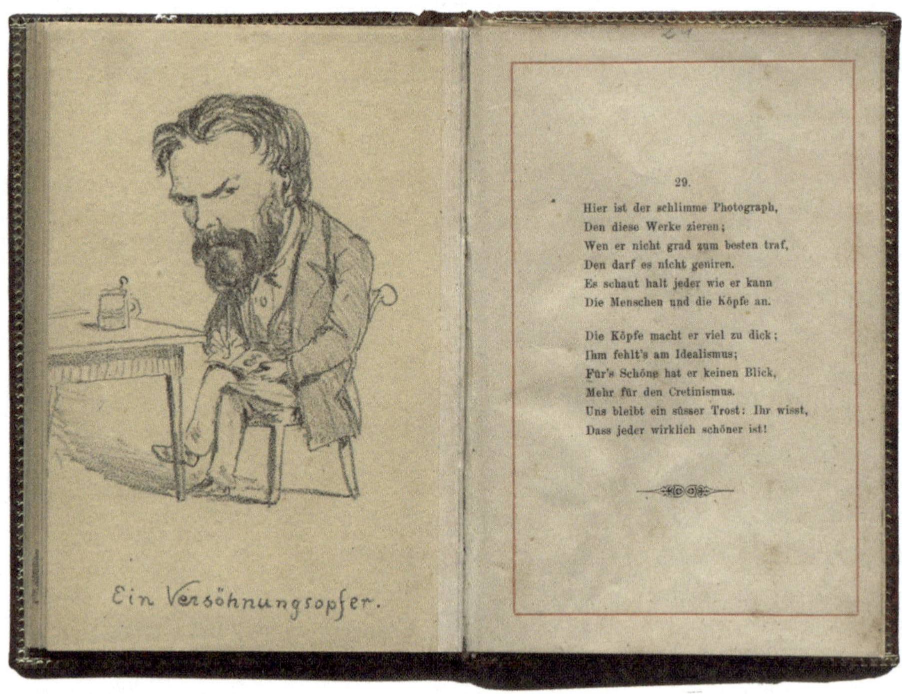

29.

Hier ist der schlimme Photograph,
Den diese Werke zieren;
Wen er nicht grad zum besten traf,
Den darf es nicht geniren.
Es schaut halt jeder wie er kann
Die Menschen und die Köpfe an.

Die Köpfe macht er viel zu dick;
Ihm fehlt's am Idealismus;
Für's Schöne hat er keinen Blick,
Mehr für den Cretinismus.
Uns bleibt ein süsser Trost: Ihr wisst,
Dass jeder wirklich schöner ist!

Karl Haushofer in *Aula*: Selbstbildnis als Zeichnung, Gedicht von Bruder Max

selbst verliert sich in der nachfolgenden Generation. Mögen auch historische Umstände darin ihre Ursache haben, Humor nimmt dem Menschen immer auch ein Stück von seiner eigenen Last und Schwere von den Schultern, wenn man sich selbst nicht so wichtig nimmt. Das hätte manchem Nachfahren das Leben möglicherweise etwas leichter machen können.

DIE MINERALIEN

Eine besondere Preziose ist das Bändchen *Die Mineralien* von Karl von Haushofer (seit 1891 von Prinzregent Luitpold als Ritter von Haushofer in den persönlichen Adelsstand erhoben), mit »64 colorierten Abbildungen nach der Natur von J. C. Weber, München 1871«. Allein diese Illustrationen sind eine künstlerische Augenweide, auch für alle diejenigen, die kein ausgeprägtes Interesse für Steinformationen haben.

Die Reihe beginnt mit dem »Flußspath«. Das zu sehende Gestein ist von der Form her einem steinzeitlichen Faustkeil nicht ganz unähnlich. Seine Farbgebung ist nachgerade dezent, die einzelnen Schichten sind in grün, gelb, weiß und dunkelgrau voneinander abgesetzt. Der Kalkspath ist von hellen Kristallen gekrönt, für den Laien schon nahe am »Bergkrystall«. Ein Achat gerät im Querschnitt zum Vergnügen der

Buchumschlag von Karl Haushofers *Die Mineralien*

Amethyst aus *Die Mineralien*

Augen in dieser Darstellung voll bunter Schlingen und Schleifen. Von bunter Vielfalt ist auch der nur scheinbar eintönig graue Granit. Selbst etwas scheinbar so Alltägliches wie »Gyps« ist ein natürliches Kunstwerk.

Sein Vorwort beginnt Karl von Haushofer so: »Für den Naturfreund, der nicht zugleich Naturhistoriker von Fach ist, wird immer das Bedürfnis bestehen, sich an der Hand populärer Wegweiser unter den Naturkörpern zurecht zu finden und gute Bekannte zu erwerben. Diesem Bedürfnisse kann kaum besser und schneller gedient werden als durch gute Abbildungen.«[35] Sein Stil bleibt durchgängig wissenschaftlich nüchtern und doch voller Anschaulichkeit: »Achat nennt man Gemenge von verschiedenfarbigen Chalcedonvarietäten, welche durch die Art der Anordnung ein gebändertes, gestreiftes, geflecktes Ansehen erhalten und in Folge dessen zu gewissen Schmuckgegenständen geschliffen werden. Die Steinschleifer unterscheiden je nach der Farbzeichnung Bandachat, Wolkenachat, Moosachat, Festungsachat, Trümmerachat etc. Auf ihr Vorkommen zu Oberstein in der Pfalz gründet sich das Entstehen einer bedeutenden Steinschleifindustrie dieser Gegend. Zur Zeit sind jedoch jene Gruben so ausgebeutet, dass viel Rohmaterial aus Südamerika bezogen werden muss.«[36]

Haushofer macht deutlich, dass sein »Bändchen« nur eine Auswahl vorstellen kann, »in gedrängtester Weise«. Wer weitere Studien zu machen wünscht, dem empfiehlt er die 1864 erschienene *Mineralogie* seines Vorgängers auf dem Professorenstuhl, Franz von Kobell.

Kobell, Steub, Stieler: Allein diese großen Namen bayerischer Kulturgeschichte zeigen, in welchen Kreisen sich die Brüder Haushofer bewegten, in den ersten Adressen geistiger Elite dieses Landes. Von Kobells unsterblichem *Brandner Kaspar* war schon die Rede, Ludwig Steubs *Drei Sommer in Tirol* aus dem Jahre 1846 kann Wilhelm Feldhütter[37] zufolge als »Geburtsstunde der neueren Literatur in Bayern« bezeichnet werden. Ihm tritt unter anderem Karl Stieler in die Fußstapfen.

DIE LIEBE ZU DEN BERGEN

Bei seiner Neigung zu Gesteinen ist es kein Wunder, dass Karl Haushofer auch ein Liebhaber der Berge ist – und nicht nur das, er engagiert sich auch institutionell für die Bergwelt und gehört zu den Mitbegründern des Alpenvereins. Einer hübschen Überlieferung zufolge stammt von ihm das Edelweiß, das Erkennungszeichen des Deutschen Alpenvereins, das er bei einer Versammlung aus dem Teig einer Semmel modelliert haben soll.

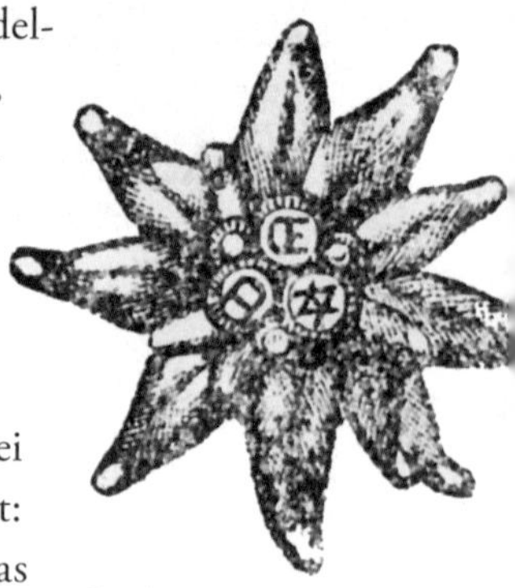

Das Logo des Alpenvereins, um 1875

Auf Nachfrage antwortet Stefan Ritter, Mitarbeiter im Historischen Alpenarchiv des Deutschen Alpenvereins. Er ist selbst mit der Familie Haushofer bekannt, und zwar über Albrecht Haushofers Neffen Rainer, der lange Jahre bei ihm im Archiv ehrenamtlich gearbeitet hat.[38] Ritter schreibt: »Das älteste Edelweiß in unserem Bestand ist von 1874. Das Edelweiß, das Nicholas Mailänder erwähnt und in seinem Buch zeigt, dürfte etwa aus dem Jahr 1900 sein.«[39] Stefan Ritter stellt aus dem Archiv folgende Informationen zusammen: »Der DAV (gegründet 1869 in München) beschloss bei seiner ersten Generalversammlung am 26. Mai 1870 in München (auf Antrag des Central-Ausschusses), ›Aufnahms-Diplome für die Mitglieder nicht herzustellen, dagegen den neuen Central-Ausschuss [Mitglieder der Sektion Wien] zu beauftragen, ein kleines Erkennungszeichen für die Vereinsmitglieder noch vor Beginn der Reisezeit ausführen zu lassen. Die Anschaffung des letzteren wird jedoch nicht der Central-Casse überlastet, sondern hat auf Kosten der einzelnen Mitglieder zu geschehen‹.«[40]

Ritter schreibt weiter und zitiert Nicholas Mailänder (geboren 1949 in Stuttgart), Freikletterer und Schriftsteller, von dem unter anderem das Buch *Im Zeichen des Edelweiss. Die Geschichte Münchens als Bergsteigerstadt* stammt: »Der Anekdote nach hat Karl Haushofer im Zuge der sich dehnenden Sitzung den Entwurf des Alpenverein-Edelweiß spontan aus dem Teig einer Semmel modelliert. Sofort erkannte die Versammlung, daß man damit das richtige gefunden habe.«[41] »Die Umsetzung dieses Entwurfes ist durch das erste Rundschreiben des neuen Central-Ausschusses Wien an die Sektionen, Ende Juni 1870, belegt (Akt OeAV HS 8.8). Der entsprechende Passus lautet: Bei der obgedachten Generalversammlung ist der Central-Ausschuss beauftragt worden, ein Vereins-Erkennungszeichen für die Vereinsmitglieder noch vor Beginn der Reisezeit ausführen zu lassen. In Folge dessen ist als Vereinszeichen eine Sicherheitsnadel in Form einer Edelweißblume von Metall nach der Zeichnung des Herrn Professor Dr. Haushofer in München gewählt, und ein Gürtler dortselbst mit der Anfertigung desselben beauftragt worden; der Preis eines solchen Vereinszeichens wird sich auf circa 24–30 [Kreuzer?, Stefan Ritter] süddeutsche Währung belaufen und wir hoffen in der ersten Hälfte des Monates Juli die Versendung dieser Zeichen veranlassen zu können. Jedes Mitglied, das ein solches Zeichen wünscht, kann über Anmelden bei seiner Section ein solches Zeichen erlangen, welches demselben auch als Legitimation zur Beanspruchung der den Vereinsmitgliedern bei Benützung von Hütten eingeräumten Begünstigungen dienen kann.«[42]

Als Mitbegründer redigiert Karl Haushofer mehrere Jahre die Vereinszeitschrift. Die Liebe zu den Bergen nimmt fortan in der Familie Haushofer einen festen Platz ein. Die Partnachalm am Fuß des Kreuzecks wird zum geliebten Treffpunkt von Familie und Freunden. Sie ist von Garmisch-Partenkirchen aus in knapp zwei Stunden bequem zu erreichen. Auch wissenschaftlich bleiben die Berge ein Thema in der Familie. Albrecht Haushofer widmet 1924 seine Dissertation der Welt der Berge mit dem Thema *Paß-Staaten in den Alpen*. Sein Doktorvater ist Erich von Drygalski (1865–1949), Geograph, Geophysiker, Geodät und Leiter der ersten deutschen Antarktis-Expedition.

Malachit aus *Die Mineralien*

Buchumschlag des Romans *Planetenfeuer* von Max Haushofer

VOLKSWIRTSCHAFT UND FRÜHE SCIENCE-FICTION

MAX HAUSHOFER DER JÜNGERE (1840–1907)

Max Haushofer wird am 23. April 1840 als zweiter Sohn von Max und Anna Haushofer in München geboren. Die ersten vier Jahre seines Lebens verbringt er mit seinem Bruder Karl in München. Als sein Vater 1844 eine Professur an der Kunstakademie in Prag erhält, zieht die ganze Familie dorthin um. Von 1849 bis 1857 besucht er wie sein Bruder Karl das k. u. k. Deutsche Gymnasium in Prag, von 1857 bis 1858 das Maximiliansgymnasium in München. Das Studium der Jurisprudenz, Philosophie und Staatswirtschaft an der Universität München schließt er mit der Promotion ab, die Habilitation erfolgt 1868 an der TH.

Max Haushofer, ca. 1875

Peter Brenner, von 2015 bis 2018 Direktor des Archivs der Technischen Universität München, früher TH, fasst Max Haushofers Tätigkeit so zusammen: »Bei der Einweihungsfeier der Technischen Hochschule in München am 19. Dezember 1868 trug der 28-jährige Max Haushofer als ›Festgruß‹ ein zwölfstrophiges Gedicht in ambitionierten fünfhebigen Jamben vor. Es war eine Eloge auf den faustischen Forscher und Ingenieurgeist, der in dem neuen Gebäude in der Arcisstraße eine Heimstatt gefunden hatte. 1868 wird er Professor der Nationalökonomie und Statistik. Als frisch ernannter Extraordinarius für Nationalökonomie gehörte der junge Wissenschaftler zu den Gründungsprofessoren der heutigen TUM. Er wird sich in den folgenden Jahrzehnten mit den modernsten Entwicklungen seiner Zeit beschäftigen, unter anderem mit dem sich gerade etablierenden Eisenbahnwesen.«[43]

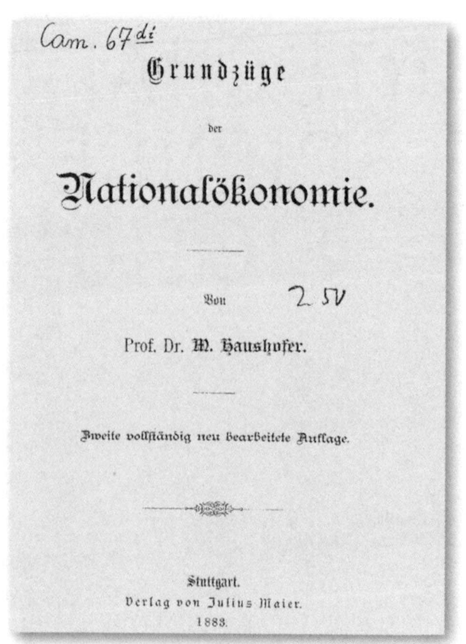

Grundzüge

der

Nationalökonomie.

Von

Prof. Dr. M. Haushofer.

Zweite vollständig neu bearbeitete Auflage.

Stuttgart.
Verlag von Julius Maier.
1883.

Titelblatt von Max Haushofers *Nationalökonomie*, 1888

MAX HAUSHOFER IN *KÖNIGLICHE HOHEIT* VON THOMAS MANN

Thomas Mann gehört zu seinen begeisterten Studenten: »Fast am interessantesten von allem ist – sollte man's glauben! – die Nationalökonomie, die der berühmte Professor Haushofer liest. Er faßt sie als moderne und moralische Wissenschaft auf, und seine Vorträge haben oft sehr philosophisch-tiefe Momente.«[44]

In seinem 1909 erschienenen Roman *Königliche Hoheit* setzt er seinem Professor ein Denkmal: als »Staatsminister Dr. Baron Knobelsdorff« bzw. »Exzellenz von Knobelsdorff, Minister des Inneren, des Äußeren und des Großherzoglichen Hauses«[45]. Die Figur wird so in den Roman eingeführt, dass Knobelsdorff mit seinem Ministerkollegen Doktor von Schröder eine »sprunghafte Plauderei« führte, »die mit einer Kunstbetrachtung anhob, zu finanziellen und ökonomischen Fragen überging […]« – eine thematische Bandbreite, die der Max Haushofers entspricht. Sein Charakter wird so geschildert: »Er war weit gereist, er kannte den Erdball, er war so mannigfach unterrichtet, auf eine befremdende und freie Art interessiert.«[46] Bald sind die beiden Herren bei der desaströsen finanziellen Lage des kleinen Herzogtums angelangt: Welch »kostspieliger Luxus« diese Romantik ist. »Das Übel fängt damit an, dass die Fürsten Bauern sind; ihre Vermögen bestehen aus Grund und Boden, ihre Einkünfte aus landwirtschaftlichen Erträgnissen. […] Sie haben sich bis zum heutigen Tag noch nicht dazu entschließen können, Industrielle und Finanzleute zu werden. Sie lassen sich mit bedauerlicher Hartnäckigkeit von gewissen obsoleten und ideologischen Grundbegriffen leiten, wie zum Beispiel den Begriffen der Treue und Würde.«[47]

Gerne hat Thomas Mann theoretisches Wissen, das er sich angeeignet hatte, in seinen Romanen verarbeitet. Im *Doktor Faustus* sind es vor allem musiktheoretische und medizinische Ausführungen, in *Königliche Hoheit* nationalökonomische. Dieses Bildungswissens wegen bezeichnete er sich selbstironisch als »Virtuosen der Halbbildung«. In seinem *Collegheft 1894–1895* finden sich stichwortartige Notizen zur Nationalökonomie aus der Vorlesung von Max Haushofer: »Volksreichtum u. dessen Entstehung Nationalökonomie. (Die Menschen) Der Factor Natürliche Güter Zweiter: Die Arbeit – Beschäftigung mit dem Arbeiter in seinen verschiedenen Situationen. Sache der Nationalökonomie das Murren des Arbeiters auf Berechtigung zu prüfen [...].[48] In der Fußnote zwei dieses Eintrages wird die Situation in *Königliche Hoheit* so ausgeführt, dass der »Kronprinz« Klaus Heinrich, dem vom Staatsminister Knobelsdorff die desaströse wirtschaftliche Lage im Land geschildert wird, sich Werke über die Nationalökonomie besorgt: »Er las von den Staatsausgaben und worin sie nur immer bestanden, von den Einnahmen und woher sie glücklichen Falles flossen; er durchpflügte das ganze Steuerwesen in allen seinen Kapiteln, er vergrub sich in die Lehre von Finanzplan und Budget, von der Bilanz, dem Überschuss und namentlich dem Defizit, er verweilte am längsten und gründlichsten bei der Staatsschuld und ihren Arten, bei der Anleihe, dem Verhältnis vom Zins und Kapital und der Tilgung – und zuweilen hob er den Kopf vom Buche und träumte lächelnd von dem, was er gelesen, als sei es die bunteste Poesie.« An dieser Stelle schimmert die doppelte Begabung Max Haushofers durch, die er auch als Lehrer weitergeben konnte: Poesie und Wissenschaft miteinander zu verknüpfen. »Die Querverbindungen zwischen Wissenschaft, Kunst und Literatur sind in der Moderne vielfältig. [...] Platons Annahme, dass Wissenschaft und Kunst miteinander verbunden sind, scheint sich offenbar auch in den Brechungen der Moderne zu bestätigen.«[49]

MAX HAUSHOFER ALS SCHRIFTSTELLER

Im schon erwähnten Büchlein der Brüder Karl und Max Haushofer mit dem Titel *Aula* findet sich auch ein Portrait Max Haushofers.

Neben seiner wissenschaftlichen Tätigkeit schreibt und veröffentlicht Haushofer Gedichte, Dramen, Kurzgeschichten und Romane. Den größten literarischen Erfolg erlebt er zweifelsohne mit dem Roman *Planetenfeuer* (1899), einer Vorform moderner Science-Fiction-Literatur. Darin beschreibt er in einer Zukunftsprojektion auf das Jahr 1999 den Niedergang einer Gesellschaft, die trotz oder wegen all der Technologien, die das Leben erleichtern könnten, ihrem Ende zusteuert, zusätzlich extrem gefährdet durch einen Planeten, der sich auf Kollisionskurs mit der Erde befindet. Der Schauplatz ist München, eine Gruppe von Menschen überlegt, wie sie sich verhalten soll.

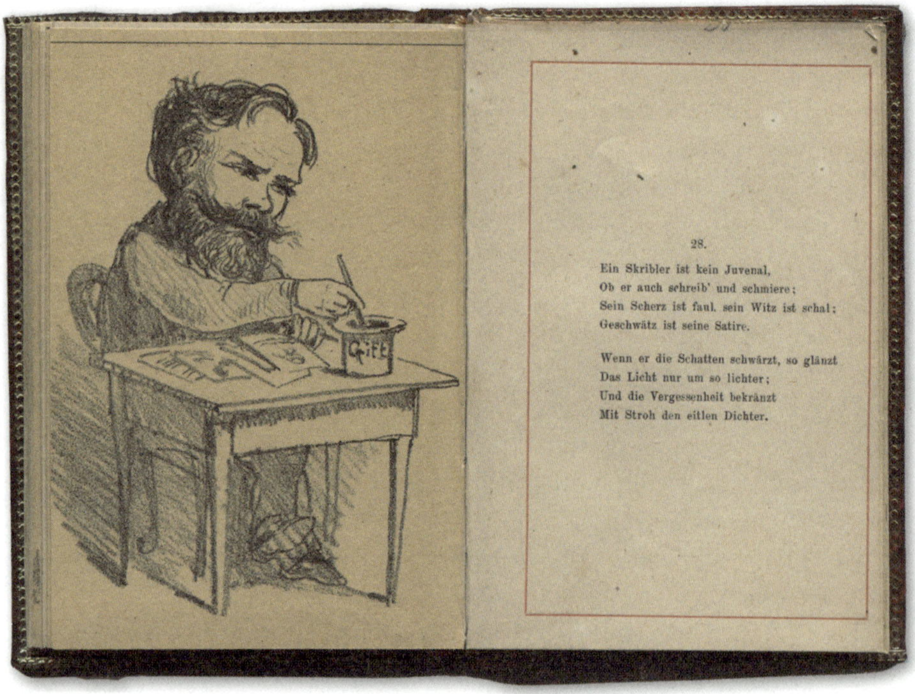

28.

Ein Skribler ist kein Juvenal,
Ob er auch schreib' und schmiere;
Sein Scherz ist faul, sein Witz ist schal;
Geschwätz ist seine Satire.

Wenn er die Schatten schwärzt, so glänzt
Das Licht nur um so lichter;
Und die Vergessenheit bekränzt
Mit Stroh den eitlen Dichter.

Max Haushofer, gezeichnet von Bruder Karl, Gedicht von Max Haushofer, in *Aula*

Die Geschichte beginnt mit einem ebenso rasanten Tempo, wie sich die Verkehrsmittel in *Planetenfeuer* beschleunigt haben. Die Menschen gehen nicht mehr zu Fuß, die »meisten hatten ihre Fuhrwerke bei sich«. Mit diesen »geräuschlosen Maschinen«[50] verlassen sie in der Nachbarschaft der St.-Benno-Kirche in München einen palastartigen Bau, in dem Georg Santen, Dozent der Volkhochschule (die tatsächlich als privater »Volkshochschulverein« 1896 von Professoren der LMU und der TH gegründet worden war), einen Vortrag gehalten hatte: über die hundert Jahre Staatssozialismus als beste Gesellschaftsform, in der sie leben. So restlos glücklich sind die Menschen allerdings nicht, unentwegt müssen sie Narkotika zu sich nehmen, »Herzenstrostmittel«[51], die jede unangenehme Stimmung verscheuchen. Anlass bietet eine neue Krankheit, die sogenannte Michigankrankheit, die unweigerlich zum Tod führt. Kurz bevor dieser eintritt, verfallen die Menschen in ein irrsinniges Lachen, von Georg Santen so kommentiert: »Was fehlt denn noch zu einem vergnügten Absterben der Menschheit, wenn wir uns alle mal totlachen?«[52] Freilich: »Soll das große Drama der Menschheit wirklich als Posse enden?« Ein weiterer zweifelhafter Fortschritt besteht darin, dass man inzwischen auch die Kunst des Gedankenlesens beherrscht. Man wird auf diese Weise nur noch zu einem »Durchgangspunkt unzähliger fremder Gedanken«[53]. Bei aller Aufgeklärtheit bilden sich zur gleichen Zeit Sekten, die ihre Mitglieder maßlos knechten und entmenschlichen. Kurzum: Es macht sich eine »nervöse

Unzufriedenheit mit dem Dasein«[54] in der Gesellschaft breit. Und das, obgleich es inzwischen »elektrische Flugbahnen« gibt[55] und außerdem auch ein »Pantoskop«, einen »optischen Apparat«, mit dessen »Glasscheibe«[56] man sich mit jedem Ort dieser Welt verbinden konnte. Das Smartphone lässt grüßen.

Auf Seite 131 ist dann zum ersten Mal zu lesen, worauf die Leser schon lange gewartet haben: welche weltweite Gefahr der Erde droht, verursacht durch den Zusammenstoß zweier Planeten, die sich in einen Trümmerhaufen verwandelt haben, durch den die Erde auf ihrer Bahn unvermeidlich zu ziehen hat. Die Dramaturgie fast schon überreizend, steigert Haushofer die Spannung, indem er eine veritable Kriminalstory einbaut, schließlich noch eine hitzige Debatte auf dem »Deutschen Frauenkongress«, auf dem sich zwei Fraktionen einander erbittert gegenüberstehen. Die eine fordert die Rückkehr zu Ehe und Mutterschaft, während die andere die Fortsetzung des Kampfes um Gleichberechtigung fordert. Mit einer kleinen Mehrheit wird die Erklärung der erstgenannten Gruppierung angenommen, mit »bitterem Hohne« von zwei Frauen aus der anderen Gruppe so kommentiert: »Das Säugetier hat über den Gedanken gesiegt.«[57] Nach der Ankündigung des Entsetzlichen ist es so weit: »Und nun war der Tag da, der die Katastrophe bringen sollte.«[58] Es sind drei Tage, in denen auf München und, schlimmer noch, auf der ganzen Erde ein Feuerspeien, Meteoritenhagel riesigen Ausmaßes, gewaltige Detonationen, dumpfes Heulen usw. heruntergehen, kurz: ein Inferno beispielloser Intensität. Aber für einen Wissenschaftler ist auch vor dem Ende der Welt noch immer Zeit für einen Kongress, in dem Fall der »Thanatognosten«, einer Art von »Erkennern des Todes«. Sie verbreiten die beruhigende Nachricht, dass nichts verloren geht. Naturwissenschaftlich weisen sie nach, dass beim Menschen auch nach dem Tode weder seine Gedanken noch seine Empfindungen einfach verschwinden, sondern weitergegeben werden. »Man fühlte sich seltsam ergriffen und gehoben beim Erkennen dieser unendlichen Fortwirkung von Leben und Empfinden. Aus dem Leben in den Tod, und wieder in das frische blühende Leben hinein: so spann sich eine Kette von Ereignissen und Kraftwirkungen fort, Zeit und Raum überwindend mit nie geahnter seelischer Kraft.«[59] Das ist es, in all diesem erzählerischen Trubel, den Haushofer inszeniert, was sein eigentliches Herzensanliegen ist. Schon ganz am Anfang war es angeklungen, in einem Gespräch, das Santen nach seinem Vortrag mit seinem Freund führt. Da nennt er den Begriff »Familienseele«[60], in der Generationen von Ahnen enthalten sind.

Man möchte es kaum glauben, dass er im Jahr 1900, nur ein Jahr nach diesem Roman voller Schreckensszenarien, in der Reihe *Land und Leute. Monographien zur Erdkunde* ein, wie es scheint, eher beschauliches Buch mit dem Titel *Oberbayern. München und bayerisches Hochland* veröffentlicht. Es enthält 102 »Abbildungen nach photographischen Aufnahmen«, die einem die Augen feucht werden lassen: ob es in diesem Land nicht doch so etwas wie eine »gute alte Zeit« gegeben hat, ohne flächendeckende Zersiedelung, ohne Gewerbegebiete, ohne Industrieanlagen. Schön sieht das schon aus, was man da betrachtet, doch ein soziales Problem, gar ein Elend ist darauf nicht zu sehen.

Sehr grundlegend legt er seine Perspektive an, beginnt bei »Klima und Pflanzenwelt«, geht über zu dem Abschnitt »Geschichtliches«, woran sich eine Charakterisierung der Münchner und der bayerischen Bevölkerung anschließt. Es folgt Region auf Region quer durch Oberbayern. Er hält viel auf dieses Land, das geht schon aus der Einleitung hervor: »Es ist überhaupt ein Grenzgebiet, das wir hier schildern wollen, ein Grenzgebiet mit einem kraftvollen Lebens- und Kulturpunkte, der ihm geographisch und ethnographisch angehört und der es zugleich in geschichtlicher, wirtschaftlicher und geistiger Verbindung hält mit jenem größeren Ganzen, dessen politischer Mittelpunkt es ist.«[61] Anschaulich schildert er schon gleich zu Beginn den geologischen Aufbau, der im Erzählton gehalten ist. »Wie diese Ebene entstand, das ist mit einer steinernen Handschrift geschrieben [...] Es gab Zeiten, da diese Hochebene ein großes Meer war, dessen Tierwelt heute in bleicher Versteinerung drunten zwischen Felsschichten liegt.«[62] Fast in Form einer Erinnerung stellt Haushofer das große Geschehen dar zwischen Flutung und Trocknung, zwischen Hebung und Senkung, »der Schöpfungsdrang rastete nicht«[63]. Von Findlingen ist die Rede, die aus einem »fremdartigen Gestein bestehen: aus Granit, Gneis, Hornblende und Glimmerschiefer«[64]. Als »Schwellen vor den Thüren und als Treppenstufen« werden sie genutzt, »wir sehen sie heute noch oft genug, dunkel, grünlich, rötlich und braun oder blaugrau«[65].

Sehr freundliche Worte findet er auch für das bayerische Landvolk. Er merkt zwar als Besonderheit an, dass sie »zu einsamem Leben und zu weiten Wegen« neigen, was immer wieder »mehrstündige Märsche« mit sich bringt. Gerade das legt er jedoch zu ihrem Vorteil aus. »Dieses einsame Sein und Wandern schärft die Sinne und die Selbständigkeit, veranlaßt den Menschen zum Nachdenken. Mit den weiten Wegen, die zurückzulegen sind, ist mancherlei Zeitversäumnis und Kraftverschwendung verbunden, aber auch Gelegenheit zur Ausbildung einen freien, kühnen und poetischen Lebensanschauung.«[66]

Im weiteren Verlauf des Buches kommt die Rede auf »Die Krokodile«, die er eine »Dichterschule« nennt und deren Mitglied er selber ist, doch widersteht er der Versuchung, sich dabei selbst mit seinem Namen zu nennen. Auch bei den Künstlern auf der Fraueninsel im Chiemsee, die er beschreibt, erwähnt er seinen Vater Max nicht.

Was nun aber bei aller vollständigen Andersgeartetheit dieses Buch doch wieder mit dem vorausgegangenen *Planetenfeuer* verbindet, ist die bei Max Haushofer immer wieder auflebende Grundidee einer »Gesamtseele«, in der das Weiterleben der einzelnen Individuen gesichert ist. Geradezu exemplarisch ist dies bei *An des Daseins Grenzen. Geschichten und Phantasien* der Fall. Das Buch ist in vier große Abschnitte gegliedert: »Das Buch der Vergangenheit«, »Das Buch der Ferne«, »Das Buch der Seelen«, »Das Buch der Zukunft«. Dem Werk ist auf einem Vorsatzblatt der Wunsch Max Haushofers als Vermächtnis vorangestellt: »Mit diesem Buch möchte ich als Abgeschiedener noch zu meinen Lieben und zu anderen sinnigen Menschen reden, aus dem Dunkel des Jenseits heraus!«[67]

Das Buch setzt mit diesem Satz ein: »Was wir Welt nennen, ist außer uns und in uns.«[68] Daraus folgt für ihn eine grandiose Option: »Es gibt solche Grenzen, wo unser Dasein aufhört, wo unser Gesichtskreis im Nebel verschwimmt und unser Verständnis der Dinge ein Ende nimmt. Da muß noch lange nicht ein großes Nichts beginnen. Wenn wir die Grenzen des Daseins überschreiten, verlassen wir nur das Gebiet der Wirklichkeit und betreten das mit tausend Türen sich erschließende Gebiet der Möglichkeiten.« Daraus leitet Max Haushofer aber kein Dogma ab, im Gegenteil: »Wenn dieses Buch seine Leser an des Daseins Grenzen führt, so will es aber keine Glaubensätze geben, sondern Dichtungen. Dichtungen, die dort anheben, wo unsere wirkliche Daseinserkenntnis endet, wo das ungeheure Reich der Möglichkeiten zum Spielraume der Phantasie wird.«[69]

In dem Text »Zerstäuben« aus diesem Band schließt Haushofer in gewisser Weise an seinen Roman *Planetenfeuer* an, zumindest als hypothetische Annahme. Das Gedankenexperiment geht vom plötzlichen Aussetzen der Schwerkraft aus. Anschaulich beschreibt er, wie sich nach und nach alles auflöst und als Partikel in den Weltenraum verteilt. Vom Jupiter aus wird das Geschehen beobachtet, drei Bewohner führen ein kleines Gespräch über das Geschehen und das Gesehene. Der Dritte ist der Meinung, es sei genug geschehen auf der Erde: Sie »hat reichlich Geschichten erlebt für solch ein kleines Gestirn! Was uns die Wesen erzählten, die zu uns kamen, zeigt, daß es Schicksale hatte, die seiner Größe würdig waren«[70]. Und wieder bricht sich ein Hauptgedanke Max Haushofers Bahn, was die allgemeine Entwicklung der Erde betrifft: »Es ist ja keine Vernichtung, der sie entgegenwandert! Es ist nur Veränderung, neues Schicksal, neues Erlebnis!«[71]

Eine weniger tröstliche Botschaft weist der Text »Pithekanthropos« aus *An des Daseins Grenzen* auf. Wörtlich »Affenmensch«, bezeichnet er eine ausgestorbene Art von primitiven affenähnlichen Menschen. Diese von Ludwig Thoma und Georg Queri für das legendäre *Bayernbuch* ausgewählte Geschichte stellt apokalyptische Szenarien dar. Aber wer in dieser Anthologie Aufnahme gefunden hat, gehört zu den »Großen« der bayerischen Literatur. »100 bayrische Autoren eines Jahrtausends« lautet der Untertitel.

Verheißungsvoll schließt *An des Daseins Grenzen*: »Und was sie [die Menschen] zu all diesem Großen befähigt, ist doch nur der rastlose, unersättliche Lebenswille, den sie als unser göttliches Erbteil in sich aufgenommen haben. Jener Hunger nach dem Weltall, der unsere Besten allzeit beseelt hat, jener Unsterblichkeitsdrang, dem das Dasein Wonne ist, weil er fühlt, daß, wie es auch enden mag, ein Neues sich anreihen muß. Und mag dieses Neue ein Auseinanderfalten sein oder ein Zusammendrängen, ein Auflösen der einzelnen Persönlichkeit in tausend neue Seelen oder ein Verschmelzen von Millionen zu einer jungen Riesenseele: wir drängen ihm entgegen, ihm und denen, die nach uns kommen. Sie müssen uns in sich aufnehmen und weiterführen durch alle Welträume und Weltzeiten, im Wachsen und im Vergehen, in Erinnern und Vergessen. [...] Dieses Vertrauen aber hebt ihn heute schon über den Tod hinaus.«[72]

Selbst in einer Geschichte wie *Der Tuifelmaler. Eine oberbayerische Dorf- und Seegeschichte*, erschienen in der *Gartenlaube*, in der ein gnadenloser Abwärtsweg eines Marterl-Malers namens Girgel Söllhuber beschrieben wird, zieht Haushofer auf der allerletzten Seite des Textes einen Vorhang der Hoffnung noch ein kleines Stück auf. Nachdem der »Tuifelmaler«, so genannt, weil niemand die Hölle mit all ihren Teufeln so gut malen kann wie er, alles, was er verdient und geerbt hatte, durchgebracht und damit auch sein Glück in der Liebe zu der Kellnerin Lisei verspielt hat, werden von seinem Kahn, den er als letzte Heimstatt noch übrig hatte, nur noch Bruchstücke gefunden. Offenkundig ist er in dem See, der unschwer als Chiemsee zu erkennen ist, ertrunken. Doch hört man nach Jahren, dass am Attersee in Österreich ein Maler hause, »der könne das Fegefeuer malen wie sonst niemand in der Welt, so dass man meine, es brenne einen schon«[73].

Einen »deutschen Dante«[74] nennt Ernst Garleb seinen »mitschaffenden Zeitgenossen« Max Haushofer in einem ihm gewidmeten Bändchen, erschienen 1897 im Verlag A. G. Liebeskind, in dem auch Haushofers »dramatisches Gedicht« *Der ewige Jude* (1886) publiziert wurde. »Mein Ahasver«, heißt es da, »der ist schon längst kein Jude mehr. / Ganz konfessionslos ist das alte Haus; / Es ward einfach ein armer Mensch daraus.«[75] Was Haushofer einmal mehr daran und damit an dieser Figur interessiert, ist der »Unsterblichkeitsgedanke«, in dem Fall verkörpert in einem »geisterhaften Greis, Erlösung suchend«[76]. Und: »Man läuft sich nach – um sich zu entrinnen.«[77] Die gleiche Thematik scheint gleichfalls in »Die Verbannten« auf, einem erzählenden Gedicht, sowie in »Geschichte zwischen Diesseits und Jenseits«, »ein moderner Totentanz«. In diesem Buch bündeln sich noch einmal die zentralen Themen Max Haushofers: »das grübelnde Philosophieren über das Diesseits und Jenseits, über das Leben selbst schon vor der Geburt und über das große Rätsel des Sterbens und dessen, was später aus uns wird.«[78] Max Haushofer gibt seiner Leserschaft eine große Botschaft für das Leben nach dem Tode mit: »Das Grössere kommt noch nach.«[79]

Garleb nennt Haushofer ein »Universalgenie«, »ausgestattet mit den Schätzen und Resultaten der modernen Naturwissenschaften und Philosophie, der Medizin und Statistik, der Litteratur, Mythologie und Pathologie. Er versteht es, im Kleinsten Grösstes zu sehen [...]«[80]. Er bewundert an ihm vor allem auch, dass sich »fachwissenschaftliche Fruchtbarkeit« und Dichtung nicht widerstreiten, sondern sich gleichsam vereinen, »gewiss ein verhältnismässig seltener Fall«[81]. Denn: »Nur zu leicht liegt in solchen Fällen die Gefahr vor, dass der Poet überwiegt mit dem strahlenden Glanz seiner Sprache, und derselbe Mensch, als Gelehrter betrachtet, darunter leiden muss. Diese Klippe hat Haushofer stets zu meiden gewusst. Was Haushofer als Gelehrter gesehen, das hat er als Poet mit dem schimmernden Zauber seiner Diktion zu übergiessen verstanden.«[82]

Er habe von seinem gleichnamigen Vater viel geerbt: »Humor, das Gemüt und vor allem das Gefühl für die Stimmung von Landschaft, Tages- und Jahreszeit.«[83] »So kommt es, dass er kein verbissener Parteimensch ist, dass in seinen Fachschriften jene ruhige anmutige Objektivität lebte, deren ein Sozialpolitiker echten Schlages stets bedarf.«[84]

Das ist alles ebenso liebevoll wie wahr – der Vergleich mit Dante indes ist dann doch etwas hoch gegriffen. Max Haushofers poetisches Werk hat auch so seinen unbestreitbaren Rang.

So wurde Max Haushofer von Ernst Garleb auch als »Dichterphilosoph« bezeichnet. Gerechtfertigt schien ihm dies angesichts der Tatsache, dass es kaum einen deutschen Dichter gebe, der von so umfassender Phantasie erfüllt war und ähnliche Weltenwanderungen durchführte. Schon zu seiner Zeit war Haushofer als Dichter unterschätzt. Haushofer war nie »modern«, weil er über jede Mode hinausragte. Dies war auch schon seinem ersten Biographen Ernst Garleb klar: »Unser Dichter steht zur Zeit noch abseits von den Tagesgötzen, zu denen er sich sicher nie gesellen wird. Das verbietet die keusche Schönheit und Eigenart seiner Muse. Aber der künftige, große, deutsche Geschichtsschreiber der Literaturwende unseres Jahrhunderts wird mit goldenen Lettern seinen Namen eintragen müssen und ihn der Zukunft überweisen. Möge aber der wahre, geistige Adel deutscher Nation sich endlich ermannen und nach dem Satze, dass ein Volk, das seine großen Männer nicht ehrt, ihrer auch nicht würdig sei, unserem Poeten die volle Anerkennung zollen.«[85]

Man kann es aus heutiger Sicht kaum glauben, was ein Mensch in einem einzigen Leben alles in sich vereinen kann und das auch ins Werk setzt. Seit August 1868 ist Max Haushofer Professor der Nationalökonomie, er übernimmt darüber hinaus Vorlesungen über Handelsgeographie, Handels- und Wechselrecht sowie Finanzwissenschaft und Staatswissenschaft. Er schreibt Fachpublikationen wie das *Lehr- und Handbuch der Statistik* (1873), *Grundzüge der Nationalökonomie* (1879), *Das deutsche Kleingewerbe* (1885), daneben auch Aufsätze und Schriften zur Heimatkunde (unter anderem *Arbeitergestalten aus den Bayrischen Alpen*, 1890; *Alpenlandschaft und Alpensage* (1891) oder in den *Monographien zur Erdkunde* den Band *Oberbayern. München und bayerisches Hochland* (1900). Von weitergehenden schriftstellerischen Tätigkeiten war schon die Rede.

Und weil zum Schreiben im München der damaligen Zeit auch die entsprechende Geselligkeit gehört, ist er Mitglied des Dichterbundes »Die Krokodile«. Dieser Kreis bestand von 1856 bis 1882. In ihm gewann Haushofer Kollegen wie Paul Heyse, der 1910 als erster deutscher Autor den Nobelpreis für Literatur bekam, oder Felix Dahn. Auch bei der literarischen Gesellschaft »Die Zwanglosen« war Haushofer mit dabei, einer seit Juni 1837 bestehenden Vereinigung aus der Spätromantik, der unter anderem

Franz von Pocci, Franz von Kobell oder Ludwig Steub angehörten. Ihren Mitgliedern, die sich bis zum heutigen Tag ganz zwanglos an jedem Mittwoch treffen, ging es um einen geselligen Rahmen für ihre Dichtkunst – ohne die Regeln eines Vereins. Hermann Kaulbach hält eine Szenerie bei den »Zwanglosen«[86] fest: Der Numismatiker Hans Riggauer und der Maler und Zeichner Theodor Pixis eskortieren sitzend, Zigarren im Mund oder in der Hand, Weinflaschen und Gläser vor sich, den stehenden, aus einem umfänglichen Werke rezitierenden Max Haushofer. Freilich muss Haushofer klagend einräumen, dass 1886 nach dem Tod des Geschäftsführers Bernhard von Gudden, der unter nie geklärten Umständen gemeinsam mit »seinem« König Ludwig II. im Starnberger See ertrunken ist, »die Zwanglosen in rauhe Weiberfeindschaft zurückgefallen«[87] sind. Gleichwohl datiert er das von ihm verfasste *Festspiel der Zwanglosen* in gewohnt großzügiger phantastisch utopischer Manier zum hundertjährigen Bestehen 50 000 Jahre in die Zukunft. Allwöchentlicher Versammlungsort bleibt das Café Dall' Armi in München, »unmittelbar am Fuße der Frauentürme«[88]. Die *Zukunft der deutschen Nation* glossiert er mit diesen Versen: »Ob einst die Deutschen, diese Braven / Gefressen werden von den Slawen, / Ich glaub es nicht, und überhaupt: / Es ist wohl Niemand, der das glaubt! / Das Maul der Weltgeschichte frißt / Nur etwas, das verdaulich ist.«[89] Er dichtet *Zum Dreikönigsfest der Zwanglosen* am 6. Januar 1907, hält Vorträge über so unterschiedliche Themen wie *Bebels sozialdemokratischer Staat* oder *Technik des Bergsteigens* und trägt immer wieder auch eigene Dichtungen vor, etwa 1900 *Drei kleine Erzählungen.* Im gleichen Jahr hat auch schon Karl Haushofer der Jüngere seinen Auftritt bei den »Zwanglosen« mit einem Vortrag über *Südfranzösische Wandertage.* Ein Mitgliederverzeichnis führt »Haushofer Max« auf als »Professor der Staatswissenschaften an der Techn. Hochschule München, Dichter und Schriftsteller« von 1878 bis 1907 sowie »Haushofer Karl« als »Generalmajor a. D., Professor an der Universität München«. In dem Band *Hundertfünfzig Jahre Zwanglose Gesellschaft München 1837–1987* sind dann schon fünf »Haushofers« in der Mitgliederliste aufgeführt. Neben den beiden Genannten sind dies Karl von Haushofer, Mineraloge, der wohl in der vorigen Ausgabe vergessen worden war, und nun Heinz Haushofer, »Ministerialrat« sowie Rainer Haushofer, »Direktor«. 1981 zogen die »Zwanglosen« ins Ignaz-Günther-Haus am Jakobsplatz ein. Der seinerzeit neue Hausherr Christoph

Max Haushofer, portraitiert von Paul Heyse

Stölzl, Direktor des Stadtmuseums, führte durch das Haus, Heinz Haushofer hielt einen Vortag mit dem Thema »Zwischen Ökologie und Ökonomie«.

Keine Frage, so zwanglos diese Gesellschaft sich schon vom Namen her gab, ergaben sich doch daraus Verbindungen, die man für die eigene Karriere nutzbar machen konnte. Karl von Haushofer, Mineraloge, folgte Kobell auf dem Lehrstuhl, Albrecht Haushofers Doktorvater Erich von Drygalski war gleichfalls Mitglied der »Zwanglosen«, das sei hier nur stellvertretend genannt. Die Liste der Namen, die mit ihrer »Vortragstätigkeit der Zwanglosen Gesellschaft von 1855/56 bis Ende 1936« in einer Art Festschrift als Manuskript gedruckt worden sind, liest sich wie ein »Who is who« in München.

Darüber hinaus ist Max Haushofer auch politisch tätig. Von 1875 bis 1881 vertritt er die Vereinigten Liberalen für den Wahlkreis München in der bayerischen Kammer der Abgeordneten. Wegen dieser Tätigkeit und auch wegen seiner »Zivilehe« mit der Schriftstellerin Emma Haushofer-Merk will ihm die Kirche zunächst ein kirchliches Begräbnis verweigern. Auch wird der Amtskirche nicht entgangen sein, dass Haushofer einem Aktionskomitee zur Bekämpfung des Unfehlbarkeitsdogmas angehört.

Ein freier Geist, liberal im Wortsinne, der es sich auch durchaus erlaubt, sich sehr wohlwollend über einen politischen Gegenspieler zu äußern, über Georg von Vollmar von den Sozialdemokraten. Christa Elferich macht auf einen Fund aufmerksam, der diesen Text ins Tageslicht rückt, nachdem er aus verschiedenen Gründen seinerzeit (vermutlich um 1906) unpubliziert geblieben ist. Er sollte Bestandteil eines Memoirenwerks mit dem Titel *50 Jahre Münchener Geistesleben* werden, das Haushofer aber nicht fertigstellen konnte. Er schreibt: »Den Führer der bayerischen Sozialdemokraten, v. Vollmar, den ich schon 1873 zu Frauenchiemsee kennen gelernt hatte, traf ich erst in den neunziger Jahren wieder im Salon der Frau v. Belli, nachdem er ein berühmter Parlamentarier geworden war.«[90] Gemeint ist Friederike von Belli di Pino, führendes Mitglied im »Verein für Fraueninteressen«.

Haushofer beschreibt in seinem Beitrag nicht nur die Persönlichkeit Georg von Vollmars, den er als »höchst interessanten Mann« empfindet, »dessen Persönlichkeit allein für die bayerische Sozialdemokratie von unberechenbarem Werthe ist. Ist er doch eine durchaus bodenständige Natur, aber dabei doch von scharfem Weltblick. Und er versteht es mit den städtischen Arbeitern eben so gut, wie mit den Bauern. Wenn ein sozialdemokratischer Agitator dem altbayerischen Landvolk das sozialdemokratische Programm mundgerecht machen kann, ist's ohne Zweifel er. Dazu muß ihn schon die Meisterschaft befähigen, mit der er seinen oberbayerischen Dialekt handhabt.« Haushofer skizziert im weiteren Verlauf seiner Studie auch die politische Gesamtsituation: »In weiten Kreisen des Liberalismus sichert ihm Sympathien jener Mut, mit dem er den Regierungskreisen, und, wo er es für gut findet, auch den Klerikalen gegenübertritt. Aber auch unter den bayerischen Centrumswählern sind sicherlich sehr viele, denen er im Grunde weit sympathischer ist, als die Pfarrer und Kooperatoren [?], deren politischen Weisungen sie zu folgen haben.«[91]

Christa Elferich bezeichnet Max Haushofers Haltung in diesem Beitrag als »ein Beispiel dafür, dass es um die Jahrhundertwende in München noch nicht die tiefen Gräben zwischen den politischen Lagern gegeben hatte, die dann während des Ersten Weltkrieges und der Revolutionszeit gezogen wurden und fortan das politische Leben vergifteten«[92].

MAX HAUSHOFER ALS PRIVATMENSCH?

Von einem Privatmann Haushofer kann bei der Rastlosigkeit seiner Tätigkeiten kaum die Rede sein. Das Familienleben muss dadurch notgedrungen zu kurz kommen. Verheiratet war er in erster Ehe mit Adele Fraas (1844–1872), deren Mutter Adelheid Fraas (1819–1889) den Botaniker Carl Fraas, Direktor der Königlichen Hofgärten am Hof des wittelsbachischen Königs auf Griechenlands Thron Otto, Sohn Ludwig I., 1837 in Athen geheiratet hatte. An der von Otto neu errichteten Universität in Athen hielt er seine Vorlesungen in Botanik auf Neugriechisch. Seiner *Geschichte der Landwirthschaft, oder: Geschichtliche Übersicht der Fortschritte landwirthschaftlicher Erkenntnisse in den letzten 100 Jahren*, erschienen in Prag 1852, stellt er ein Motto aus Platons *Politeia* voran, unübersetzt, im altgriechischen Original, weil Altgriechisch seiner Meinung nach ohnehin jeder Mensch kann (Plat. Poli 11,18). Auch in den Anmerkungen bleibt er im Altgriechischen der zitierten Werke, sei es Aristoteles, Theophrast und andere. In der in München 1845 erschienenen *Synopsis plantarum florae classicae oder Uebersichtliche Darstellung der in den Schriften der Griechen und Römer vorkommenden Pflanzen sowie autoptischer Untersuchung in Florengebieten entworfen und nach Synonymen geordnet* widmet er sich den in Gebieten der Antike vorkommenden Pflanzen.

Seine Tochter Adele verstarb mit nur 32 Jahren 1872. Ihre und Max Haushofers Kinder, Marie, 1871 geboren, Alfred, 1872 geboren, und Karl, 1869 geboren, wachsen zwar bei der Großmutter Anna Haushofer, geborene Dumbser, aber eben doch ohne Mutter und damit weitgehend elternlos in München auf. Die zweite Ehefrau von Max Haushofer, Emma Haushofer-Merk, hatte keinen Einfluss mehr auf die längst erwachsenen Kinder, die Ehe wurde erst 1902 geschlossen. Ohne psychologisch werden zu wollen, hat das zumindest für Karl Haushofer greifbare Folgen, die manches in seinem autoritären Wesen erklären könnten.

Bei Max Haushofer dem Jüngeren zeigt sich ein Charakterzug, der immer wieder in der Familie auftaucht und die stabilere Seite menschlichen Wesens zeigt, eine stoische Haltung, welche auch die Unbill des Lebens zu überwinden hilft. »Es gibt Alltagssorgen, die immer wiederkehren und das Los der Sterblichen sind. Ihnen gegenüber bleibt nichts übrig, als sie durch Gewohnheit erträglich zu machen, durch Humor zu verschönen, durch Arbeit zu bekämpfen und nicht durch Torheiten zu steigern.«[93] Auch der Spruch auf seinem Grabstein auf der Fraueninsel im Chiemsee macht diese Seite in ihm spürbar:

> Das Dasein ist ja nur ein Flügelschlag der Zeit,
> Und ist es ausgelebt und sinkt zu Grabe,
> So blüht ein neues auf zu neuem Streit,
> Zu neuem Leiden, Schaffen, Lieben.
> Es steht im größten Buch geschrieben,
> Daß nichts vergeht, nur hin und wieder wallt
> Des Daseins wechselnde Gestalt.

Grab von Max Haushofer dem Jüngeren auf der Fraueninsel, der als liberaler Freigeist kein Grab auf dem alten Südfriedhof in München bekam

Fassade des Hof-Ateliers Elvira, Von-der-Tann-Str. 15, ca. 1915

MIT DER KUNST IN DIE FRAUENBEWEGUNG

EMMA HAUSHOFER-MERK (1854–1925)

Eine wesentliche, doch lange in der Öffentlichkeit weniger beachtete Rolle in der Familie Haushofer spielen die Frauen. Ein kurzer erster Blick auf Max Haushofers zweite Frau, Emma Haushofer-Merk, macht schon deren Einfluss sichtbar. Sie war eine führende Feministin im München der Jahrhundertwende, und durch sie wurde Max Haushofer Mitglied im »Verein für Fraueninteressen«, was man auch als Mann sein konnte, und damit ein engagierter, wenn auch skeptischer und moderater Vorkämpfer der Frauenemanzipation, der er in seinem Roman *Planetenfeuer* ein eigenes Kapitel widmet.

Emma Merk, ca. 1895

Geboren ist Emma Haushofer-Merk am 15. Juni 1854 in München als Tochter des Malers Eduard Merk und der Margarethe Merk. Auch ihr als Einheiratende ist wie so vielen Mitgliedern der Familie Haushofer die künstlerische Atmosphäre von Kindheit an vertraut, die sie auch in manchen ihrer Erzählungen schildert, etwa in dem 1917 erschienenen Roman *Die Lierbachs-Mädeln*[94]. Auch ihren späteren Mann Max Haushofer, vierzehn Jahre älter als sie, kennt sie schon als Kind. Die Heirat findet 1902 statt.

Ihre Laufbahn als Schriftstellerin verläuft unabhängig von ihrem Mann, der sie, nach der Hochzeit, dazu auch ermuntert, ebenso wie sie ihm eine wertvolle Ratgeberin wird. Emma Haushofer-Merk schreibt zahlreiche Novellen, Erzählungen, Romane und Essays. Dabei bettet sie häufig Frauenschicksale in das Milieu der jeweiligen Zeit ein, überwiegend in München, sodass ihre Bücher zugleich zeitdokumentarischen Wert erhalten.

Emma und Max Haushofer am Gardasee, o. J.

Das Buch *Es wetterleuchtete*[95] zum Beispiel spielt im München zur Zeit der Lola Montez. Emma Haushofer-Merk wurde von Ludwig Thoma und Georg Queri als eine von fünf weiblichen Autorinnen unter einhundert Autoren in ihr *Bayernbuch*[96] aufgenommen, und zwar mit dem Text »Kameradschaft«, der Geschichte einer missglückenden Liebe. Ihre Beobachtungen sind sehr genau, die Aktionen ihrer weiblichen wie männlichen Protagonisten sind psychologisch motiviert. Georg Jakob Wolf nennt in seiner Monographie *Die Münchnerin* »Namen der Münchner Dichterinnen, die den echten Münchner Roman zu schreiben in der Lage wären: die Haushofer-Merk, die Raff, die Brachvogel, Danöfen, Port, Böhlau.«[97]

Sie nahm auch eine herausragende Stellung in der sich Anfang des 20. Jahrhunderts formierenden Frauenbewegung ein. Im 1894 gegründeten »Verein für Fraueninteressen«, in dem auch Männer Mitglieder waren, unter anderem eben Max Haushofer ebenso wie Rainer Maria Rilke, August Endell (Architekt des Hof-Ateliers Elvira) und Ernst von Wolzogen, übernahm sie verschiedene leitende Funktionen. Emma Haushofer-Merk gründete zusammen mit Carry Brachvogel auch den ersten Schriftstellerinnen-Verein mit Mitgliedern wie Ricarda Huch, Annette Kolb oder Helene Böhlau.

Ingvild Richardsen beschreibt im Nachwort zu ihrer Neuherausgabe von *Alt-Münchner Erzählungen*[98] das Lebenskonzept von Emma Merk, das im Kontrast zu vielen anderen Frauen ihrer Zeit steht. Sie ist nicht verheiratet, hat keine Kinder, aber einen Freund: »Letztlich verkörperte sie schon damals den Typ der selbständigen und emanzipierten Frau.«[99] Im »Verein für Fraueninteressen« übte sie verschiedene Funktionen aus, unter anderem im Vorstand und als Schriftführerin. Der Verein trat

»für mehr Rechte für Frauen ein, für das Recht auf Bildung und Erwerbstätigkeit für bürgerliche Mädchen und Frauen sowie für gleiche und gerechte Entlohnung«[100], »vertrat den Anspruch der Mädchen auf gleiche Bildungschancen und verlangte die gleichberechtigte Teilnahme von Frauen an den Institutionen des öffentlichen Lebens« (Richardsen). Damit wird der Verein zum Fürsprecher aller erwerbstätigen Frauen. Selbstständigkeit im Denken und im Handeln steht für Emma Haushofer-Merk an oberster Stelle in ihrem eigenen Leben ebenso wie in ihrem öffentlichen Engagement und in ihrem Schreiben. An ihrem Grab auf der Fraueninsel spricht unter anderem »General a. D. Karl Haushofer«.

Ex libris von Emma Haushofer-Merk

Dame am Ufer des Chiemsees, Gemälde von Marie Haushofer, 1897

ES LEBE DIE FREIHEIT

MARIE HAUSHOFER (1871–1940)

Marie Haushofer ist die Freundin von Emma Haushofer-Merk, der zweiten Frau von Maximilian Haushofer dem Jüngeren, der also solchermaßen über seine Tochter seine Frau kennenlernt. Marie Haushofer wird als Tochter von Max Haushofer und Adele Fraas am 14. Mai 1871 in München geboren. Sie ist die Schwester von Karl Haushofer dem Jüngeren und Alfred Haushofer (1872–1943), ebenfalls ein Maler, der sich dem Chiemsee verschrieben hat. Er veröffentlicht in der *Jugend* und in den *Fliegenden Blättern*, sein Grab liegt auf der Fraueninsel. Gestorben ist Alfred Haushofer, dessen gern angehängtes Beiwort »Chiemseemaler« wohl etwas zu kurz greift, am Starnberger See, an dessen Ufern einst sein Großvater Max Haushofer seine letzte Reise angetreten hat.

Marie Haushofer, ca. 1900

Es finden sich Einträge Alfred Haushofers in das Gästebuch der jüdischen Familie Weinmann, die eine Villa in Leoni besaß, in der heute die VHS Buchenried logiert. Auch Marie Haushofer hat in diesem Gästebuch ihre poetischen wie bildnerischen Spuren hinterlassen.

Marie ist Schriftstellerin und Malerin. Einträge von ihr sind auch in den *Künstlerchroniken*[101] in Wort und Bild zu finden, einer gilt der 1902 verstorbenen Großmutter Anna Dumbser. Ihren Lebensunterhalt verdient sie sich als Kopistin vor allem von Gemälden in der Alten Pinakothek. Sehr bekannt wird sie durch ihr Engagement in der Frauenbewegung.

Es gibt eine Aufnahme von ihrem Vater Max Haushofer, die von Anita Augspurg und Sophia Goudstikker angefertigt wurde, seit 1887 Betreiberinnen des legendären Photostudios Elvira in der Münchner Von-der-Tann-Straße und führende Frauenrechtlerinnen. Goudstikker gründete 1894 zusammen mit Ika Freudenberg die »Gesellschaft zur Förderung geistiger Interessen der Frau«, den späteren »Verein für

Fraueninteressen« (1897). Seitdem ist auch die Mitgliedschaft von Marie Haushofer verbürgt. Sie hält Vorträge, betreut eine Jugendgruppe und verfasst Gedichte und Theaterstücke, etwa für den »ersten bayerischen Frauentag« 1899 das Festspiel *Zwölf Culturbilder aus dem Leben der Frau.* Als Schauspielerinnen treten dabei sie selbst, ihre spätere Stiefmutter Emma Merk, ihre Schwägerin Martha Haushofer, Sophia Goudstikker, Therese Schmidt und die 16-jährige Katia Pringsheim auf, nachmals Ehefrau von Thomas Mann. Als Regisseurin fungiert Sophia Goudstikker. Die Szenen werden vom Photostudio Elvira aufgenommen.

Es geht in dem Stück um die Entwicklung der Geschichte der Frau, die aus der Unterdrückung zur Befreiung führt. Der Reigen reicht weit und ist bunt. Figuren aus der Bibel treten auf, Amazonen, Haremsdamen, Schwestern aus dem Benediktinerorden, eine Prozession für den Dichter Frauenlob, dessen Verse freilich eher der Muttergottes gewidmet sind, schließlich Rotkreuzschwestern, die den Reigen berufstätiger Frauen der Gegenwart eröffnen und zeigen. Der Ton ist kämpferisch: »Es lebe die Freiheit, es lebt, wer gewann. Im Kampfe den Sieg, im Siege den Mann! Und ist er besiegt, so

Szenenfoto aus dem Fotoalbum: »Marie Haushofer's Festspiel zum 1. allgemeinen Bayerischen Frauentag in München 18.–21. Oktober 1899«

ist er uns Knecht, wir schaffen uns selber unser Recht!« Am Ende singt der Chor den Beginn der *Meistersinger*: »Wach auf, es nahet gen den Tag!« – was auch als Weck- und Kampfruf der Frauenbewegung gilt (1897). Weitere Aufführungen erlebt das Festspiel in Nürnberg (1900) und in der Oper von Bayreuth (1902).

Ingvild Richardsen bemerkt in ihrem Eintrag im *Literaturportal Bayern*, dass das Festspiel ein wichtiger Meilenstein für die sich emanzipierenden Frauen ist, »ihre Forderungen zu formulieren«. Sie verweist ihrerseits auf die englische Literaturwissenschaftlerin und Festspiel-Expertin Helen Watanabe-O'Kelly, »deutsche und englische Festspiele seien um 1900 als ein politisches Instrument genutzt worden, um die traditionelle Rolle der Frau mit theatralen Strategien zu hinterfragen«. Marie Haushofer verfasst weitere Festspiele, z. B. *Frau Holle* (1910) oder ein Festspiel zur Feier des 20-jährigen Bestehens des Vereins für Fraueninteressen (1914).

Ein paar Jahre später zieht sie in ein Gartenhaus in der Liebigstraße 17 im Münchner Stadtteil Lehel, nicht weit entfernt vom Bayerischen Nationalmuseum. Zu dem Gartenhaus gehört auch ein Atelier mit Wohnung. Dort lebt sie zeitenweise mit ihrem

Torhalle auf Frauenchiemsee, links Marie Haushofer

Freund Wolfgang Ruoff (1882–1964) zusammen, einem Pianisten und Musikprofessor, der von 1920 bis 1948 an der Münchner Tonkunst Klavier unterrichtete. Zu seinen bekanntesten Schülern gehört der spätere Dirigent und Pianist Wolfgang Sawallisch. 1934 bezieht Ruoff auch Räume im Hildebrandhaus. Marie Haushofer fühlt sich nicht nur zunehmend krank, sie fürchtet auch, anderen zur Last zu fallen. Ihr Leben endet tragisch, sie reiht sich ein in die Reihe der Selbstmorde der Familie Haushofer. 1940 ertränkt sie sich in der Isar. Ihre Leiche wird im Mittleren Isar-Kanal gefunden, unweit eines Ortes namens Neufinsing, der östlich vom Speichersee in einem Bogen des Kanals gelegen ist. Der Kanal zweigt im Norden von München rechts von der Isar ab, die letzte Wegstrecke von Marie Haushofer. Ihre letzte Heimat findet sie auf der Fraueninsel im Chiemsee.

In der Wirtschaft *Zur Linde* hängt ein von Marie Haushofer im Jahr 1897 gemaltes Bild, das eine Dame am Ufer des Sees zeigt. Auch gibt es eine witzige Zeichnung, welche Emma Merk halb von hinten am Schreibtisch zeigt, neben ihr entquellen dem Papierkorb unzählige verworfene Manuskriptseiten, während aus einem überdimensionierten Tintenfass einer Brunnenfontäne gleich die Tinte aufsteigt. Auch in einem kleinen Gedicht belustigt sie sich freundschaftlich über Emma: »Seht – sie sitzt mit schwanger Seele / Brütend über der Novelle / Schlecht geht's ihnen fürchterlich / Doch zum Schlusse – krieg'n sie sich / Und es kommen allesamt / Gott sei Dank, auf's Standesamt!« Es geht um die Hochzeit von Emma Merk und ihrem Vater Max Haushofer.

Das Aufkommen von immer mehr Frauen auf der Fraueninsel, die sich selbst als Künstlerinnen verstehen, begeistert nicht alle, Männer meistens eher nicht. Mit der Gabe zur Selbstironie situiert Arthur von Ramberg (1819–1875) auf seiner Zeichnung *Frauen-Chiemsee im Jahre 1868*[102], sich selbst in die Mitte der Insel, »auf einer Bank ruhend, das runde Bäuchlein emporreckend, einem dolce far niente sich überlassend, unbekümmert um die vielen Malerinnen, welche ringsum am Ufer an ihren Staffeleien einen unheimlichen Fleiß entwickeln«[103].

Emma.

Jetzt – sie sitzt mit schwarzer Galle
Brütend über der Novelle –
Schlecht geht's ihnen fürchterlich
doch zum Schlusse – kriegn sie sich
Und es kommen allesammt
Gott sei Dank, auf's Standesamt!

Zeichnung von Marie Haushofer

Welt-Reise-Plan von Karl und Martha Haushofer, Zeichnung von Karl Haushofer in einem *Lebensbuch*

GEOPOLITIK ALS POLITISCHE GEOGRAPHIE

KARL HAUSHOFER DER JÜNGERE (1869–1946)

DER VATER

Ein tiefes Märchen aus dem Morgenland
erzählt uns, daß die Geister böser Macht
gefangen sitzen in des Meeres Nacht,
versiegelt von besorgter Gotteshand,

bis einmal im Jahrtausend wohl das Glück
dem einen Fischer die Entscheidung gönne,
der die Gefesselten entsiegeln könne,
wirft er den Fund nicht gleich ins Meer zurück.

Für meinen Vater war das Los gesprochen.
Es lag einmal in seines Willens Kraft,
den Dämon heimzustoßen in die Haft.

Mein Vater hat das Siegel aufgebrochen.
Den Hauch des Bösen hat er nicht gesehn.
Den Dämon ließ er in die Welt entwehn.

(Sonett von Albrecht Haushofer)[104]

Aus der ersten Ehe von Max Haushofer mit Adele Fraas stammt Karl Haushofer, geboren am 27. August 1869 in München. Im Gefolge von Künstlern und Wissenschaftlern – und auch eines liberalen Politikers, wie sein Vater einer gewesen ist – nehmen die militärischen Ambitionen und damit auch die politischen Positionierungen des

Karl Haushofer eine Sonderstellung in der Familie ein. Nach eigener Aussage hat er sein zweifelsohne ebenfalls vorhandenes künstlerisches Talent nicht für ausreichend empfunden, um darauf eine Existenz zu bauen. Deren Unwägbarkeiten glaubte er bei einigen seiner Vorfahren gesehen zu haben – auch welche Unsicherheiten ein solches Leben mit sich bringen kann. Er schreibt, »dass er von den Geschichten der Großeltern über die Schwierigkeiten und Unsicherheiten des künstlerischen Berufsfeldes geprägt wurde, und ihm somit die Unterstützung des bayrischen Hofes im Militärdienst als interessante und würdige Berufswahl erschien, zumal er den Prinzregenten Luitpold sehr bewunderte«[105].

Karl Haushofer Anfang des 20. Jahrhunderts

Also wählt er einen bürgerlichen Weg, mit dem er durchaus ehrgeizige Karriereambitionen verbindet. Er besucht die Kriegsakademie mit einer Abschlussqualifikation 1898, die ihn für höchste Aufgaben empfiehlt, bis zum Generalstab. Tatsächlich wird er dazu für zwei Jahre nach Japan abkommandiert, kehrt als Hauptmann zu seinem Stammregiment zurück und ist hier für drei Jahre als Batteriechef zuständig. Geringe weitere Karrierechancen und häufige Versetzungen empfindet er allerdings im einen oder anderen Fall als so kränkend, dass er depressive Anfälle bekommt, die sich phasenweise sein ganzes Leben fortsetzen.

Was hat ihn zu so einem Lebenslauf getrieben? Zu schier schwindelerregenden Ranghöhen, die stets die Nähe zur Macht suchten und fanden, mit Auszeichnungen unter anderem durch den Kaiser von Japan, Kaiser Wilhelm II. und den »Führer und Reichskanzler« Adolf Hitler? Man kann die Geschichte seines Lebens auf diesem begrenzten Raum im Rahmen einer Familienchronik kaum an einem Strang als eine durchgehende erzählen. Gleichsam Schneisen muss man zu schlagen versuchen durch einen Wald wild durcheinander schießender Widersprüchlichkeiten. So soll dieser Versuch gewagt werden, in immer neuen thematischen wie biographischen Anläufen zumindest ein Umrissbild Karl Haushofers zu zeichnen.

IN DER TRADITION DES OBRIGKEITSSTAATES

Der Geist, genauer gesagt Ungeist der preußischen Monarchie, nimmt seinen Ausgang vom Hohenzollernschloss in Berlin und macht sich durch die Straßen der Stadt auf den Weg. Allein die Wilhelmstraße lohnt einen so gearteten topographischen Blick. Die Wilhelmstraße führt unmittelbar auf das Gelände des Führerbunkers. Im nicht weit davon entfernten Haus mit der Nummer 23 hatten zunächst Karl wie später Albrecht Haushofer ihr Büro in der »Gesellschaft für Erdkunde«. 1828 unter anderem von Alexander von Humboldt gegründet, ist sie die zweitälteste geographische Gesellschaft überhaupt. Sie war bis zum Zweiten Weltkrieg eines der Zentren im öffentlichen Leben der Stadt. Eine Gedenktafel erinnert daran: »Hier stand bis 1945 das Haus der Gesellschaft für Erdkunde zu Berlin, für die von 1928 bis 1940 Albrecht Haushofer als Generalsekretär tätig war. Albrecht Haushofer * 7. Januar 1903, Geograph, Schriftsteller, im Widerstand gegen Hitler von einem SS-Kommando am 23. April 1945 ermordet.«

In der gleichen Wilhelmstraße mit der Hausnummer 92 wurde am 5. November 1892 eine Ausstellung mit 55 Bildern von Edvard Munch eröffnet und auch gleich wieder geschlossen – auf Betreiben von Anton von Werner, Berater von Kaiser Wilhelm, einem der Hauptrepräsentanten des sogenannten Wilhelminismus mit seinem gnadenlosen Habitus der Selbstdarstellung und damit auch Selbstüberschätzung. Für Edvard Munch ist 2021 in Oslo eines der weltweit größten Museen eröffnet worden, das einem einzigen Künstler allein gewidmet ist. 1100 Gemälde und 18 000 Graphiken hat er der Stadt Oslo vermacht. Auf 26 000 Quadratmetern und elf Ausstellungsgalerien verteilt auf dreizehn Stockwerken wird nun den Menschen etwas gezeigt, was sie zutiefst zum Nachdenken über ihr eigenes Leben anregen kann, anstatt es zu unterdrücken. Sein »Schrei« aus dem Jahre 1893 ist eine Ikone der Moderne.

Die Botschaft, die einzige Botschaft, die das Munch-Museum seinen Besuchern mitgibt, ist: Geschichte entsteht aus vielen verstreuten Ereignissen, und all diese Begebenheiten können in sehr verschiedene Wege eingehen. Die Kunst tut nichts anderes, als diesen Wegen nachzugehen.

Munch ist ein zerrissener Mensch, zutiefst erfüllt von panischer Weltangst. Die Liebe zu einem anderen Menschen ist für ihn mit einem hohen Risiko verbunden, voller Schmerzen. Sehnsucht ist für ihn gleichbedeutend mit Verlust, aber der Mensch hat keine andere Chance: Er kann ohne den anderen nicht existieren. Man hält ihn im Berlin des persönlichkeitsgestörten Wilhelm II. für geistesgestört. Mit allem, was dieses aberwitzig übersteigerte Ego des Kaisers verdrängt, würde er bei Munch konfrontiert, und das hält ein Mensch wie Wilhelm nicht aus.

Da werden Persönlichkeitsstrukturen dargestellt, die einen Wilhelm und seine Komparsen mit Panik erfüllen müssen und die sie von daher mit all ihrer gebotenen Macht abwehren, verhindern, wenn nicht vernichten müssen. Dafür, gewaltigen Schaden zu verursachen, haben sie die Macht und die nutzen sie hemmungslos. Wer in ihrem engen Geist aufwächst, erzogen wird und ihm dient, nimmt selbst Schaden, Schaden an seiner Seele. »Angst« kommt von »Enge«. So hat man auch die Schriften eines Ernst Haeckel verboten, des bedeutenden Biologen im Zeitalter des Wilhelminismus, und im Gefolge auch gleich noch den gesamten Biologie-Unterricht auf allen Schulen in ganz Preußen, was zeigt, wie voller Angst die massive Machtpose der preußischen Monarchie ist.

Kinder ihrer Zeit? Ja, erklären lässt sich damit vieles, entschuldigen nicht. Es gab auch andere Geister, Menschen, Künstler, Politiker, die ihren eigenen Kopf aufbehielten und mit ihm Haltung zeigten – und Schaden nehmen mussten von den Beschädigten, die damit nicht umgehen können. Man dachte, sie seien ausgestorben, doch treiben sie in zahllosen Reinkarnationen weiter ihr Unwesen.

IM GEISTE DES MILITARISMUS

Als Siebzehnjähriger, also 1886, erlebt Karl Haushofer den Tod des Märchenkönigs Ludwig II. und mit dem Regierungsantritt von Prinzregent Luitpold eine im Grunde zumindest friedvolle Zeit in Bayern, die an allererster Stelle an Kunst und Wissenschaft interessiert ist. Überlagert wird diese legendär gewordene Epoche allerdings schon 1888 durch einen immer lautstärker werdenden Kaiser Wilhelm II., der glaubt, mit seinem »Neuen Kurs« eine »Politik der freien Hand« zu gewinnen, in Abkehr von einer zwar komplizierten und ganz und gar nicht immer widerspruchsfreien, aber haltbaren Politik von Kanzler Bismarck. Nur zwei Jahre hält er sich neben oder dann unter Wilhelm II. In einer weltberühmt gewordenen Karikatur in der Satirezeitschrift *Punch* sieht man Bismarck das Schiff verlassen: »Der Lotse geht von Bord.« Ersetzt wird Bismarck durch einen politisch völlig unerfahrenen General namens Leo von Caprivi. Das ist der »Neue Kurs«, der im Grunde aus nichts anderem besteht als aus Parolen eines prunkliebenden, geltungsbedürftigen, sprunghaften und unausgeglichenen Herrschers, der noch immer (oder wieder) an ein mystisches Gottesgnadentum glaubt, was seine Person betrifft. Als innenpolitische Auswirkung folgt eine vollkommene Militarisierung auch des zivilen Lebens, einhergehend mit jedweder möglichen Behinderung demokratischer Entwicklungen. Außenpolitisch schlägt sich dieser Kurs unter anderem in der Auflösung des bismarckschen Bündnissystems nieder. Anstelle der von Bismarck angestrebten Einkreisung Frankreichs entsteht in der Folge dadurch eine Einkreisung des Deutschen Reiches. Kamikazehafte spontane und vor allem vollkommen sinnlose Aktionen (die Palästina-Reise 1898, die Daily-Telegraph-Affäre 1908, der Panthersprung nach Agadir 1911) führen zuletzt durch die »Nibelungentreue« Wilhelms zu Österreich-Ungarn in die wechselseitigen Ultimaten, in denen auch die anderen Großmächte kräftig mitmischen, zum Ersten Weltkrieg.

Ist nun etwas aus der Zeit zu verstehen, was aus heutiger Sicht als sinnlos erscheint? Eine diffuse, nicht näher artikulierte Sehnsucht nach »Reinigung« durch einen Krieg treibt einen Großteil der jungen Generation an die Front, darunter auch Intellektuelle und Künstler, die Expressionisten August Macke und Franz Marc zum Beispiel. Selbst das führende Satire-Blatt der Zeit, der *Simplicissimus*, zu dessen Lieblingsgegnern Wilhelm II. und der von ihm vertretene preußische Militarismus gehörten, schwört hemmungslose Unterwerfung. Auch Thomas Manns *Betrachtungen eines Unpolitischen* legen ein deutliches Zeugnis von Ignoranz und Inhumanität ab. Sein ihm sonst ergebener Sohn Klaus »nannte später diese reaktionäre Buch des Vaters vom politischen Standpunkt eine Katastrophe«[106]. Thomas' älterer Bruder Heinrich Mann nimmt eine diametral andere Position ein. Am 16. März 1919 hält er im Odeon, dem von Klenze erbauten Konzertsaal, eine Trauerrede auf Kurt Eisner. Er lässt keinerlei Zweifel an seiner Gesinnung, indem er Eisner für den Sturz eines »verworfenen Regiments« würdigt, das auch »in seinen weniger schändlichen Zeiten nichts anderes gewesen war als geistlose Gewalt«. Das Pendel seiner Einschätzung von den hundert Tagen der Regierung Eisner schlägt freilich etwas arg weit aus, indem er ihnen attestiert, sie hätten mehr gebracht als die fünfzig Jahre vorher – womit er unter anderem die Prinzregentenzeit aus den Augen verliert. Die beiden Brüder Mann entfremden sich vollkommen voneinander. Erst Thomas Manns Weg von den *Betrachtungen eines Unpolitischen* zu der Rede *Von deutscher Republik* am 13. Oktober 1922 bringt die Brüder einander wieder näher. Zwar noch immer dem national-konservativen Denken verhaftet, bekennt Thomas Mann sich deutlich zur Weimarer Republik mit klarer Wendung gegen völkisch-antisemitische Tendenzen. Immerhin zeigt solche Entwicklung auch, dass man aus Fehlern der Vergangenheit lernen kann. Bei Karl Haushofer muss man sich freilich fragen: Hat er nicht lernen wollen – oder hat er nicht lernen können?

Hinzu kommen eine absolut naive Verkennung und verhängnisvolle Fehleinschätzung der wahren politischen wie militärischen Kräfte. Spätestens der durch den von Wilhelm II. vom Zaun gebrochenen uneingeschränkten U-Boot-Krieg hervorgerufene Kriegseintritt der USA lässt den Mittelmächten, bestehend aus den Hauptverbündeten Österreich-Ungarn und dem Deutschen Reich, keine Chance mehr. Während die Oberste Heeresleitung, in Person etwa von Paul von Hindenburg, Erich Ludendorff oder Hans von Seeckt, sich lächelnd um einen Kaffeetisch versammelt, umgeben von großformatigen Landkarten, sterben auf das Erbärmlichste Millionen von Soldaten im Dreck – es kümmert sie nicht. Auf den Aufnahmen, die es von den Schlachtfeldern gibt, ist kaum ein Unterschied mehr zwischen aufgewühlter Erde und hingeschlachteten Körpern zu erkennen.

Am 9. November 1918 endet die Ära dieser Militärhirne – meint man. Philipp Scheidemann ruft vom Berliner Reichstagsgebäude die deutsche Republik aus. Kaiser Wilhelm vertritt sich auf einem Bahnsteig an der holländischen Grenze die Füße. Er wartet auf den Sonderzug, der ihn ins Exil bringen wird. Die überlebenden, vollkommen desillusionierten Soldaten kehren mit den Zügen zurück, mit denen sie losgefahren waren in einen Krieg, den sie als »Ausflug nach Paris« als Parole auf einem

Waggon deklarierten, und: »Auf Wiedersehen auf dem Boulevard.« Im Glauben, der Krieg werde nur von kurzer Dauer sein.

Dass der Friedensschluss von Versailles 1918/19 (in Haushofers *Lebensbuch* vom 27. April 1919 so vermerkt: »Letzter Tag in einem freien Deutschland«) keine wirkliche Grundlage für einen Frieden bildete, darüber sind sich inzwischen die meisten Historiker aus allen damals beteiligten kriegführenden Mächten einig. Dass er freilich eine Folge der demütigenden Bedingungen ist, die Bismarck Frankreich in eben diesem Versailles 1871 diktierte, wird von keinem der Verantwortlichen in Deutschland erkannt. Schon im Vorfeld dieses Vertrages wird eine Haltung klar, die allerdings auch für Bismarck Gültigkeit hatte, welche Rolle für ihn »Friedensschlüsse« spielen. Nicht um Frieden geht es, sondern um die Interessen der Siegermächte.

Die Siegermächte in Versailles handeln nach dem Ersten Weltkrieg nicht anders als Bismarck oder dann Wilhelm I. Es geht um Revanche, Unterordnung, wenn nicht Unterwerfung. Wilhelm II. und die Oberste Heeresleitung lehnen jede persönliche Verantwortung ab: »Im Feld unbesiegt« sei das Deutsche Heer, was nicht stimmt, und nur durch revolutionäre Vorgänge im Deutschen Reich selbst besiegt – die berühmt berüchtigte »Dolchstoßlegende«, eine verhängnisvolle Umkehrung der Tatbestände, welche einerseits zur Kontinuität obrigkeitsstaatlichen Denkens und Handelns führt und andererseits zur dauerhaften Destabilisierung der Demokratie in der »Weimarer Republik«. Politische Ursachenforschung liegt hohen Militärs in ihrem obrigkeitsstaatlich ausgerichteten Denken nicht. Angefangen mit der schon erwähnten unseligen »Nibelungentreue«, mit der Wilhelm II. das Schicksal des Deutschen Reiches mit Österreich-Ungarn verbunden hat, sowie einem Wettlauf der Ultimaten mit anschließenden Kriegserklärungen und damit als Erstes in einen Krieg auf dem Balkan verwickelt, fällt auch die Oberste Heeresleitung, in Person von Hindenburg und Ludendorff, langfristig eine fatale Fehlentscheidung nach der anderen, die schließlich zur Niederlage im Ersten Weltkrieg führen.

Dann weigern sich die Verantwortlichen, die Alliierten selbst um Waffenstillstand zu bitten und dann auch zu unterzeichnen. Lieber zwingen sie Reichskanzler Max von Baden dazu, auch Matthias Erzberger muss unterzeichnen, der dann später aus genau diesen Kreisen ermordet wird, seiner Abstammung wegen als »Judensau« gebrandmarkt. Vollkommen bruchlos setzen führende Militärs ihr Denken, Reden und Tun aus der Wilhelminischen Ära in einer Republik fort, die eigentlich demokratischen Prinzipien verpflichtet sein müsste.

FORTSETZUNG DES ANTISEMITISMUS

Selbst ein Ludwig Thoma, spätestens 1914 zum strammen Nationalisten geworden, bezeichnet am 8. Januar 1921 ausgerechnet im *Miesbacher Anzeiger*, in dem er unter anderem anonym auch seine antisemitischen Ausfälle zu veröffentlichen pflegte, die deutsche Kriegserklärung als »ungeheuerliche verbrecherische Dummheit«, die für ihn nur »der Anfang einer Reihe der verhängnisvollsten Fehlgriffe« ist, »die alle ihre tiefsten Gründe in einer Mischung von Eitelkeit, Schwäche und Feigheit hatten«. Eine Woche später, am 15. Januar, bespricht er die vierbändige Publikation *Deutsche Dokumente zum Kriegsausbruch* und empfindet ihren Inhalt als »niederschmetternd«: »Was auch hinterher noch die Seele mit Grauen erfüllt, das ist die Persönlichkeit Wilhelms II.« »Das ist kein größenwahnsinniger Despot, am allerwenigsten ein blutdürstiger Kriegsfürst [...] es ist ein Schwächling, dem die Größe des Momentes noch Gelegenheit gibt, sich aufgeblasen in Szene zu setzen.«[107] Kaiser Wilhelm gehört auch im niederländischen Exil Doorn nicht nur zu dem Kreis der absolut Unbelehrbaren, seine Vorstellungen steigern sich in Verfolgungswahn und Verschwörungstheorien. »Bald versank er in einen brutalen paranoiden Alptraum, durchdrungen von der Vorstellung, dass satanische Machinationen am Werk gewesen seien, um ihn und alles Edle zu vernichten, wofür er zeitlebens gekämpft habe und immer noch kämpfe: der wahre germanische Gott, die Bibel, gereinigt von jüdischer und römischer Kontamination, die autokratische preußische Militärmonarchie seiner illustren Vorfahren, das wiedererstarkte Deutsche Reich, befreit von den Ketten der anglo-französischen Entente und dem Diktatfrieden von Versailles, wieder bereit, kraft seines herrlichen Heeres seinen angemessenen Platz unter den ersten Mächten der Welt einzunehmen.«[108] Natürlich muss jemand an seinem Unglück schuld sein: eine »Weltverschwörung der Juden, Freimaurer und Katholiken«[109]. Die Revolution von 1918 ist natürlich ein »Verrath des von dem Judengesindel getäuschten belogenen Deutschen Volkes gegen Herrscherhaus u. Heer«[110].

Aus der Zeit zu verstehen? Weil auch ein liberales Mitglied der Familie wie Max Haushofer der Jüngere Antisemitisches äußert? »Selbst ein so ›kultivierter‹ Mann wie der Münchner Nationalökonom und Volkskundler Max Haushofer baute einen unüberbrückbaren, wenngleich immer noch relativ moderaten Gegensatz zum ›Jüdischen‹ auf«, bemerkt Ernst Rebel in seinem Band über die Münchner Interkultur. Als Beleg zitiert er diese Stelle: »Dieser Gegensatz ist in München zu hoher sozialer Bedeutung gekommen. Das Judentum herrscht heutzutage im Münchner Wirtschaftsleben und wird durch das Altbayerntum noch mit stiller Gewalt aus dem politischen und gesellschaftlichen Leben fernzuhalten gesucht. Wie die Chinesen nach Kalifornien, so kamen die Juden nach München: fleißig und sparsam, wachsen an Zahl, aber am besten gehasst.«[111]

Aber wie verhält es sich mit antisemitischen Ausfällen von Männern wie Ludwig Thoma oder Karl Haushofer, die mit jüdischen Frauen zusammenlebten? Wem hat Karl Haushofer das »Management« seines Japan-Aufenthalts zu verdanken, nachdem er zunächst mehr als zögerlich war, das Angebot anzunehmen? Seiner Frau Martha, einer »Halbjüdin«. Und wem die wissenschaftliche Aufarbeitung dieser Reise, nachdem er nach Rückkehr krank und schwermütig wurde? Seiner Frau, womit sie auch größten Anteil seiner wissenschaftlichen Grundierung in Richtung Geopolitik hat.

Und wem hat Karl Haushofer den wunderbaren Hartschimmelhof zu verdanken? Seiner Frau Martha – und ihrem Vater, dem jüdischen Tabakfabrikanten Georg Ludwig Mayer-Doss, der den beiden das Gut zum Geschenk machte.

Der Antisemitismus hat eine lange unselige Geschichte. Über die Ursachen ist viel geforscht worden, die Literatur ist unübersehbar, sodass hier nur exemplarisch die Sündenbockpraxis genannt sei. Mit ihr werden nicht die »tatsächlichen Ursachen der Krisenerfahrung« ins Auge gefasst, sondern an Stelle solcher Reflexion stellvertretende Feindbilder. Dazu eignen sich grundsätzlich Minderheiten, die schwächer sind. »Ziel ist immer Entlastung, Verschiebung, Umlenkung und Verdrängung.«[112] Die »Sündenbocksucher« sehen sich so gestärkt und entheben sich jeglicher Analyse.

Der Antisemitismus von Wilhelm II. ist nicht minder hemmungslos wie jener der Nationalsozialisten, nur dass es bei ihm noch bei Phantasien der Gewalt bleibt. Allerdings zeigen diese Phantasien, welcher Nährboden für die Nazis bereitet war. Die »hebräische Rasse« ist sein »Erzfeind«. Für ihn sind die Juden »Lügenschmiede und Drahtzieher von Unruhen, Revolution und Umsturz, indem sie mit Hilfe ihres vergifteten, ätzenden, satirischen Geistes Niederträchtigkeit verbreiten.« Wer solches Feindbild hegt, für den ist der Vernichtungswunsch nicht fern. Er träumt davon, dass »diese Schmarotzer vom Deutschen Boden vertilgt und ausgerottet sind! Dieser Giftpilz am Deutschen Eichbaum!« Seine eigene Generalität schreckt er mit Formulierungen wie diesen: »Die Welt würde nicht eher Ruhe haben und besonders Deutschland nicht, bis nicht alle Juden totgeschlagen oder wenigstens des Landes verwiesen wären.«[113] Wie viele Juden im Ersten Weltkrieg hohe militärische Auszeichnungen bekommen haben oder gefallen sind, nimmt er nicht zur Kenntnis. Und es waren viele, etwa 100 000 jüdische Soldaten, davon kämpften rund 77 000 an der Front. 12 000 fielen, circa 20 000 erhielten Beförderungen und 30 000 Auszeichnungen. Wilhelm II. aber setzt auf »andere Zeiten«, in denen die Juden dran glauben müssten. Die anderen Zeiten kommen. Und Wilhelm II. weiß schon am 15. August 1927 genau, wie diese von ihm so bezeichnete »Pest« zu eliminieren ist: »Das Beste wäre wohl Gas.« Mit dieser Sprache ist man auf dem Weg zur Straße der Mörder von Juden.

Ist es verwunderlich, dass sein ehemaliger Generalfeldmarschall Hindenburg einen Hitler zum Kanzler ernennt? Und Hitler 1941 einen Kranz zum Begräbnis von Wilhelm II. schickt? Und dass dieser Hitler sich genau an das Werk macht, das Wilhelm II. imaginiert? Vertilgt und rottet aus, mit Gas die Juden.

»Aus der Zeit verstehen«? Schwer, nein unmöglich. Oder wenn, dann muss man auch die Matrosen und Arbeiter aus der Zeit verstehen, die zu Aufstand und Revolution aufrufen. Zu nichts anderem waren sie gut, als im Krieg als Kanonenfutter »zur Verfügung« zu stehen. Weil sie das nicht mehr ertragen wollten, haben sie das Ende des Krieges durch Meuterei zumindest beschleunigt.

Seinen Abscheu vor den aufständischen Arbeitern und ihren Anführern kleidet Karl Haushofer in militant antisemitische Verbalinjurien, um sich damit jeglicher Grundlagenanalyse zu entziehen. Nicht nachvollziehbar und auch nicht aus der Zeit zu verstehen ist, wie ein Mann, der eine Frau mit jüdischer Herkunft ohne Zweifel liebt, einem Kurt Eisner das Epitheton »semitischer Abkunft« anhängt und damit meint, eine politische Aussage treffen zu können. Das heißt: Es ist eine politische Aussage, die ebenso intellektuell wie menschlich erbärmlich ist und politisch mörderische Konsequenzen hat. Die Tat folgt auf das Wort. Am 21. Februar 1919 wird der bayerische Ministerpräsident ermordet. Selbst Martha Haushofer notiert und kann sich, befremdlich genug aus ihrer Sicht, auch angesichts eines gewaltsamen Todes eines ihn als Juden diskriminierenden, antisemitischen Zusatzes nicht enthalten: »Kurt Eisner-Salomonsky von Graf Anton Arco in der Promenadenstraße erschossen.« Anton Graf von Arco auf Valley hing völkisch-antisemitischer Ideologie und ihren verschiedenen Verschwörungstheorien an, unter anderem indem er in der Räterepublik einen Ausfluss der »jüdischen Weltverschwörung« erblickte.

Noch denunziatorischer wirkt, wenn sie die Friedensaktivistin und Sozialistin Sonja Lerch mit ihrem Geburtsnamen »Rabbinowitsch« belegt. Nur noch den Blick auf den Hartschimmel verengt, sieht das Ehepaar, alle Vorurteile vereinigend, seinen Hof für »Schlawiner-Heime und Freiluft-Bäder« enteignet. Und letztendlich hätte alles »zu den Bolschewiki und der Herrschaft des Herrn Trotzki« geführt, auch dieser mit dem Kainsmal »alias Bronstein« versehen.[114]

Am 24. Februar 1919 notiert Martha Haushofer die »Verkündigung der Diktatur der Räte nach russ. Muster«. Aber Karl Haushofer arbeitet mit seiner Frau Martha einfach weiter an seiner Habilitation, nebenbei ein Beleg für die stete Mitarbeit der Ehefrau am Werk ihres Mannes. Am 18. Juli 1919 wird sie in einer Probevorlesung vorgestellt – von Karl Haushofer.

Allerdings: »Rote Räteherrschaft in München brachte täglich neue Unannehmlichkeiten. Der Banksafe wird nach versteckten Bargeld durchsucht.« Und weiter: »Im Lauf des Monats allerlei Greueltaten, der Mord an den Geiseln u. bedrohliche Anzeichen«[115]. Karl Haushofer bringt sich in Widdersberg in der Nähe des Klosters Andechs in Sicherheit, Sohn Albrecht in Aufhausen – bis die weißen Truppen Starnberg einnehmen. Am 2. Mai 1919 brechen Karl und Martha zu Fuß zum Hartschimmel auf, wo sie alles in Ordnung vorfinden: »Haus weder beschossen noch geplündert.« Die Freikorps haben aus ihrer Sicht gründlich »aufgeräumt«. Das »gründliche Aufräumen« besteht darin, dass Hunderte von tatsächlichen oder vermeintlichen »Aufständischen« ermordet wurden, ein Vielfaches dessen, was sich die Revolutionäre zuschulden kommen ließen.

Im März 1920 tun sich Politiker der Rechtsparteien, Freikorpsführer und Offiziere der Reichswehr zusammen, um gegen die Regierung Ebert zu putschen, in die Geschichte eingegangen als »Kapp-Putsch«. Unmittelbarer Anlass war zum einen die

Forderung der Alliierten, die Reichswehr um rund 40 000 Soldaten und 20 000 Offiziere zu reduzieren; gleichzeitig sollten zum anderen einzelne Freikorps, die sich unter anderem als Auffangbecken für entlassene Reichswehrangehörige verstanden, aufgelöst werden. Unverzüglich setzen sich Freikorps in Marsch Richtung Berlin. Reichspräsident Ebert tut, was ein Reichspräsident in solcher Lage zu tun hat: Er ruft die Reichswehr zu Hilfe. Doch die Reichswehr versagt sich ihrem verfassungsrechtlichen Auftrag, ein unglaublicher Vorgang: Eine Reichswehr schützt nicht den eigenen Staat. Der Chef der Heeresleitung, General von Seeckt, ein strammer Herr mit Säbel und Monokel, begründet seine Weigerung mit der legendären Äußerung: »Reichswehr schießt nicht auf Reichswehr!« Womit auch die Freikorps als Reichswehr legitimiert sind – und beide außerhalb der demokratischen Verfassung stehen. Ein von den Sozialdemokraten ausgerufener Generalstreik bringt schließlich den Aufstand zum Erliegen, unblutig.

Von den Freikorps, insbesondere dem »Freikorps Oberland«, an deren Veranstaltungen Karl Haushofer immer wieder teilnimmt (so z. B. am 24. Januar 1923 oder 26. Juni 1926)[116] führt ein direkter Weg zu den Nationalsozialisten. Aus seinen Mitgliedern rekrutiert sich die SA, die Mitgliederzeitschrift trägt den Titel *Das dritte Reich.* Beim Hitlerputsch ziehen sie bereits mit Hakenkreuz-Armbinden durch die Münchner Ludwigstraße.

Am 8./9. November 1923 geht es gegen die »Judenregierung« und den »Matratzeningenieur« Ebert, also den Reichspräsidenten, aber der Aufstand wird niedergeschlagen. In dem im Frühjahr folgenden Prozess wird Hitler zu fünf Jahren Haft verurteilt. Am 1. April tritt er seine Strafe an, am 20. Dezember wird er entlassen. Die Anführer der Räteregierung waren erschlagen, erschossen und hingerichtet worden. Was bei den einen »Hochverrat« ist, ist bei den anderen »vaterländische Gesinnung«.

Ein Putsch ist und bleibt jedoch ein juristisch krimineller, politisch massiver Verstoß gegen Verfassung, geltende Ordnung und gewählte politische Führung. Wer engen Kontakt mit einem Protagonisten einer solchen Tat pflegt, wie es Karl Haushofer mit seinen Besuchen im Gefängnis Landsberg tut, legt damit auch eine enge Verbindung zum politischen Standpunkt dieser Personen an den Tag.

Einem Anführer eines Putsches, der geltendes Staatsrecht zutiefst verletzt, dem Nationalsozialisten Heß, bringt Karl Haushofer Bücher in die Haft nach Landsberg. Wer sich selbst hart am rechten Rand bewegt, bleibt auf dem »rechten Auge« blind. Extreme gewalttätige nationalistische und immer wieder auch mit antisemitischen Anflügen versehene Tendenzen werden in ihrer Gefährlichkeit von konservativen Kreisen oft nicht erkannt. Sie sehen nicht und wollen auch nicht sehen, welche Bedrohung vom Faschismus ausgeht, am Ende auch für sie selbst.

Wolfgang Niess weist nicht nur wie viele andere auf die Rolle der Justiz hin, er geht auch deren Instanzenweg nach: »Um wenigstens im Nachhinein ein klares Zeichen zu setzen, wäre es aus demokratischer Perspektive unerlässlich gewesen, auf die Zuständigkeit des Staatsgerichtshofs in Leipzig für den Hochverratsprozess gegen Hitler und Genossen zu bestehen, statt der bayerischen Kungelei vor dem Münchner Volksgericht I Tür und Tor zu öffnen. Die Nachgiebigkeit der demokratischen Institutionen hatte katastrophale Folgen für Deutschland und die Welt.«[117]

So mancher spekulierte auch darauf, dass man Hitler als Zugpferd nutzen könne, der weitgehend Ziele vertrat, die man auch selber verfolgte, nur mit einer wesentlich höheren Dynamik und Durchsetzungsfähigkeit als nationalkonservative Kreise – in dem tödlich irrigen Glauben, man könne selbst die Zügel in der Hand behalten. »Schon in den zwanziger Jahren wurde bei Haushofer dieser durchgängige Grundzug deutlich, einerseits positiv an der ›Bewegung‹ teilzuhaben und mit ihr weitestgehend identifiziert zu werden, jedoch unmittelbare und eindeutig bestimmbare Verantwortlichkeit zu vermeiden. So hat er zwar dem aus dem gleichnamigen Freikorps hervorgegangenen ›Bund Oberland‹ nahegestanden[118], lehnte es jedoch ab, eine ihm dort angetragene führende Rolle anzunehmen.«[119] Er fühlt sich stärker seiner Wissenschaft, der Geopolitik, verpflichtet.

Hans-Adolf Jacobsen, außerhalb des Kreises der Familie Haushofer gewiss der beste Kenner von Karl Haushofer, kann auch positive Züge im Wesen dieses Mannes entdecken, vor allem was seine Rolle als Professor und Gelehrter betrifft: »Viele seiner Leser, Zuhörer, Schüler und Freunde mochten damals im Banne dieses universal gebildeten, weltmännischen, künstlerisch begabten geistvollen Gelehrten mit beinahe enzyklopädischem Einzelwissen und einem erstaunlichen Gedächtnis gestanden haben, dessen unvorstellbare Arbeitsweise und Tempo der Veröffentlichungen Respekt und Bewunderung erheischen.« Jacobsen erblickt in ihm »in mancher Beziehung ein bewundernswertes Vorbild«.[120] Darüber hinaus attestiert er ihm die »Fähigkeit, andere unmerklich anzuregen und stets ein offenes Ohr für die Jugend zu haben, was offenbar für sein Bestreben sprach, seine Wissenschaft lebens- und menschennah zu lehren«.[121] Eine ganze Reihe menschlicher Eigenschaften, die Karl Haushofer in überaus wohlmeinendem Licht erscheinen lassen, weiß Jacobsen aufzuzählen: »seine Güte, seine Liebenswürdigkeit und Ritterlichkeit, gepaart mit individueller Hilfsbereitschaft, seinen feinsinnigen Humor, die persönliche Anspruchslosigkeit, seine Gabe der Gesprächsführung voller künstlerischer Bildkraft, seine feste Verwurzelung in der Heimat und seine Gastfreundschaft«[122] und noch deren mehr.

Unbedingt muss man diesen Fähigkeiten ein nahezu verborgenes, freilich einzigartiges Werk hinzufügen: die lange Reihe seiner *Lebensbücher*. Über weite Strecken seines Lebens gibt er sich fast täglich Rechenschaft, oft in Form von Gedichten, manchmal gar Sonetten sowie in begleitenden Aquarellen, die sich um den Text ranken. Da wird ein enormes Talent spürbar, sich so poetisch, so in der Kunst der Bilder ausdrücken zu können. In diesen *Lebensbüchern* setzt sich die schöne alte Kunst der Buchmalerei fort. Dazu bedarf es auch eines meditativen Charakterzuges, sich überhaupt so viel

Zeit zu nehmen, den Lauf der Dinge und seinen eigenen Platz darin in dieser Form abzubilden.

Auf der anderen Seite, darauf macht wiederum Jacobsen aufmerksam, stehen freilich Züge, die zu kennen zum Verständnis der Geopolitik, wie Haushofer sie entwickelt hat, unbedingt notwendig sind. »Hierzu zählen seine mangelnden Menschenkenntnisse im politischen Bereich, seine übersteigerte Einbildungskraft, seine sich wiederholt verhängnisvoll auswirkende Vertrauensseligkeit und unzureichende Kritikfähigkeit, außerdem sein falscher Stolz, der ihn wahrscheinlich davon abgehalten hat, offen zuzugeben, wie sehr und wie oft er sich geirrt hat.«[123] Jacobsen erinnert an eine Prophezeiung aus dem Jahre 1903 des Dichters und Nobelpreisträgers Paul Heyse, Freund Haushofers: »Das sind die Weisen, die durch Irrtum zur Wahrheit reisen, die im Irrtum verharren, das sind die Narren.«[124] Diese Verse habe Haushofer, so Jacobsen, auf sich selbst bezogen.

SALONKULTUR, PERVERTIERT

Eine wichtige Rolle in der Familie Haushofer spielt, wie geschildert, die Welt der Künstler, der Ateliers und der Hörsäle, schließlich auch der Salons. Waldemar Fromm, Herausgeber einer Monographie über die Geschichte des Salons, macht auf die *Naturrechtslehre* von Samuel von Pufendorf (1632–1694) aufmerksam, »in der Geselligkeit als anthropologische Konstante verstanden« wird: »Sie sei ein Gesetz der menschlichen Natur und zugleich eine moralische Pflicht zur Aufrechterhaltung einer friedlichen Gesellschaft.«[125] In der Romantik »wird die gesellige Zusammenkunft als ›Experimentierraum‹ für die institutionelle Verankerung bürgerlicher Verkehrsformen und als ›möglicher Ort sozialer Utopie‹ aufgefasst«.[126] Zu Vorbildern werden die Salons der Schriftstellerinnen Henriette Herz (1764–1847) in der Spandauer Straße in Berlin und Rahel von Varnhagen (1771–1833) ebenfalls in Berlin, beide Frauen jeweils jüdischer Herkunft, die sich für die Emanzipation der Frauen und des Judentums einsetzten. Grund genug für die Nationalsozialisten, die der Salonkultur so viel zu verdanken hatten, indem sie deren Grundidee pervertieren, auf dem Zensur-Warnstempel auf Rahel von Varnhagens Portrait im Bildarchiv der NSDAP-Reichsleitung und des Reichsbundes der Deutschen Beamten einzurücken: »Revolte 1918 Judentum 48«.

Grundsätzliche Voraussetzung eines Salons ist der offene, freie Diskurs, wie man heutzutage sagen würde; politisch anzusiedeln ist das Publikum deshalb auf der liberalen Seite, was sich jedoch nach dem Ersten Weltkrieg ändert. Der – man muss sagen – nun ehemalige Liberalismus splittert sich in »linksliberale, nationalliberale, deutschnationale und später nationalsozialistische Richtungen«.[127] Der berühmteste Salon in München war jener des Ehepaares Bruckmann, erst in der Nymphenburger Straße 86, dann am Karolinenplatz im Prinz-Georg-Palais. Ein völkischer Ton hatte sich bei ihnen schon seit der Jahrhundertwende eingeschlichen. Ludwig Klages und Alfred Schuler aus dem Umfeld des George-Kreises gehörten dazu, Houston Stewart Chamberlain (1855–1927) mit seinen antisemitischen Rassetheorien. Sein Machwerk *Die Grundlagen des XIX. Jahrhunderts* eröffnet den Vortragsreigen im Salon von Elsa Bruckmann im Jahre 1899. Er gilt als »neurotischer Psychopath von hoher Intelligenz«[128]. In England geboren, deutscher Staatsbürger geworden, vertritt er die Ansicht, die Deutschen müssten aufgrund ihrer rassischen Überlegenheit die Herren der Welt werden. Kein Wunder, dass sich Kaiser Wilhelm mit ihm befreundet. 1882 lernt er das Ehepaar Wagner kennen und ist fasziniert von ihnen. Später lässt er sich scheiden, um die Wagner-Tochter Eva heiraten zu können. 1923 begegnet er Hitler und sieht in ihm einen Mann, der »von Gott dazu bestimmt ist, das deutsche Volk zu führen«[129]. Seine rassistischen und antisemitischen Theorien werden im »Dritten Reich« Dogma und philosophische Grundlage.

Adolf Hitler hat im Salon Bruckmann seinen ersten Auftritt 1924 nach seiner Entlassung aus Landsberg, wo ihn Elsa Bruckmann mehrfach besucht hatte. Seither bestimmen die Nationalsozialisten den Ton im Salon, auch wenn früher Dichter wie Hugo von Hofmannsthal oder Rainer Maria Rilke dem Kreis der Eingeladenen angehörten.

Das Wörtchen »salonfähig« findet relativ unbedarft in der Alltagssprache seinen Gebrauch. Bei Hitler trifft es allerdings in der wortwörtlichen Bedeutung zu. Bei Bruckmann am Karolinenplatz in München, bei der Familie Wille in Zürich, einer bedeutenden Familie in der Schweiz, von der noch die Rede sein wird: Überall findet er seine zunächst eher kleinen Plattformen. Jedoch werden auch diese zu Startrampen seiner unerhört aggressiven Politik zunächst im Inneren, dann auch im Äußeren. Dabei wird von beteiligten Protagonisten im Nachhinein das Phänomen Hitler zugunsten einer geschönten eigenen Biographie vielfach verharmlost und kleingeredet. Baldur von Schirach, später Reichsjugendführer der NSDAP, beschreibt ihn als einen durch »Elsa Bruckmann verbürgerlichten Hitler«[130]. Der »schreiende Hitler« tritt seiner Ansicht nach erst ab 1942 in Erscheinung. Bizarr die Deutung: »Der hetzerische Versammlungsredner entsprang hiernach nur Propagandazwecken.«[131] Aus seiner Sicht suchte das Bürgertum einfach »nach einem Retter«[132]. »Ruhe und Ordnung« werden immer wieder beschworen, doch nie sind Ruhe und Ordnung derart hemmungslos zerstört worden wie durch die Nationalsozialisten.

Karl Alexander von Müller, der seine ganze bürgerliche berufliche Karriere den Nationalsozialisten, denen er sich hemmungslos andient, verdankt, vermutet immerhin: »Vielleicht war es die Ahnung einer elementarischen Kraft, die allein seine rätselhaften Wirkungen erklären konnte.«[133] Heinz Haushofers Distanz ist sehr viel deutlicher. Er empfindet Hitler als »radikal« und »hanebüchen«, mit »schlechten Manieren«, unfähig zur Diskussion, »im Rahmen der gewohnten ›bürgerlichen‹ Spielregeln nicht ansprechbar«.[134]

Wenn man sich fragt, in welcher Weise die Salonkultur sich in derart extrem divergente politische Richtungen entwickeln kann, lassen sich im Vergleich dazu die Lebenswege zweier Maler in aller Kürze anschauen, die beide ihren Ausgang in Künstlerkolonie und Lebensreform genommen haben: Fidus (das ist Hugo Höppener 1868–1948) und Heinrich Vogeler (1872–1942). Lange verbindet sie ein vollkommen parallel verlaufender Lebenslauf, dann wendet sich Fidus völkischen Idealen zu, denen er seine »Lichtkunst« widmet, während Vogeler seine zarten Jugendstil-Gemälde in kämpferische Zeichnungen und Gemälde im Dienste des Klassenkampfes umwandelt. Selbst seinen berühmten Barkenhoff schenkt er der »Roten Hilfe« als Kinderheim. Bei beiden ist nichts mehr vom anfänglich gemeinsamen Ursprung zu bemerken. Verblendet vom eigenen Licht, das Fidus in unendlich vielen Varianten zeichnet und malt, mündet seine Kunst in der Fackel eines ästhetischen Faschismus. Vogeler verschwindet namenlos in einem der Vernichtungslager Stalins.

So weitreichend stellt sich der Spagat im Generationenwechsel der Familie Haushofer nicht dar. Doch bleibt es schwer genug nachzuvollziehen, wie aus dem bürgerlich-liberalen Denken eines Max Haushofer und seiner Frau Emma Haushofer-Merk schon in der nächsten Generation eine gefährliche Nähe auch in der Salonkultur zum Nationalsozialismus entsteht. Dabei folgt die Salonkultur einer gesellschaftlichen Geistesströmung, die in nahezu allen Schichten der Bevölkerung Einzug gehalten hatte: »An die Stelle des autonomen Individuums, welches dem liberalen Zeitalter seinen Stempel aufgedrückt hatte, rückte das ›eigenständige‹ Volk, an die Stelle des Nationalstaates das Reich.«[135] In einer Fußnote zu dieser Beschreibung weist Kurt Sontheimer auf die Zeitschrift *Geopolitik* hin: »Ein charakteristisches Beispiel für die Politisierung eines Teils dieser Disziplin stellt die von Karl Haushofer und Kurt Trampler herausgegebene Aufsatzsammlung: ›Deutschlands Weg an der Zeitenwende, München 1931‹ dar.«[136]

Man muss sich den Salon anschauen, den die Familie Haushofer nicht weit von dem der Bruckmanns geführt hat, in der Arcisstraße 30. Obgleich auch Martha Haushofer in der seinerzeit bürgerlich liberalen Frauenbewegung engagiert war, kamen die Besucher des Salons politisch wenn nicht aus deutschnationalen, dann gleich aus nationalsozialistischen Kreisen, Rudolf Heß allen voran, der seine jungen Parteigenossen mitbrachte. Der Mediävist Hermann Heimpel, ein Freund Albrecht Haushofers aus Jugendtagen und steter Gast des Salons, der allerdings keine Diskussionsrunde war, sondern aus Karl Haushofers Vorträgen bestand, berichtet, dass dieser »die jungen Männer in eine faszinierende geistige Welt«[137] einführte. »Er referierte dabei über seine Erlebnisse als Abgesandter der bayerischen Armee in Japan, Korea und China 1908 bis 1910 sowie über seine geografisch-geopolitischen Vorstellungen.«[138]

Die Innenausstattung der Wohnung und damit des Salons spiegelt nach Heimpel »aristokratische Lebensansicht«[139]. »Die Beschreibung der Wohnung und der in ihr herrschenden Atmosphäre durch Heimpel zeigt mögliche geistig-mentale Entwicklungen innerhalb dezidiert in eine nationalliberal-deutschnationale Richtung driftender bürgerlicher Milieus in München seit dem 19. Jahrhundert.«[140] Er gerät durchaus ins Schwärmen über die »Bibliothek, die Präsentation wertvoller Sammlungen von asiatischer Kunst, Mineralien und Herbarien sowie die Zurschaustellung von Gästebüchern mit Einträgen zeitgenössisch berühmter Künstler und Schriftsteller, wie Paul Heyse, Franz von Lenbach oder Felix Dahn.«[141] Heimpel schaut zugleich hinter diese Kulisse und erblickt eine »romantisch bestimmte, etwas müde ästhetisierende Welt«, einen »Nietzscheanischen Aristokratismus«, die »Begeisterung für Oswald Spengler und angelsächsischen Toryismus mit religiöser Indifferenz«.[142]

Der Untergang des Abendlandes. Umrisse einer Morphologie der Weltgeschichte von Oswald Spengler »erlebte bis 1940 mehr als 70 Auflagen und prägte maßgeblich das Geschichtsbild einer ganzen Generation«, resümiert Klaus Hübner in seiner Betrachtung *Der Untergang wird auch schon 100. Oswald Spengler und sein Erfolgsbuch.* Er führt weiter aus: »Folgt man Spenglers Biografen und Interpreten Gilbert Merlio, der sich seit Jahrzehnten mit dem *Untergang* beschäftigt, war der ›scheinbar so selbstsichere, apodiktisch schreibende Autor‹ im praktischen Leben ›ein zögerlicher Schwächling, ein weinerlicher Weichling, ein Feigling und Angstvogel‹ – allerdings einer, der schon als Kind meinte, eine Art Messias werden zu müssen. Spengler, der sich eher als Schriftsteller denn als Philosoph oder Historiker verstand und unter anderem einen *Münchner Roman* plante – woraus nichts geworden ist –, hatte sich eine geistesaristokratische Aura à la Nietzsche zugelegt und hegte eine unüberwindliche Abscheu vor dem ganz normalen Leben. Vor der Großstadt generell und dem Schwabinger Alltag auch, vor den Frauen sowieso, vor allem aber vor der ›Masse‹ und vor der Unübersichtlichkeit der Moderne. *Der Untergang des Abendlandes* sei ›unter anderem eine Reaktion auf einen von ihm wahrgenommenen ›information overload‹ gewesen, meint Benjamin Gittel. Antidemokratisch und antiliberal war Spengler auf jeden Fall. Er träumte von einem ›Imperium Germanicum‹ mit einem starken Caesar an der Spitze. Der Caesar allerdings, der dann 1933 an die Macht kam, war nun wirklich keiner. ›Spengler liebäugelte mit Mussolini, aber verachtete Hitler‹, fasst Alexander Demandt zusammen. Bald wurde er vom nationalsozialistischen Philosophen Alfred Baeumler auf den Müllhaufen der Ideologen befördert.«[143]

Auf dem von den Nationalsozialisten angehäuften Müllhaufen landet auch die hochberühmte Fassade des Hof-Ateliers Elvira. Schöpfer des artifiziellen Gebäudes ist der Architekt August Endell (1871–1925). In einer berühmt gewordenen, 1897 erstellten Photographie ist er gemeinsam mit Rainer Maria Rilke und dessen Geliebter Lou Andreas-Salomé in einer Gartenlaube in Wolfratshausen zu sehen. Das 1898 erbaute Atelier in der Münchner Von-der-Tann-Straße gehört im engeren Sinn nicht zu den Salons der Stadt, sehr wohl aber zum geistigen Umfeld und deren Atmosphäre. Das im Jugendstil konzipierte, seinerzeit extrem avantgardistische Gebäude verkörperte in seinem politischen Ausdruck einen »wiederauflebenden undoktrinären Liberalismus«[144] und damit ein Lebensgefühl, das so ganz und gar nicht rückwärtsgewandt eingestellt war, sondern das zukunftsfreudige Lebensgefühl eines aufgeklärten Bürgertums repräsentiert. Mit den Worten des Verlegers Georg Hirth, Herausgeber der *Münchner Neuesten Nachrichten*: »Wir leben nicht unter den Atemzügen einer sterbenden Epoche, wir stehen am Morgen einer kerngesunden Zeit, es ist eine Lust zu leben.«[145] Mit dem Hof-Atelier Elvira besteht auch eine »Affinität zwischen den künstlerischen Reformbestrebungen und der Frauenbewegung und -emanzipation.«[146] Verständlich, wenn überhaupt irgendetwas verständlich am Nationalsozialismus sein sollte: ein Dorn in ihren Augen, allein schon wegen der Fassade. »Bei der Elvira-Fassade drängen sich Vergleiche mit marinen und submarinen Welten geradezu auf [...] Ähnelt das Haus nicht einem Aquarium, in ihm ein merkwürdiges exotisches Getier: eine Kombination von Seepferdchen und Nixe mit wehendem Haar, ein Gebilde, das stumm hinter der Glaswand vor den Augen der staunenden Passanten vorbeizieht? War dies nicht ein versteckter Verweis auf die Auftraggeberinnen? Waren sie nicht auch ›Exoten‹ in ihrer spießbürgerlichen Umgebung und wurden sie nicht auch als etwas Absonderliches, den Gewohnheiten vollkommen Zuwiderlaufendes wahrgenommen?«[147] Thomas Mann hat in seiner frühen Erzählung *Gladius dei* einen Seitenblick auf ein zumindest geistesähnliches Gebäude geworfen: »Und plötzlich ist irgendwo die Tür an einer allzu langweiligen Fassade von einer kecken Improvisation umrahmt, von fließenden Linien und sonnigen Farben, Bacchanten, Nixen, rosigen Nacktheiten.«[148] Da tut sich eine andere Möglichkeit auf, eine Alternative zu einem dumpf übersteigert deutschen Nationalismus, wie er in manch anderen Salon Einzug hielt.

Die hochberühmte Fassade des Ateliers Elvira wird 1937 heruntergeschlagen, sodass der NS-Festzug am 18. Juli 1937 »unbehelligt« vorüberziehen kann, ohne dass dieser Vorgang Karl Haushofer einen einzigen Kommentar wert ist, wo doch mehrere Mitglieder seiner Familie sehr intensiven Kontakt mit den Betreiberinnen dieses Ateliers Elvira gepflegt hatten. Dass es eine Aufnahme von Max Haushofer dem Jüngeren gibt, die von Anita Augspurg und Sophia N. J. Goudstikker angefertigt wurde, und seine zweite Frau Emma Haushofer-Merk, seine Tochter Marie Haushofer und auch Karl Haushofers Frau Martha sowohl im *Verein für Fraueninteressen* Mitglied waren als auch sehr gut mit Anita Augspurg und Sophia N. J. Goudstikker befreundet waren, wurde schon an anderer Stelle vermerkt.

Zu verstehen ist daran als rein intellektuelle Reflexion, dass Karl Haushofer weder etwas für die emanzipatorischen Bestrebungen seiner Frau übrig hatte, noch etwas für den Liberalismus alter Schule, noch etwas für avantgardistische Kunst. Lange, viel zu lange glaubt er, dass durch die Nationalsozialisten seine rückwärtsgewandten Ansichten befördert werden könnten. Geradezu symbolisch wird an diesem barbarischen Akt, den die Nazis »Instandsetzung der Fassade«[149] bezeichnen, deutlich, wie weit man sich von einem freien Denken, vom bürgerlichen Liberalismus, von einer freien künstlerischen Gestaltung entfernt hatte.

Auch der Salon der Pringsheims in der Arcisstraße 12 war legendär gewesen, jedoch vernichtet von den Nationalsozialisten. »Die urbane Tradition der Villa Pringsheim ist verloren. Es bleibt ein Areal in München, in dem die Brechungen und Wunden der deutschen Geschichte sichtbar und dokumentiert sind.«[150] Karl Haushofer eskortiert im Oktober 1939 gemeinsam mit Rudolf Heß, dem »Stellvertreter des Führers«, das alte Ehepaar Pringsheim, das legendär für seine offene Salonkultur gewesen ist, Eltern von Katia Mann, Schwiegereltern Thomas Manns, an die Schweizer Grenze in die Emigration. Fühlt sich Karl Haushofer als Retter? Hat er sich irgendetwas gedacht, als das prächtige Palais der Pringsheims in der Arcisstraße abgerissen wird, damit an seiner Stelle ein allein schon von der Ästhetik her niederträchtiger, in faschistischer Architektur errichteter »Führerbau« errichtet wird? In dem auch ein Karl Haushofer Zutritt erhält, gar am Tag des »Münchner Abkommens«, am 29. September 1938, mit einer Privataudienz beim »Führer«.

Weshalb gab es bei aller immer wieder bezeugten inneren Abwehr zu Adolf Hitler derart viele Kontakte? Im Hintergrund die immer und ewig gleiche Frage: Wie konnte es dazu kommen? Am Ende der Untersuchung über die *Münchner Salons* kommt Nikola Becker zu dem »Fazit«: »Die Krise und letztliche Auszehrung des bürgerlichen Liberalismus und sein teilweises Überschwenken ins nationalistische bis nationalsozialistische Lager spiegelt sich in den Diskursen der Münchner Salons deutlich wider, nämlich die Verunsicherung intellektueller Eliten angesichts massiv an Fahrt aufnehmender Modernisierungsprozesse auf allen Gebieten des öffentlichen Lebens. Die Antworten darauf mochten unterschiedlich ausfallen – das Eintreten der Bruckmanns oder Haushofers für den Nationalsozialismus, die Entscheidung der Bernsteins oder Thomas Manns für die parlamentarische Demokratie oder die Hinwendung Dietrich von Hildebrands zum Katholizismus [...]«[151]

Für eine dieser Verunsicherungen auch intellektueller Eliten könnte der »Erfolg« Hitlers, den er in so manchen Augen hatte, Ursache sein. Sebastian Haffner (1907–1999), selbst Emigrant, urteilt vergleichsweise milde. Er beschreibt die Deutschen zur Bismarck-Zeit als »eine im Grunde bescheidene Nation«. »Ihr höchstes Ziel bestand darin, unter einem Dach vereint zu sein, und das hatten sie erreicht.«[152] Doch nach dem Ende der Bismarck-Ära entwickelten Haffner zufolge die Deutschen ein »Großmachtgefühl«, und »zwar aus allen möglichen Schichten«. Nichts weniger als die »Weltmacht« strebten sie aus seiner Sicht an: »Deutschland in der Welt voran!«[153] Der Unterschied zur vorhergehenden Epoche besteht darin, dass es ihnen eben nicht mehr nur um »Zusammengehörigkeit«[154] ging. Der neue Anspruch rührt von dem enormen Fortschritt her, den die Deutschen in der Industrialisierung erzielt haben.

Die Niederlage im Ersten Weltkrieg bedeutete einen tiefgreifenden Einschnitt, auch im Selbstbewusstsein vor allem des Bürgertums. Auf dieser Grundlage konnte dann, so sieht es Haffner, Hitler »drei ganz große Erfolge« verbuchen: »die Wiederherstellung der Vollbeschäftigung«[155]. Dass die Grundlage dieser Vollbeschäftigung allerdings nur auf der Vorbereitung zu Rüstung und Kriegführung gelang, erwähnt Haffner nicht, der nach seiner Rückkehr aus dem englischen Exil vom rechten Rand des konservativen Spektrums ganz weit nach links – und wieder zurück pendelte. Der zweite Erfolg bestand in den Augen vieler in der »Aufrüstung« der Reichswehr. Und der dritte Eindruck, den er im breiten Publikum hinterließ, war seine Außenpolitik, welche die bisherige revisionistische Politik durch Anpassung hinter sich ließ: »Hitler legte Wert darauf, seine Erfolge der Welt abzutrotzen.«[156]

Und: Er ließ sich bis zur »Machtergreifung« überwiegend von seinem Instinkt leiten, und dieser Instinkt war in großen Teilen deckungsgleich mit jenen Menschen, die in den turbulenten, oft auch persönlich existenziell gefährdenden Jahren der Weimarer Republik eine große Sehnsucht entwickelt hatten, die sich förmlich in einem Schrei verdichtete, in dem Schrei nach »Ruhe und Ordnung«. Und das versprach ihnen Hitler, dafür sorgte er auch vordergründig, sodass viele Menschen, viel zu viele, nicht mehr sehen konnten oder sehen wollten, dass diese Ruhe eine Friedhofsruhe für die vielen sein wird, die nicht in das nationalsozialistische Schema passten. Und das dieses Monster zum größten Unruhestifter wird, den die Geschichte bis dahin gesehen hat, zum Brandstifter eines Weltenbrandes, zum Massenmörder.

Wie an anderer Stelle schon vermerkt, sieht auch Karl Haushofer, dass spätestens mit dem »Münchner Abkommen« das Äußerste erreicht ist, was ohne Krieg möglich war, und macht das Hitler gegenüber sehr deutlich – worüber es zum Bruch kommt. Aber es ist zu spät, viel zu spät. Sein Sohn Albrecht beschreibt seine Haltung in dem Sonett DER VATER poetisch und zugleich realistisch genau, wenn man auch füglich bezweifeln könnte, ob es wirklich in des Vaters Macht stand, »den Dämon heimzustoßen«. Ohne Zweifel aber steht fest, dass er »den Hauch des Bösen […] nicht gesehn« hat, vielleicht auch nicht sehen wollte.

In seinem Roman *Doktor Faustus* zieht Thomas Mann mit dem »Leben des deutschen Tonsetzers Adrian Leverkühn«, das zur persönlichen Tragödie wird, eine Parallele zur Tragödie des deutschen Volkes, das ebenso wie Leverkühn einen Pakt mit dem Bösen eingegangen war. Die große Erzählung spielt in dem Zeitraum zwischen 1884 und 1945. Thomas Mann hatte diesen Weg selbst gehen müssen: von den *Betrachtungen eines Unpolitischen* (1918), in denen er ähnlich wie Karl Haushofer und andere Konservative den Obrigkeitsstaat Wilhelms preist und die Weimarer Republik ablehnt, bis eben zum *Doktor Faustus,* in dem das Verhängnisvolle dieses Weges nachgezeichnet wird: ein reflexiver Bruch, zu dem Karl Haushofer nie gelangte.

Thomas Mann lässt offen, ob mit diesem Bösen ein menschenfeindliches Denken und Handeln, wie es sich im Nationalsozialismus zeigt, gemeint ist oder Adolf Hitler selbst – oder alles zusammen. Der Dämon reißt alles und alle in den Abgrund, wie es am Ende des Romans heißt. Deutschland stürzt, »von Dämonen umschlungen, über einem Auge die Hand und mit dem andern ins Grauen starrend, hinab von Verzweiflung zu Verzweiflung. Wann wird es des Schlundes Grund erreichen? Wann wird aus letzter Hoffnungslosigkeit, ein Wunder, das über den Glauben geht, das Licht der Hoffnung tragen?«[157] Der im Gefängnis schreibende Albrecht Haushofer kann solche Hoffnung nicht mehr hegen: »Ein Todesdrängen, aus dem Haß geboren, / in Rachetrotz und Übermut gezeugt – nun wird vertilgt, gebrochen und gebeugt, und auch das Beste geht im Sturz verloren. // Daß dieses Volk die Siege nicht ertrug / die Mühlen Gottes haben schnell gemahlen / wie furchtbar muß es nun den Rausch bezahlen.«[158]

GEOPOLITIK

Einer Einladung im Jahr 1908 zu einer Forschungsreise in militärischem Auftrag nach Japan folgt Karl Haushofer zunächst eher zögerlich, erst das energische Engagement seiner Frau Martha bringt ihn dazu, sich auf das Abenteuer, wie es sich aus seiner Sicht darstellt, einzulassen. Auf der Schiffsreise lernt das Ehepaar Stefan Zweig kennen. Zweig ist außerordentlich beeindruckt von ihm: »Dieser aufrechte, hagere Mann mit seinem knochigen Gesicht und einer scharfen Adlernase gab mir die erste Einsicht in die außerordentlichen Qualitäten und die innere Zucht eines deutschen Generalstabsoffiziers.«[159] Zweig schreibt über ihn: »Er arbeitete auf dem Schiff den ganzen Tag, verfolgte mit dem Feldstecher jede Einzelheit, schrieb Tagebücher oder Referate, studierte Lexika; selten habe ich ihn ohne ein Buch in Händen gesehen. Als genauer Beobachter wußte er gut darzustellen; ich lernte von ihm im Gespräch viel über das Rätsel des Ostens.«[160]

Soweit die Theorie, in der Praxis tat sich Karl Haushofer schwer. Während Martha vollkommen pragmatisch und professionell die notwendigen Recherchen abarbeitet, stürzt er in neue Depressionsanfälle, weil er Heimwehattacken erleidet und auch am Sinn des Unterfangens zweifelt. Gleichwohl werden die Erkenntnisse und Erträge dieser zwei Jahre die Grundlage seines ganzen weiteren Lebens bilden, wissenschaftlich wie politisch. Auf der Rückreise 1910 erkrankt er, muss sich unverzüglich einer Blinddarm- und Leistenoperation unterziehen und gerät sogar in Lebensgefahr. Den fälligen Bericht muss zu großen Teilen Martha Haushofer erstellen, Grundlage der Habilitierung Karl Haushofers.

Ob Karl Haushofer so ohne Weiteres als Begründer der Geopolitik bezeichnet werden kann, muss bezweifelt werden. Man kann ihn zu den Begründern einer neuen Geopolitik zählen, die sich überwiegend auf den am Starnberger See ansässigen Friedrich Ratzel (1844–1904) berufen. In seinen Schriften vermengen sich sentimentale Erinnerungen an vaterländische Lieder im deutsch-französischen Krieg (1870/71), ungebro-

Nr. 455.

Wir Wilhelm,
von Gottes Gnaden
Deutscher Kaiser, König von Preußen,
usw. usw. usw.

Ersuchen hiermit, unter dem Versprechen einer vollkommenen Erwiderung, alle Militär- und Zivilbehörden auswärtiger Staaten, Unsern sämtlichen Militär- und Zivilbehörden aber befehlen Wir ausdrücklich, auf Vorzeigung dieses den Hauptmann im Königlich Bayerischen Generalstabe Haushofer, der sich in Begleitung seiner Gemahlin nach Indien, Ceylon, China und Japan begibt,

frei und ungehindert reisen, auch nötigenfalls ihm Schutz und Beistand angedeihen zu lassen.

Gegeben Berlin, den 12. September neunzehnhundertacht (1908).

Auf Seiner Kaiserlichen und Königlichen Majestät Allerhöchsten Spezialbefehl.

Der Reichskanzler.
Im Auftrage

Reisepaß
gültig auf ein Jahr.

Dokument von Kaiser Wilhelm für die freie Reise von Karl und Martha Haushofer

chene Wunschvorstellungen an Kriegszielen sowie koloniale Gedanken. In seinem Hauptwerk *Anthropogeographie – Die geographische Verbreitung des Menschen* (1855–1888) bereitet er geistig den Weg zum Imperialismus.

Die »Geopolitik« als ein politisches Denken in Räumen ist vom Begriff her an die Neuzeit gebunden, an sich jedoch als Wissenschaft nichts Neues. Bereits in der Antike weist der Geograph Strabon (63 v. Chr.–23 n. Chr.) darauf hin, dass der Reichtum Griechenlands zumindest zum Teil auf seine günstige maritime Lage zurückzuführen sei. Sozusagen früh geopolitisch formuliert er den Zusammenhang zwischen offenem Zugang zum Meer und dem zivilisatorischen Fortschritt der attischen Demokratie. Freilich, und darin besteht der erhebliche Unterschied zu einer imperialistischen Grundierung von Machtansprüchen in der Neuzeit, betont er, dass die historische Größe eines Volkes nicht allein in der geographischen Lage begründet sei, sondern im Falle der Griechen an ihrem fundamentalen Interesse für Kunst und Politik liege.

Immer wieder weisen allerdings die verschiedensten Autoren, die über die griechische Antike schreiben, darauf hin, dass die herausragende Leistung eines Perikles auf so vielen Gebieten der Entwicklung der Demokratie und der hellenischen Kultur, die zu den Höhepunkten der Menschheitsgeschichte gehört, auf der Grundlage eines geopolitischen Imperialismus im Bereich des Attischen Seebundes beruht.

Gerade in Person des vielleicht größten Staatsmann Athens, Perikles, ist eine eigentümliche Dialektik zu beobachten. In seiner Untersuchung *Die Welt Herodots* übt Aubrey de Sélincourt Kritik an dem Politiker: »Man kann ihn mit demselben Recht die Verantwortung für den Niedergang Athens zuschreiben, wie man ihm die kurze Glanzzeit der Stadt zu danken hat.«[161] Er stellt fest, dass die Athener »dabei an ihrem eigenen Untergang«[162] arbeiteten. Vor allem die Niederlage in dem nahezu dreißig Jahre währenden Peloponnesischen Krieg bedeutete das Ende Athens als politische Macht.

In langen Jahrzehnten überwiegend – sieht man von dem Krieg auf dem Balkan ab – friedlicher Zeiten zumindest in Europa schien es so, als würde der Begriff »Geopolitik« in den Archiven verstauben. Mit Beginn der russischen Invasion in der Ukraine im März 2022 ist er mit einem Male wieder in aller Munde. Selbst Papst Franziskus benutzt ihn, um auf seine gefährliche Brisanz hinzuweisen: »Heute sprechen wir oft von ›Geopolitik‹, aber leider ist die vorherrschende Logik jene der Strategien der mächtigsten Staaten, die ihre Interessen durch die Ausdehnung ihres wirtschaftlichen, ideologischen und militärischen Einflussbereichs durchsetzen wollen«[163], sagt Franziskus auf seiner Generalaudienz am 6. April 2022 anlässlich seines Besuchs auf Malta.

Inwieweit Karl Haushofer mit seiner Wissenschaft von der »Geopolitik« die Kriegspolitik der Nationalsozialisten mitbestimmt hat oder nicht, darüber gehen die Meinungen in der wissenschaftlichen Rezeption nach wie vor weit auseinander. Als explosiv erweist sich in jedem Fall der Begriff vom »Lebensraum«, den der Geograph und Zoologe Friedrich Ratzel aus der Biologie in die Politik übertragen hat. Der 1926 erschienene Roman *Volk ohne Raum* von Hans Grimm mit über einer halben Million verkauften Exemplaren bereitet diese Ideologie einer »Anthropozoologie« politisch folgenreich, literarisch äußerst erfolgreich auf.

Stark vereinfacht sieht die Geopolitik Karl Haushofers so aus: Jede Macht, die eine Seemacht ist, sucht nach dieser geopolitischen Hypothese, die »Gegenküste« unter Kontrolle zu bringen, um selbst nicht in Gefahr zu geraten. So greifen aus dieser Sicht die USA nach Europa aus, in den Osten und in den Pazifik nach Asien. Die Sowjetunion als Landmacht hat auch Asien im Blick zur Machterweiterung – und auf dem europäischen Kontinent in Richtung Westen nach Mitteleuropa. Daraus resultiert für Mitteleuropa, insbesondere Deutschland, das ohnehin schon unter »Enge« leidet, eine Bedrohung von beiden Seiten. Dieser zu gleicher Zeit im Zweiten Weltkrieg in aggressiven Angriffen begegnen zu wollen, ist nationalsozialistische Strategie, im Wesentlichen dem Wahnsinn eines Adolf Hitler und seiner Gefolgsleute entsprungen, dem zumindest verschiedene Militärs nicht mehr folgen wollen. Tatsache ist, dass genau das passiert ist, was die »Geopolitik« als Gefahr umrissen hat, nämlich die USA in Mitteleuropa zu haben und die UdSSR auch – allerdings genau infolge eines vollkommen übersteigerten militärischen, politischen, rassistischen und imperialistischen Machtstrebens Deutschlands.

Die äußerst umfängliche zweibändige Dokumentation von Hans-Adolf Jacobsen *Karl Haushofer. Leben und Werk* vertritt die Ansicht, Haushofer habe sehr lange der nationalsozialistischen Führung angehangen, sein Einfluss auf diese werde jedoch überschätzt. Jacobsen schreibt über ihn: »Er, der Wanderer zwischen mehreren Welten, der konservative bayerische Monarchist mit liberaler Gesinnung, Offizier, Wissenschaftler, Journalist und Volkstumspolitiker«, könne zunächst »nur mit den Maßstäben seiner Epoche« gemessen werden. Er fügt freilich hinzu: »Das schließt eine kritische Auseinandersetzung mit dem Wollen und Tun von Karl Haushofer nicht aus.«[164]

Allein schon von ihrem Ansatz her keimen in einer Konstruktion wie der Geopolitik verhängnisvolle Auswirkungen. In der praktischen Konsequenz führt Geopolitik zum Krieg, 2022 in der Ukraine, wie nach dem »Münchner Abkommen« in der Tschechoslowakei 1938, an dem Karl und auch sein Sohn Albrecht in verschiedener Weise mitwirkten. Nach der Abtrennung der sogenannten Sudetendeutschen Gebiete aus dem Staatsverband der Tschechoslowakei, für sich schon ein völkerrechtlich unvorstellbarer Eingriff in einen souveränen Staat, war dieser nicht nur wichtiger Territorien beraubt, sondern auch, vollkommen umzingelt, seiner strategischen Möglichkeiten. Geopolitik sucht nach Raum, nach anderem Raum als dem zunächst als »eigenen« definierten, übersieht dabei jedoch geflissentlich, dass in diesem »anderen Raum« ja auch schon längst »andere Menschen« leben.

Im Fall der Tschechoslowakei führt das dazu, dass auch ein Miteinander verschiedener Ethnien ignoriert wird, in dem Fall der Deutschen, die ursprünglich Österreicher waren, der Tschechen und der Juden, die »dreifache Seele Böhmens«. Politisch anders Orientierte wie etwa Sozialdemokraten kann man damit auch gleich zum Verstummen bringen, und auch Menschen wie zum Beispiel eine Dora Müller in Brünn, ursprünglich Österreicherin, dann Tschechin, Unterstützerin von Exilanten wie etwa Oskar Maria Graf, mit einem Tschechen verheiratet, dann Reichsdeutsche, nach dem Krieg wieder Tschechin – aus Sicht der jeweiligen Machthaber als Sozialdemokratin politisch immer auf »der falschen Seite«. Sie gehört zu den ganz wichtigen Zeitzeugen. Individuen spielen keine Rolle in der Geopolitik, Innenschau auch nicht. Auch Sigmund Freuds Geburtshaus in Pribor verschwand nach der Okkupation von der Bildfläche. Gleichschaltung und Unterdrückung durch die Nationalsozialisten vollenden, was in der Geopolitik angelegt ist. Ein Genozid ist in ihr allerdings nicht vorgesehen, der entspringt faschistischen Wahnvorstellungen.

Karl Haushofer bleibt nicht bei seinem Leisten Wissenschaft, wie manch wohlwollender Zeitgenosse ihn später gern entlasten möchte. Zu unverhohlen mischt er immer kräftig in politischen Vorgängen mit. Unentwegt ist er auch in politischer Mission unterwegs. Um nur ein Beispiel zu nennen am 14. Mai 1935 als Begleiter von Rudolf Heß, der vor der Schwedischen Gesellschaft in Stockholm einen Vortrag über das neue Deutschland hält. Weitere Mitglieder der kleinen Reisegruppe sind neben dem deutschen Gesandten in Schweden, Prinz Viktor zu Wied, auch Dr. Gerhard Wagner, Mitglied des Freikorps Oberland, Mitglied der SA, als Reichsärzteführer mitverantwortlich für Morde an Kranken und Zwangssterilisationen von Juden und Behinderten – und Karl Haushofer.

In der Ausgabe *Heimat und Welt*, einer Beilage der *Münchner Neuesten Nachrichten*, vom 27. August 1939 wird anlässlich des siebzigsten Geburtstages von Haushofer ein »Geburtstagsbesuch« bei ihm als Bericht veröffentlicht. Eingerückt sind Photos von der Partnachalm sowie eine Begegnung zwischen Haushofer und Konrad Henlein.

Zu sehen ist nicht nur ein strammer Händedruck zwischen Männern, die gerne solcherart ihre Männlichkeit demonstrieren, mit der linken Hand umfasst Haushofer zusätzlich die Rechte von Henlein, als Zeichen besonderer Verbundenheit. Nach der Besetzung der gesamten Tschechoslowakei durch die Deutschen wird Henlein SS-Obergruppenführer, Gauleiter und Reichsstatthalter. Um einer Verurteilung zu entgehen, da er als Kriegsverbrecher gilt, begeht Henlein am 10. Mai 1945 Selbstmord in amerikanischer Gefangenschaft.

Für Bruno Hipler ist in seiner Darstellung *Hitlers Lehrmeister. Karl Haushofer als Vater der NS-Ideologie*[165] alles so klar, wie es Titel und Untertitel vorgeben. Eine andere Position nimmt Frank Ebeling ein, der eine missbräuchliche Auslegung der Geopolitik durch die Nationalsozialisten sieht.[166]

Das ist die eine Überlegung, ob die Nationalsozialisten Haushofers geopolitische Ergebnisse »brauchten«, die andere richtet sich nach dem Inhalt seiner Ausführungen. Das 1933 erschienene Buch *Der nationalsozialistische Gedanke in der Welt*[167] spricht eine klare Sprache, die von den Nationalsozialisten weder fehlgedeutet noch missbraucht werden musste. Aus seinen Erfahrungen in Japan zieht er den Schluss, dass die Basis für die Entwicklung eines aufstrebenden Staates die Gewinnung von neuem Raum ist. Inwieweit sich solch imperiales Expansionsbestreben mit der von ihm geliebten Lektüre der chinesischen Weisheitslehre des Tao-te-king als der Leitidee des Sein-Lassens in seinem Denken, in seinem Inneren verbinden lässt, muss offen bleiben.

Die »Erneuerung des Volkes« erlebt er in Deutschland, Italien und Japan. In jedem dieser Länder »reifte eine Jahrtausende alte völkische Seele«. Eine »alte völkische Seele«: Das ist Ideologie pur und entbehrt jeglicher empirischer Grundlage, nicht anders der »Volksboden«, von dem schwer vorzustellen ist, wie in ihm ein »Gedanke verstanden« werden kann, wie es in weiterer Ausführung heißt. Jedoch fährt Haushofer so fort: Nur »im eigensten Volksboden jeder Rasse« kann dieser Gedanke »vollkommen verstanden werden«. Dazu gehört die »bändigende Leistung der Führer«. Die Wissenschaft »eines so tief bewegten Volkes« habe »den Führern einer solchen Bewegung zu dienen«. Von daher werden Begriffe wie »Volksseelengut«, »Volkskörper« oder »Volkheitserneuerungen« von Haushofer als wissenschaftlich verstanden. Wer solche Begrifflichkeit zu seiner eigenen macht, zeigt nicht nur, dass stramm sich gebärdender Nationalkonservativismus nicht resistent ist gegen sich als tödlich erweisende Utopien wie die vom »einheitlichen Volkskörper«. Wie man auch geflissentlich alle Alarmglocken überhören kann, die da schrillen, wenn als eine der Folgen diese faschistische Vision auch zur Gefahr für die eigene Familie wird, ist nicht begreifbar. Die Absicht ist klar: Wer nicht zu diesem »einheitlichen Volkskörper« gehört, soll einfach ausgemerzt werden.

Unter der »Herrschaft der Besten« ruhen die »dauerhaftesten, rassenhygienisch instinktsichersten Staatenbildungen«. Fehlt nur noch der göttliche Wille, doch auch diesen setzt Haushofer noch ein, um sein Traktat zu stützen.[168] Heike Wolter fasst zusammen, was die Geopolitik insgesamt für diese Zeit ausmacht: »Für viele engagierte

Vertreter der Geopolitik – Karl Haushofer inbegriffen – stellte das Jahr 1933 demnach keine deutliche Zäsur dar, vielmehr wurde das Dritte Reich als mögliche Verwirklichung geopolitischer Pläne begrüßt.«[169] Johannes Ortner schließt sich in seiner Untersuchung unmittelbar daran an: »Dies tritt auch deutlich in Haushofers Werk hervor, wenn man bedenkt, wie viele zukunftsorientierte Vorschläge für konkrete geopolitische Handlungsempfehlung in seiner Veröffentlichung vorkommen.«[170]

Eine Sichtweise auf Karl Haushofer als einen Gelehrten, der sich weitgehend auf seine Wissenschaft Geopolitik konzentriert und kaum an deren Umsetzung in die praktische Politik interessiert ist, korrigiert sich allein schon durch sein langes Engagement im faschistischen Italien. Nicola Bassoni von der Universität Genua beschäftigt sich intensiv mit den Beziehungen zwischen dem Nationalsozialismus und dem faschistischen Italien, wobei er auch Linien nach Japan zu ziehen versteht. Dabei spielt die Geopolitik eine beträchtliche Rolle, die immer wieder auch Karl Haushofer einnimmt. Er erledigt dabei ganz konkrete Aufgaben: »Im Auftrag von Rudolf Hess begann er in den 1930er Jahren Italien zu bereisen, um ideologische und politische Missverständnisse zwischen Rom und Berlin auszuräumen. Er baute ein Netzwerk von Kontakten zu italienischen Gelehrten und politischen Gestalten auf, leitete Informationen an den Stellvertreter des Führers weiter und versuchte die offizielle deutsche Politik gegenüber Italien zu beeinflussen. Mit der Zeit beförderte er die Entwicklung einer italienischen Geopolitik und leistete somit einen der bedeutendsten kulturpolitischen Transfers aus dem nationalsozialistischen Deutschland nach Italien.«[171] Bassoni beschreibt seine Aktivitäten geradezu als Aufbau eines Netzwerkes zwischen den faschistischen Bewegungen beider Länder. Dabei öffnete Haushofer auch ohne offiziellen Auftrag durch seine verschiedenen Kanäle informelle Kontakte.

Aber auch in diesem spezifischen Gefüge gerät Haushofer in Widersprüche. Haushofer hatte sich der alldeutschen Kultur und dem Schutz deutscher Minderheiten im Ausland verschrieben, bemühte sich aber zugleich um verbesserte Beziehungen zwischen Berlin und Rom. Missverständnisse und Widersprüche entzündeten sich vor allem an der Südtirol-Frage. Der Schutz der deutschsprachigen Bevölkerung steht im diametralen Gegensatz zur Italienisierungspolitik Mussolinis. »New-Roman-imperialism« und »Pan-Germanism« in »ultranationalen Staaten« können nicht in »transnationale Beziehungen« überführt werden.

In seiner Konklusio fasst Bassoni die komplizierte Gemengelage, ins Deutsche übersetzt, so zusammen:

Der Kreis, der mit der Förderung des deutsch-italienischen Bündnisses in den frühen 1930er-Jahren begann, schloss sich mit einer Aufforderung an die Deutschen, die Besatzung in eine Art Eroberung zu verwandeln, das heißt, die imperiale Idee zu manifestieren, die der Achse selbst zugrunde liegt. Sowohl persönliche als auch strukturelle Gründe trugen zu diesem scheinbar paradoxen Ergebnis bei. Das Optionsabkommen ist der Vorgang, der die Südtiroler vor die Wahl stellte, im faschistischen Italien zu bleiben und Italiener zu werden oder als Deutsche ins nationalsozialistische Deutschland auszuwandern. Diese Option, folgert Bassoni weiter, »und das Verbot von Grenzen trugen zweifellos zu Haushofers Unzufriedenheit mit einem ausgewogenen deutsch-italienischen Bündnis bei, während die Identifikation der Achse mit dem europäischen imperialen Gedanken, der Vorrangstellung des Prinzips der hierarchischen Struktur und die sozialdarwinistische Weltanschauung alles theoretische Elemente waren, die eine ›Vereinigung des Kommandos‹ im neuen Europa rechtfertigen konnten«[172]. Wie schon erwähnt, lassen sich ultranationalistisch-faschistische Bestrebungen zweier Nachbarstaaten nicht zu einem Bündnis vereinigen. Auszubaden hatten dies die Südtiroler. Die sogenannte Option begann Mitte 1939. 250 000 Einwohner waren zur Wahl aufgerufen, 85 Prozent entschieden sich zum Teil unter Drohungen für Deutschland, jedoch wanderten diese Einwohner dann letztlich nicht alle aus. 75 000 Südtiroler taten es, was auch Folgen für das Deutsche Reich hatte. Innerhalb kürzester Zeit wurde zum Beispiel im Münchner Stadtteil Laim eine Siedlung mit 114 Wohnungen für ausgesiedelte Südtiroler aus dem Boden gestampft, »Südtiroler Blöcke« genannt. Mussolini versuchte, ungefähr die gleiche Anzahl an Bevölkerung aus Süditalien nach Südtirol umzusiedeln, um dieses zu italienisieren.

Haushofers Ansatz, eine »deutsche Minderheit«, die allerdings eine österreichische war, im Ausland zu schützen, führte ins Gegenteil. Ob Karl Haushofer je ein so desolates Ergebnis in Form der »Südtiroler Blöcke« in München-Laim in Augenschein genommen hat, ist seinen Aufzeichnungen nicht zu entnehmen. Geopolitik erweist sich als grundsätzlich obsolet, wie auch die Entwicklung vom »Münchner Abkommen« zeigt, das letztlich zur Besetzung des gesamten tschechischen Gebietes führt, bis zum Einmarsch der Deutschen in Polen, was den Zweiten Weltkrieg zur Folge hat – und damit letztlich die vollständige Vernichtung des Deutschen Reiches. Geopolitik geht nicht nur von ihrem Ansatz her nicht auf, sie führt konsequenterweise in die Katastrophe – für alle Beteiligten.

DIE BEZIEHUNG ZU RUDOLF HESS

Haushofers Treffen mit Heß und die Besuche in dessen Harlachinger Villa halten ungebrochen weiter an, gelegentlich auch begleitet von seinem Sohn Albrecht. Am 26. April 1941 kommen Albrecht und Karl Haushofer nach Harlaching in das Haus von Rudolf Heß, vierzehn Tage vor dessen Flug nach England.

So selbstverständlich wie den Haushofers war ein Besuch im Hause Heß für kaum jemanden. Georg Schrimpf (1889–1938), bedeutender Maler der »Neuen Sachlichkeit« zum Beispiel, geriet in Panik, als er ein »Briefchen« bekam von Rudolf Heß, dem

»Stellvertreter des Führers«. Er sollte sich anderentags »nachmittags um vier Uhr in der Heßschen Prunkvilla im Isartal« einfinden. Schrimpf versteckte sich schon voller Angst im Schrank, wenn ihm hin und wieder »zufällige Bilderkäufer in Naziuniform« ins Haus schneiten. Es gab Nationalsozialisten, die seine Werke schätzten. Seine Frau musste dann übernehmen. Sein Freund Oskar Maria Graf beschreibt in der Erzählung *Ein barockes Malerporträt*[173], wie Georg Schrimpf auf den Brief von Heß sofort daran ging, »ein Köfferchen mit den nötigsten Sachen, die man im Konzentrationslager braucht, zu packen«.[174] Etwas anderes konnte er sich gar nicht vorstellen. Seine Frau weist er an, dem Zahnarzt Bescheid zu geben, dass er kein neues Gebiss brauche: »Das alte können sie mir im KZ ruhig heraushauen.«[175] Er fährt von Lochhausen nach München, nimmt die Straßenbahn und fährt zur Endhaltestelle Isartalbahnhof. Den Rest geht er zu Fuß weiter, doch verstellen ihm gleich zwei »mächtige SS-Leute« breitbeinig den Weg. »›Losung‹, brüllten sie wie aus einem Mund«. Aber der Maler Schrimpf kennt natürlich keine Losung. Sein Koffer wird durchsucht, sie stoßen auf den Brief von Heß und herrschen ihn an: »Hau ab!« Aber er kommt nicht weit: erneut zwei von der SS. Auch die schicken ihn weiter: »Mach, dass du weiterkommst!«[176] Der Gang zur Villa von Heß wird für Schrimpf zum Weg in Dantes Inferno. »Er hörte das Kratzen ihrer schwergenagelten Stiefelsohlen auf dem harten Betonpflaster, und es rieselte ihm kalt über den Rücken hinunter.«[177]

Frau Heß indes empfängt ihn freundlich und fragt mit Blick auf das Köfferchen, ob er sein Malzeug gleich mitgenommen hätte. Schrimpf stottert eine Ausrede. Rudolf Heß hat nämlich einen Auftrag an ihn: das Gemälde »Staffelsee« wollte er auf eine Wand seiner Villa übertragen haben. Völlig aufgelöst kehrt Schrimpf zu seiner Frau nach Lochhausen zurück.

Wussten Haushofers von solchen Vorgängen? Konnten sie sich das vorstellen? Konnte man all diese SS-Kontrollen passieren, ohne eine Ahnung davon zu bekommen, wie es anderen zumute sein könnte? Oder war das ganz normal für sie? Hat zu ihnen auch so einer gesagt: »Hau ab!« Müßige Frage.

Mit dem Flug von Rudolf Heß verkehrt sich jedoch dessen Rolle als Schutzgeist ins Gegenteil. Die Haushofers geraten in das Visier der Gestapo und ihrer Verdächtigungen. Eine Woche später, am 18. Mai 1941 wird Karl Haushofer von der Gestapo verhört, und zwar von Brigadeführer Müller.

Seit dem 11. März 1939 schreibt Heinz Haushofer im *Lebensbuch* mit. Vom »Abflug von Rudolf Heß« am 10. Mai 1941 berichtet er – und wie in der Folge sein Bruder Albrecht von Berlin nach Berchtesgaden zur Berichterstattung beordert wird, inwieweit er in diese Geschichte involviert ist, und wie er auf der Rückfahrt nach Berlin dort von der Gestapo verhaftet und bis 14. Juli in deren Gefängnis in der Prinz-Albrecht-Straße festgehalten wird.

Am 12. Juli 1941 schreibt Karl Haushofer einen Brief an den »Hochverehrten Herrn Reichsmarschall« in einem für einen hochdekorierten General derart devoten Ton, dass man kaum umhin kann, an den *Untertan* von Heinrich Mann zu denken. Er beginnt mit der Unterwerfungsformel: »Ohne Erinnerung an die gütigen Worte, die Sie mir, Herr Reichsmarschall, am 29. September 1930 im Führerbau [...] schenkten, würde ich nicht wagen, in einer Zeit voll so gewaltiger Spannung für den Schöpfer der deutschen Luftwaffe, dem Erhalter der deutschen Wirtschaft und dem zweiten Mann im Reich um seine mächtige Hilfe zu bitten.«[178] Er kommt dann auf seine und die Lage des Sohnes nach dem Heß-Flug zu sprechen, um mit der Frage anzuschließen: »Ist es zu viel erwartet, dass ich bitte wenn Ihre mächtige Fürsprache beim Führer ...«, und so geht das fort und fort. »Ehrenschutz für einen alten General« möchte er. Um seine aus seiner Sicht »weisse Weste« sieht Haushofer sich gebracht an der Schwelle des 75. Jahres. Keine »einige zwanzig Orden und Ehrenzeichen, noch die vom Führer selbst mit ehrenden Worten bekräftigten Bezeugung einer mehr als fünfzigjährigen Dienstzeit« haben ihn davor bewahrt. Es fragt sich tatsächlich, ob Karl Haushofer, obgleich er ja kein Parvenü ist, sondern eher schon großbürgerlich aufgewachsen ist, nicht doch Züge von Diederich Heßling aus Heinrich Manns *Der Untertan* in sich trägt: obrigkeitshörig, ohne Zivilcourage, ein letztlich eher unsicherer Mensch bei aller – oder gerade deswegen nach außen zur Schau gestellten herrschaftlichen Attitüde.

Ein zweites Mal schreitet man – kann man wirklich noch sagen: sehenden Auges? – in den Untergang. Weshalb sich Karl Haushofer so weit von seinem Vater, dem liberalen Freigeist Max Haushofer, entfernt, ist auch, um es noch einmal anzuführen, »aus der Zeit« nicht zu verstehen. Allein eine einzige nochmalige Lektüre des Romans *Planetenfeuer* seines Vaters hätte ihn nachdenklich machen können. Auch in den häufigen Auseinandersetzungen mit seinem Sohn Albrecht kommt er zu keiner wirklichen Einsicht, welch verhängnisvollen, verbrecherischen Verlauf der Nationalsozialismus in Deutschland nimmt.

Ein einfacher Landpfarrer wie Korbinian Aigner, später auf seine Weise berühmt geworden als »Apfelpfarrer«, der selbst im KZ Dachau als Häftling neue Apfelsorten gezüchtet hat, erkennt schon in den Anfängen, was für ein Wahnsinniger dieser Hitler sein muss, der Juden, Pfarrern und Minderheiten jegliches Existenzrecht abspricht. Ein zweites Mal fährt er nach München, um Hitler zu hören und um sicherzugehen, dass dieser beim ersten Mal nicht eventuell betrunken gewesen ist. Er war es nicht, er meint das so und so wird er es auch umsetzen. Man muss es schon einfach nicht wahrnehmen wollen, worauf es hinauslaufen sollte.

Zum 150. Jahrestag der deutschen Reichsgründung macht Bundespräsident Steinmeier die unselige Tradition des Wilhelminismus noch einmal bewusst und erinnert an die Haltung von Wilhelm II., der den parlamentarischen Gedanken verachtete, indem er den Reichstag als »Reichsaffenhaus« bezeichnete.

Seine Rede am 30. Januar 2021 lässt sich gut auf Karl Haushofer als geradezu exemplarischer Figur übertragen. Als hochdekorierter General im Ersten Weltkrieg bleibt er nicht nur politisch äußerst konservativem, autoritärem wie auch undemokratischem

Gedankengut und Verhalten treu, sondern ist mit solch elitärer Prägung auch demokratiefeindlichen und autokratischen Tendenzen verpflichtet. Die Dialektik Befehl und Gehorsam steht bei ihm über der Ausbildung einer Individualität, welche eine humanistische Entwicklung anstrebt.

Goethes ganzheitlicher Ansatz, eine Einheit von Körper, Geist und Seele ins Auge zu fassen und künstlerisch zu gestalten, ist ihm zwar durchaus nicht fremd, wie man an seinen wunderbaren *Lebensbüchern* sieht, welche Wissenschaft, Poesie und bildende Kunst vereinen. Und nimmt man noch sein Engagement für den Landschaftsschutz dazu, ergibt sich das Bild eines Menschen, der in dieser Tradition steht.

Goethes *Wilhelm Meister*, »ganz so wie ich bin, mich auszubilden, war mein Sinn«, wurde jedoch von Haushofer nicht in der Weise verinnerlicht, so steht zu befürchten, dass daraus eine »Gestalt« wird, die schon vom innersten Wesen her absolut resistent gegen jede Art von Entindividualisierung im Sinne einer faschistischen Ideologie sein müsste.

Wer denkt, ein Karl Haushofer müsste sich mit allen Mitteln wehren, nicht in einer Masse aufzugehen, um ausgerechnet auf diese Weise sich zu überhöhen, was im Faschismus bekanntermaßen zur Nivellierung, wenn nicht Auslöschung des Individuums führt, irrt. Aber wenn man eine demokratisch organisierte Gesellschaft zutiefst ablehnt und infolgedessen rechtsstaatliches Bewusstsein durch Gesinnung ersetzt, gerät man genau in diese Gefahr, selbst ein Nichts zu werden.

Einer Ideologie, die sich »völkisch« gibt, kann ein selbstständig denkender Mensch eigentlich nicht verfallen – denkt man. Ein solcher Mensch weiß, er fühlt, dass es *ein* »Volk« als Einheit, als »Volkskörper«, den nur ein Führer zu rufen braucht, damit es ihm folgt, nicht gibt. Es gibt nichts, was an sich »völkisch« ist, wenn man es nicht herbeibrüllt und mit Verführung und Gewalt herbeizwingt. Innerlich Entwurzelte, die keine Individuen sein können, sind empfänglich für solche Mixtur – aber nicht nur sie, Intellektuelle auch.

»Es ist mir nicht gegeben«, ist Karl Haushofers Devise, die er offenkundig nicht imstande ist umzudeuten in ein: »Mir ist gegeben, was ich mir selber gebe.« Dass am Ende nur noch der Selbstmord bleibt, ist bitter, auch wenn er ihn »Freitod« nennt, im Sinne jener Tradition in Japan, die auch den Zeitpunkt des Todes selbst bestimmen will, frei.

HANDLUNGSALTERNATIVEN

Eine umfassende Gesamtdarstellung der deutschen Geschichte von Wilhelm II. bis zum Ende des Zweiten Weltkrieges und der Nachkriegszeit in all ihren Aspekten vermag diese Familienchronik nicht zu durchleuchten. Allerdings wäre gerade das notwendig, um das Ineinanderwirken der politischen Geschichte, der Sozial-, Wirtschafts- und Kulturgeschichte als komplexen Zusammenhang darstellen zu können. Der Historiker Michael Wildt[179] prägt für diesen Abschnitt deutscher Geschichte den Ausdruck »Zerborstene Zeit«[180], so der Titel seiner Untersuchung, welche auch noch die Alltagsgeschichte miteinbezieht.

Konzis auf einen einzigen Punkt gebracht, genauer gesagt auf ein Buchcover, hat diese Epoche Stefan Lorant mit seinem Buch *Sieg Heil – Eine deutsche Bildgeschichte von Bismarck zu Hitler*[181]. Auf dem Titelbild ist eine Collage zu sehen, auf der man »strukturell« Wilhelm II. als schneidig militärische Figur abgebildet sieht, mit Pickelhaube und ordensübersäter Brust. Das Gesicht jedoch ist eindeutig das des Adolf Hitler, nur sein bizarres viereckiges Oberlippenbärtchen ist an den Enden nach Art von Kaiser Wilhelm martialisch nach oben gezwirbelt, eine Hakenkreuzbinde am Arm der preußischen Uniform.

In dieser vom Umfang her vergleichsweise kleinen Familiengeschichte muss es bei exemplarischen Andeutungen, Hinweisen, Anregungen, Stichpunkten bleiben. Der große politische Ablauf dieser Zeit darf im Wesentlichen als bekannt vorausgesetzt werden, etwaige Lücken müssen anderenorts nachgeschlagen werden. Auch die Geschichte des Nationalsozialismus ist dokumentiert, die Literatur darüber ist unübersehbar.

Um dennoch das Verhalten einiger Mitglieder der Familie Haushofer in dieser Zeit noch einmal ein wenig neu beleuchten zu können, werden einige exemplarische Ereignisse aus diesem Zeitabschnitt herausgegriffen – anhand von Tagebüchern. Ausgewählt werden die Tagebücher von Victor Klemperer *Ich will Zeugnis ablegen bis zum letzten* und *Das Blaue Buch,* Erich Kästners geheimes Kriegstagebuch, Ernst Jüngers *Strahlungen II. Das zweite Pariser Tagebuch* sowie Hans Carossas »Lebensbericht« *Ungleiche Welten.* Diese große Selbstbetrachtung seines Tuns im »Dritten Reich«, die er in den Jahren zwischen 1944 und 1950 geschrieben hat, wird dann noch eigens in dem darauffolgenden Abschnitt über die unmittelbaren Nachkriegsjahre Gegenstand der Darstellung sein, gemeinsam mit dem Bericht eines jungen schwedischen Journalisten namens Stig Dagerman, der im Auftrag der Tageszeitung *Expressen* im Herbst 1946 quer durch das zerstörte Deutschland seine völlig unvoreingenommenen Recherchen betrieb.

Zumindest die explizit als Tagebücher ausgewiesenen Schriften der genannten Autoren haben den Vorzug, dass ihre Verfasser in keiner Weise mit der offiziellen Politik der NSDAP und ihrer Vertreter in Kontakt standen. Umso mehr zeigen sie, dass auch solche Zeitgenossen sich ein Bild machen konnten und die Position, von alledem nichts gewusst zu haben, von vorneherein ausschließen. Das ist auch bei Carossa, der im Gegensatz zu den vorigen sehr wohl eine offizielle Stellung zumindest im Kulturbetrieb hatte, nicht anders. Gleichzeitig ergibt sich daraus ein etwas anderes Geschichtsbild, eines, das den Alltag miteinbezieht. Im Spiegel dieser aus solcher Perspektive geschilderten Ereignisse soll versucht werden, die Stellung vor allem von Karl und von Albrecht Haushofer in neuem Licht zu reflektieren.

Gemeinsam ist den Genannten, dass sie »im Land geblieben« sind. Dem jüdischen Mitbürger Victor Klemperer, der sich immer als Deutscher empfunden hat, ist der Sprung in die Emigration trotz mehrerer Versuche nicht gelungen; seine nicht-jüdische Ehefrau bewahrte ihn vor dem Ärgsten. Kästner wollte als »Zeitzeuge« im Lande bleiben, Albrecht Haushofer »das Schlimmste verhindern«.

In einem der *Lebensbücher* ist unter der Überschrift »Zwischen Passau und Goldner Steig« auch eine kleine, aber fein aquarellierte Zeichnung der Kirche der Gemeinde Thurmansbang am Bayerischen Wald zu sehen. Es folgt übergangslos der Eintrag zum 9. März 1933 von Martha Haushofer: »sog. ›Machtergreifung‹ der Nationalsozialisten. Siegesfeier auf dem Odeonsplatz im Radio mit sehr besorgtem Sinn angehört. In der Nacht Überfall durch Trupp bewaffneter S.A.-Männer, die das ganze Haus vom Keller bis zum Speicher in sehr rauhen Formen nach angeblich versteckten Waffen u. eingemauerten Maschinengewehren durchsuchten.« Martha Haushofer ist froh, »dass K. abwesend war, als Frau kann man sich leichter der Gewalt fügen«. Vom ersten Tag der NS-Herrschaft bekommt also auch die Familie Haushofer hautnah zu spüren, welche unmittelbare Gewalt von ihr ausgeht. Unverzüglich nutzt Martha Haushofer jedoch die Verbindung zu Rudolf Heß, ruft ihn an, um sich zu beschweren. Heß kommt selbst ins Haus und »hinterliess schriftliches Verbot jeder weiteren Belästigung. Weiterhin Ruhe.«

Aber die Schwelle war längst überschritten. Das verhängnisvolle Wechselverhältnis von nationalsozialistischer Brutalität und schützender Hand des »Stellvertreters des Führers« führt zwangsläufig ins Verderben – obgleich sowohl Karl als auch Martha Haushofer von Hitler als Person nichts hielten. Am 20. März 1933 kommt es bei Heß zu einem Zusammentreffen zwischen Hitler, Ulrich Wille und Karl Haushofer, dem Martha als »stille Zuhörerin« beiwohnte: »Vergeblich auf starken Eindruck von Hitler warten u. von seiner durchaus nicht faszinierenden Persönlichkeit sehr enttäuscht.«[182]

In einem anderen deutschen Haushalt, in dem des ebenfalls zur Hälfte »jüdischen« Ehepaares Klemperer, wird Folgendes notiert: Am 3. April 1933 schwant Klemperer nach dem Boykott jüdischer Geschäfte vom 1. April Unheilvolles: »Ich habe den Eindruck, daß man rasch der Katastrophe zutreibt.«[183] Allerdings vertritt er wie so viele andere die Ansicht, »dass die Rechte nicht mehr lange mitmachen kann«[184]. Klemperer meint damit, dass die DNVP als Koalitionspartner seit dem 30. Januar Hitler die Zusammenarbeit aufkündigen wird. In ganz anderem Sinne wird Klemperers Vermutung dennoch Wahrheit: Im Gefolge des Ermächtigungsgesetzes vom 24. März 1933 konnte von einem »Mitmachen« von Nicht-Nationalsozialisten keine Rede mehr sein. Sogar das katholische Zentrum stimmte für das Gesetz. Die letzte freie Rede vor dem Parlament hielt der Sozialdemokrat Otto Wels. Doch schon vorher hatte Hitler auch deutschnationale Forderungen nach einer »völkischen Gesetzgebung« übernommen, die osteuropäische Juden mit einem Einwanderungsverbot belegen sollten. Antisemitisch war die DNVP von allem Anfang an, aber nun war unter anderem auch diese Programmatik in der wesentlich radikaleren NS-Politik aufgegangen. Eine Partei wie die DNVP war überflüssig geworden, am 27. Juni 1933 löste sie sich selbst auf.

Damit waren auch diejenigen Konservativen, die bis dahin versucht hatten, sich nicht als Gefolgsleute Hitlers zu gerieren, im NS aufgesogen. Der Unterschied zwischen autoritärer und totalitärer Gesinnung und Politik ist aufgehoben. Im fließenden Übergang gerät auch ein Karl Haushofer in die unmittelbare NS-Politik. Hat er es nicht gemerkt? Wollte er es nicht merken?

Rechtskonservative Kreise pflegen zu allen Zeiten autoritäre Staatsmodelle zu bevorzugen, eine faschistische Partei geht dabei jedoch wesentlich weiter. Ihr Anspruch ist ein totalitärer, ihre Macht basiert auf Alleinvertretung in allen gesellschaftlichen und politischen Bereichen. Zur Aufrechterhaltung dieser Macht dienen ihr alle Mittel bis zur physischen Vernichtung des Opponierenden. Obgleich es sich um eine Diktatur handelt, wird vom Volk als einem einheitlichen »Volkskörper« gesprochen, der zwar kein Mitspracherecht besitzt, aber er hat ohnehin ein und denselben Willen wie der Führer zu haben. Wer als nicht zugehörig zu diesem Volkskörper definiert wird, wird ausgemerzt. Eine Mobilisierung auf allen Ebenen und die damit verbundene explosive Dynamik gestalten eine Rassenpolitik zur Vernichtungsmaschinerie um, während Parteien wie die DVP und die radikale DNVP es bei einer Ausgrenzung nicht genehmer Bevölkerungsgruppen »belassen« würden. In ihrem konservativen Beharren bleibt auch die Klassengesellschaft erhalten, allerdings mit klarer Hierarchisierung unter Führung einer kleinen Oberschicht.

Diese kleine, vorwiegend auch aristokratische Oberschicht muss einer Meute gewaltbereiter Hassbürger weichen. Genau eine Woche nach dem »Anschluss« Österreichs an das Deutsche Reich am 13. März 1938, »der ungeheure Gewaltakt der Österreichannexion«, wie ihn Klemperer nennt, schreibt er: »Die letzten Wochen sind die trostlosesten meines Lebens. [...] Seit acht Tagen wehen die Fahnen, seit gestern klebt an jedem Pfeiler unseres Zauns ein breiter gelber Zettel mit Davidstern: *Jude*, Warnung vor der fahnenlosen Pestbaracke.«[185]

Am 27. März notiert Klemperer: »Niemand atmet mehr frei, kein freies Wort, weder gedruckt noch gesprochen.«[186] Am 10. April 1933 hält Klemperer fest, dass man per NS-Definition »artfremd oder Jude« ist, wenn man 25 Prozent Anteil »jüdischen Blutes« in sich fließen hat. Damit waren Martha Haushofer und ihre Söhne Albrecht und Heinz ebenfalls »Juden«. Das »Judentum« wird über die Mutter übertragen und nicht über den Vater. Die Nationalsozialisten erfanden für sich eine neue Variante, wie man Jude wird oder nicht, nach dem bekannten Spruch: »Wer Jude ist, bestimmen wir!« Ein persönlicher Schutzbrief von Rudolf Heß sollte sie vor Verfolgung bewahren: Er versucht damit, die Familie Haushofer zu beruhigen. Im gleichen Jahr auch die Bücherverbrennungen, deren Zeuge ein Autor namens Erich Kästner wird als einer der wenigen, wenn nicht der einzige Autor, der damit sieht, wie seine eigenen Bücher ins Feuer geworfen werden. Ihm ist klar, dass, wer Ideen fürchtet, der verbrennt auch Bücher.

Obgleich längst nicht mehr der geringste Zweifel an der Gewalttätigkeit der Nationalsozialisten bestehen kann, betrachtet Karl Haushofer am 28. September 1933 den auf einer Wiese vor dem Hartschimmel ruhenden Rudolf Heß mit liebevoller Bewunderung: »Von einem Alten aus dem Gral gehegt«, so hat sich »Parzifal ins Gras gelegt«[187]. »In gewaltigem Fliegen« sei er die »Macht emporgestiegen«. Die Bewohner »im Lichtkreis unserer Almen« tun alles, um auf den »Schlaf von einem jungen Helden zu achten«. Illustriert ist der Eintrag mit einem Aquarell, das den Hartschimmelhof umkränzt von mächtigen alten Bäumen in all seinem Idyll zeigt.

Am 17. September 1935, zwei Tage nach der Verkündigung der »Nürnberger Gesetze«, in NS-Diktion »Gesetze für das deutsche Blut und die deutsche Ehre«, in denen unter anderem Zuchthaus für Ehe und außerehelichen Verkehr zwischen Deutschen und Juden vorgesehen ist, muss sich Klemperer eingestehen: »Der Ekel macht einen krank.«[188] Schon ein paar Tage vorher musste er einen erneuten Versuch, wieder Zeitung zu lesen, einstellen: »Es ging nicht, mir wird körperlich übel.«[189]

Zum Parteitag der NSDAP in Nürnberg fliegt das Ehepaar Haushofer mit Heß in dessen Flugzeug. Knapp notiert Martha Haushofer: »Verkündigung der sog. Nürnberger Gesetze – eine schwere Stunde für K.«

Am Tag des »Münchner Abkommens« (29./30. September 1938) hatte Heß für Karl Haushofer noch einen Vortrag bei Hitler ermöglicht. Er unterbreitete ihm vier Vorschläge: die Möglichkeit, durch Verhandlungen wieder einen Fuß in die alten Kolonien in Westafrika zu bekommen, zweitens die Einberufung einer Friedenskonferenz nach Berlin, drittens einen Gegenbesuch Hitlers bei Arthur Neville Chamberlain als Geste auf die Besuche Chamberlains. Bis zu diesem Punkt hatte Hitler schweigend zugehört. Noch während des Vortrages stand Hitler auf und verließ wortlos den Raum. Haushofer hatte die Überlegung vorgebracht, auf der Grundlage des Abkommens auf alle deutschen Alleingänge im europäischen Osten zu verzichten als Voraussetzung für jede friedliche Lösung weiterer deutscher Ansprüche. Karl Haushofer war in Ungnade gefallen.

In dem von Martha Haushofer fortgeführten *Lebensbuch* bezeichnet sie das »Münchner Abkommen« als »schöne Täuschung des Münchner Friedens«. Niemand hätte das ahnen können, schreibt sie. Ihr Sohn Albrecht, der unmittelbar am Ort des Geschehens gewesen ist, ahnt es nicht nur, er weiß es.

Karl Haushofer war auf Einladung von Rudolf Heß zu diesem Anlass in den Führerbau in der Münchner Arcisstraße eingeladen, Albrecht als Berater und Begleiter von Ribbentrops. Die Aufgaben, die beiden gestellt wurden, waren unterschiedlicher Art. Heinz Haushofer beschreibt sie: »Die Rolle Karls bestand darin, mit der Gruppe gemäßigter Realisten, die von Mussolini geführt wurde und zu der auch Göring, von Neurath und von Weizsäcker gehörten, Hitler das Münchner Abkommen abzuringen oder sogar – wie gesagt worden ist – abzutrotzen; die Rolle Albrechts, nach bestem Wissen und Gewissen Grenzen zwischen den deutsch und tschechisch besiedelten Gebieten der Tschechoslowakei zu ziehen.«[190] Man merkt, die Rolle und der Einfluss der Geopolitik und ihrer maßgeblichen Vertreter sind nicht zu unterschätzen. An oberster Stelle wirken sie mit, um ein Abkommen zu ermöglichen, das in dem Fall einen Krieg zu verhindern suchte. Kurzfristig gelingt dies sogar. Karl Haushofer, der die Gelegenheit hatte, Hitler nach dem Abkommen aus nächster Nähe die monumentale Marmortreppe hinuntergehen zu sehen, berichtet seinem Sohn Heinz, Hitlers Gesichtsausdruck sei das eines Buben gewesen, »dem man eben sein Spielzeug weggenommen hat«[191]. Auch in einem Brief von Albrecht vom 16. November 1938 ist von Hitlers »enttäuschter Wut über den entgangenen Krieg« die Rede.

In einer Zeichnung zusammengefasstes Ergebnis des »Münchner Abkommens«, Zeichnung von Karl Haushofer, Textzeilen aus Albrecht Haushofers Drama *Augustus*

In der Einschätzung der Folgen des Abkommens lagen Vater und Sohn weit auseinander. Karl Haushofer, von Optimismus geprägt, glaubte, dass man damit »zehn Jahre deutsche Außenpolitik machen«[192] könne. Heinz, der diese Einschätzung zunächst teilt, wird von Bruder Albrecht angefaucht: »Du Waisenknabe, wenn Du glaubst, dass er es halten wird! Er wird es so bald wie möglich brechen.«[193] Heinz Haushofer zieht dieses Resümee: »Fasst man die Eindrücke von vier Familienmitgliedern zusammen, so hatten wir alle das Spektrum Hitlers in irgendeiner Schattierung erlebt: Vom einfachen, liebenswürdigen, aber unbedeutenden Gesellschafter, über den ›unmöglichen Diskutierer‹ und fanatischen Monologisierer, bis zu dem seinen Stimmungen unterworfenen und am Schluss auf seine Ziele fixierten Hasardeur […] nicht zu vergessen den Mann des ›common sense‹, der er auch einmal gewesen war.«[194]

Das käme jetzt freilich auf Übersetzung und Wortgehalt von Common Sense an. Im Sinne von »gesundem Menschenverstand« wäre der Begriff, auf Hitler angewendet, von höchster Bedenklichkeit und Gefährlichkeit. Worin besteht die Übereinstimmung Hitlers mit dem allgemein geteilten Verstand der Menschen? Und dieser wiederum mit einer Wertschätzung von »gesundem Menschenverstand«? Das Ergebnis einer solchen Politik ist nach vielen Jahrhunderten der Anwesenheit von deutschsprachigen Menschen in Böhmen und Mähren, dass nach dem Zweiten Weltkrieg kaum noch ein Deutscher dort lebt.

Am 2. Oktober, nach dem »Münchner Abkommen«, glaubt Victor Klemperer eher an den Krieg als an einen Frieden, und »vielleicht unser Tod in einem Pogrom – aber das Ende«[195]. Nachdem Hitler auch noch seinen schon im Oktober 1938 ausgesprochenen Geheimbefehl zur »Erledigung der Rest-Tschechei« im März 1939 ebenfalls Wirklichkeit werden lässt, ist Klemperer »hundeelend zumut«, »während England und Frankreich die Schwänze einklemmen«[196]. 19 000 Juden fliehen aus der ehemaligen Tschechoslowakei; nach der Besetzung des Memelgebiets, für das Karl Haushofer seit Jahren vehement in Vorträgen eintritt, sehen sich 9000 Juden zur Flucht gezwungen.

Am 9. November 1938 organisieren die Nationalsozialisten die »Reichspogrom-Nacht«, in der Synagogen, jüdische Geschäfte und Wohnungen geplündert und zerstört, in deren unmittelbarem Gefolge mehrere hundert Juden ermordet werden, ebenfalls mehrere hundert Juden sich das Leben selbst nahmen sowie ungefähr 30 000 Juden in Konzentrationslager verschleppt werden.

Klemperer zitiert einmal mehr Lessing, ein Zitat, das man auch für einen solchen Vorgang verwenden könnte: »Wer über manchen Dingen nicht den Verstand verliert, hat keinen Verstand«, was Klemperer noch ergänzt: »Wer heute die Herzensruhe bewahrt, hat kein Herz.«[197] Die Situation wird absolut bedrohlich. Am 11. November wird Klemperers Haus durchsucht, er wird verhaftet, aber wieder freigelassen. Ein mit Klemperers befreundetes Ehepaar ist verhaftet und verschleppt worden. Man weiß nicht: ins »Lager Weimar« oder irgendwo anders hin. Wegen der Schweigepflicht für KZ-Entlassene kenne man nur »angstvolle Andeutungen und bruchstückhafte Erzählungen aus Buchenwald«.[198] Ein zweites Mal komme man von dort nicht zurück. Aber man darf nicht darüber reden. Doch selbst nach dem Krieg hört man von Juden, dass sie nichts erzählen wollen – wie heimkehrende deutsche Väter nichts von ihren Kriegserlebnissen erzählen, eine befremdliche Erfahrung. Man rät dem Ehepaar Klemperer dringend zur Auswanderung.

Am Tag der »deutschen Solidarität«, am 3. Dezember 1938, werden Victor Klemperer der Besuch und die Nutzung der Bibliothek verboten; selbst die Beamten, die mit der Verkündung dieses Verbotes beauftragt sind, zeigen sich fassungslos und sehr besorgt um Klemperers Schicksal. Auch Klemperer sieht ein: »Wir müssen fort.«[199] Doch es gelingt nicht.

Martha Haushofer notiert: »In ganz Deutschland Juden-Pogrom mit wüsten Ausschreitungen u. Verbrennung von Synagogen, – auch in München.« Worauf am folgenden Tag, am 10. November, das Ehepaar Haushofer sich zum »Familienfest bei Heß in Harlaching« einfindet. Es geht bei dieser Feier »um die Namensweihe, also unkirchliche Taufe des einjährigen Buben von R. und I. (also Rudolf und Ilse Heß) Wolf Rüdiger«. Paten sind Adolf Hitler und Karl Haushofer. Martha kommentiert ihren Eindruck zunächst so: »An sich schöne würdige Feier, aber infolge der gestrigen Vorgänge unsere innere Haltung dabei zwiespältig.« (*Lebensbuch*, 9. und 10. November 1938). Ein Photo hält die Feier dokumentierend fest.

Namensweihe von Wolf Rüdiger Heß, ganz links Rudolf Heß, Adolf Hitler im Sessel, Karl Haushofer mit Fliege schräg rechts von ihm

Erst in einem weiteren Eintrag fühlt sich Martha als Jüdin vollkommen missachtet, auch und gerade nach dem »Schutzbrief« vom 14. November 1938 mit dem Briefkopf »Der Stellvertreter des Führers der N.S.D.A.P., München, 14. Nov. 1938, Braunes Haus«. Wörtlich heißt es da von Karl Haushofers Frau: »[…] Martha geborene M a y e r - D o s s ist keine Jüdin im Sinne der Nürnberger Gesetze, was ich anhand mir vorgelegener Stammbäume festgestellt habe. Ich verbiete jede Behelligung oder Haussuchung.«[200]

Martha Haushofers Liebe zu ihrem Mann scheint schier grenzenlos. Im Widerspruch zu der zutiefsten Befremdung über die Vorgänge in der Reichspogromnacht steht eine Aufnahme, die eine ganze Reihe von begeisterten Nationalsozialisten mit dem Hitlergruß zeigt, darunter auch Karl Haushofer – wenn auch als Einziger ohne Uniform. Weshalb Martha Haushofer auf die Rückseite geschrieben hat: »mein Lieblingsbild«, bleibt ihr Geheimnis. Verirrung? Grenzenlose Liebe? Am dramatischsten erweist sich diese, als sie mit ihm den gemeinsamen Gang in den Freitod beschreitet.

Gleichwohl scheint Karl Haushofers Abstand zur NS-Politik zu wachsen, zögerlich zwar, aber er wächst, allerdings mit wiederkehrenden Rückfällen. Am 25. Novem-

Der Stellvertreter
des Führers
der N.S.D.A.P.

München, 14. Nov. 1938
Braunes Haus

General a. D. Professor Dr. Karl H a u s h o - f e r ist einwandfrei arischer Abstammung; seine Frau Martha geborene M a y e r - D o s s ist keine Jüdin im Sinn der Nürnberger Gesetze, was ich anhand mir vorgelegener Stammbäume festgestellt habe.

Ich verbiete jede Behelligung oder Haussuchung.

(R. Hess)

Dies ist der Schutzbrief, den Rudolf Hess nach dem Judenprogrom vom 9. November 1938 meinem Vater, seinem früheren Lehrer und Freund Karl Haushofer, und meiner Mutter ausstellen zu müssen glaubte – ein kulturgeschichtliches Dokument, das aufbewahrt werden sollte.

Heinz Haushofer
22.IV.1946.

Der Schutzbrief von Rudolf Heß

ber 1938 schreibt Martha Haushofer im *Lebensbuch* von einem Vortrag ihres Mannes in Tübingen. Er »berichtet tief enttäuscht u. besorgt über den Abfall der Hitler-Kreise von den Münchner Friedensgedanken u. befürchtet Rückkehr zur Gewaltpolitik«. Im Februar des folgenden Jahres wächst die Sorge »wegen Krise in der Tschechoslowakei. K. und A.« seien »ständig auf dem Sprung«. Am 26. Februar 1939

»dringende Besprechung« im Führerbau, der mehrere folgen. Am 15. März 1939 erfolgt der »sog. freiwillige Anschluss der Tschechoslowakei«. Karl kommt »sehr sorgenvoll« aus Berlin zurück, »überregt u. überhetzt. Anfall von Herzschwäche; Röntgenaufnahme u. Elektrocardiogramm bestätigen ärztliche Diagnose, dass allerlei nicht normal ist«.[201]

Das ist erst der Anfang: »Ahnung des heraufziehenden Unheils, nach vorübergehender trügerischer Hoffnung auf Entspannung in den letzten Augusttagen«, und schon am darauffolgenden Tag: »Krieg erklärt, zunächst gegen Polen« (1. September 1939). Den »leichten Sieg« deutet Martha Haushofer als »Handgeld des Teufels«, dem eine »trügerische Pause« folgen wird (26. September 1939). Noch im August hatte der »Führer« Karl Haushofer zum 70. Geburtstag gratuliert.

Kästner notiert sich in sein Kriegstagebuch Flüsterwitze wie diesen: »Der Krieg wird wegen seines großes Erfolges verlängert« (am 26. Januar 1941)[202]. Auch freut er sich über so kleine Widerstände wie über eine missglückte Rede des Wiener Reichsstatthalters Baldur von Schirach in einer Fabrik in Floridsdorf: »Die Arbeiter übertrieben ihre Begeisterung ins Ironische so, dass sie zwei Stunden lang ohne Pause die Lieder der Bewegung sangen und in ›Siegheil‹-Runden ausbrachen, sodass Baldur, nachdem er zwei Stunden lang auf dem Rednerpodium abgewartet hatte, endlich wieder nach Hause fuhr,

Martha Haushofers »Lieblingsbild«, Mitte hinten: Karl Haushofer als einzig nicht Uniformierter

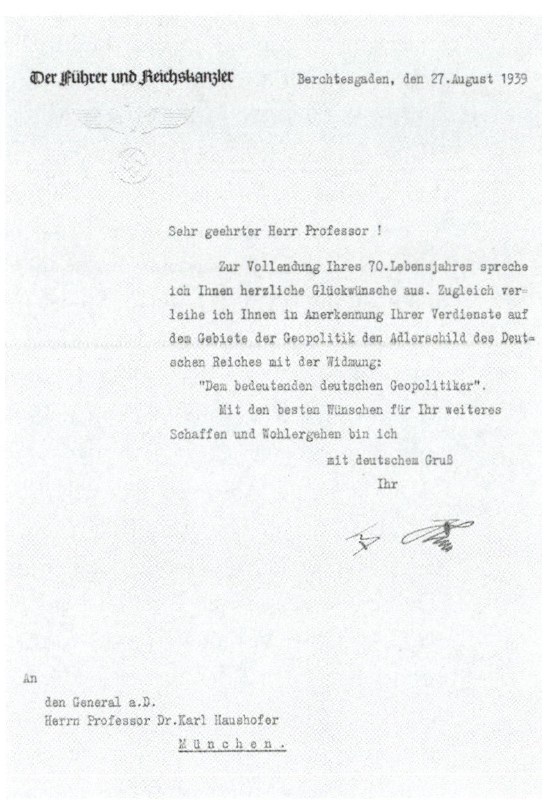

Der Führer und Reichskanzler

Berchtesgaden, den 27.August 1939

Sehr geehrter Herr Professor !

Zur Vollendung Ihres 70.Lebensjahres spreche ich Ihnen herzliche Glückwünsche aus. Zugleich verleihe ich Ihnen in Anerkennung Ihrer Verdienste auf dem Gebiete der Geopolitik den Adlerschild des Deutschen Reiches mit der Widmung:

"Dem bedeutenden deutschen Geopolitiker".

Mit den besten Wünschen für Ihr weiteres Schaffen und Wohlergehen bin ich

mit deutschem Gruß

Ihr

An

den General a.D.
Herrn Professor Dr.Karl Haushofer
München.

Adolf Hitler gratuliert Karl Haushofer zum 70. Geburtstag

ohne auch nur ein Wort gesprochen zu haben.« (23. Januar 1941)[203]

Portraitzeichnung zum 70. Geburtstag von Karl Haushofer

Am 10. Mai 1941 fliegt Heß nach England, ein bis zum heutigen Tag nicht restlich aufklärbarer Vorgang, der bei Karl Haushofer Kopfschütteln auslöst, was etwas verwunderlich ist, haben doch kein anderer als er und vor allem sein Sohn Albrecht Heß den Kontakt zu Douglas Douglas-Hamilton, dem 14. Duke of Hamilton auf Dungavel Castle in South Lanarkshire, Schottland, vermittelt.

Die erste datierbare Begegnung Albrecht Haushofers mit Hamilton (zu dem Zeitpunkt noch Marquis von Clydesdale, bis 1940; von da an Herzog von Hamilton) findet zur Olympiade 1936 in Berlin statt, gleichzeitig mit Oswald Mosley, Gründer der British Union of Fascists (1932). Mosleys Heirat mit seiner zweiten Frau Diana fand 1936 heimlich in Anwesenheit von Hitler im Haus von Goebbels statt. Hitler gab im Anschluss an die Zeremonie ein Diner in der Reichskanzlei. Diana Mosley ist eine Schwester von Unity Valkyrie Freeman-Mitford, die von 1935 bis 1940 sich im innersten Kreis der NSDAP und von Adolf Hitler aufhielt. Auch zu ihm hatte sie jederzeit Zugang. Ihr Versuch, für eine Vermittlung mit Großbritannien zu werben, scheitert. Am 3. September 1939, dem Tag der britischen Kriegserklärung, schießt sie sich in der Münchner Königinstraße in den Kopf. An den Spätfolgen dieses Suizidversuchs stirbt sie 1948.

Vom 18. bis 24. April 1937 hält sich Albrecht Haushofer in London auf, zum ersten Mal als Gast von Douglas, der 1937 im Gegenzug den Hartschimmelhof besucht. Am 28. November 1938 treffen sie sich in Berlin. Am 16. Juli 1939 schreibt Albrecht Haushofer einen langen Brief an Lord Hamilton, er ist in tiefer Verzweiflung über die Lage. Voller Vertrauen wendet er sich an den Lord (»Mein lieber Douglo«), aber mit der Bitte, den Brief, den er auf einer Kreuzfahrt in Norwegen verfasst und von dort aus abschickt, unverzüglich zu verbrennen – was nicht geschehen ist. Freimütig bekennt er, dass man auf Hitler, nachdem die Maßnahmen im Gefolge des Versailler Vertrags beseitigt waren, insofern gesetzt hat, dass er bereit war, »eine zwar wichtige, wenn auch nicht die dominierende Rolle im europäischen Konzert zu spielen«. Eine »unvernünftige Hoffnung«, wie er einsehen muss, »da wir den Mann ja doch kannten«[204]. Inständig bittet er den Freund, wenn es denn möglich sei, etwas für einen Friedensplan zu tun.

Im September 1940 wendet sich Albrecht Haushofer auf Drängen von Rudolf Heß noch einmal an seinen Freund Hamilton, obgleich er sich keinen Erfolg mehr davon verspricht. Der Brief kommt allerdings erst im April 1941 an. Am 28. April trifft Albrecht Haushofer mit Carl Jacob Burckhardt zusammen, um mit ihm Möglichkeiten eines Kompromissfriedens auszuloten. Vor allem ging es darum, Ansprechpartner und die Basis zu gewinnen, um hohe britische Politiker für die Friedensmission von Rudolf Heß einzunehmen. Albrecht Haushofer ist damit also unmittelbar an dem Unternehmen beteiligt.

Von dem dann tatsächlich von Heß durchgeführten Flug erfahren Vater und Sohn Haushofer freilich erst im Nachhinein und sind überrascht. Am 10. Mai 1941 um 18.00 Uhr war Heß in Augsburg-Haunstetten mit einer von dem Luftfahrtpionier Messerschmitt persönlich ausgeliehenen ME 110 unbemerkt von der britischen Luftabwehr in die Nähe von Hamiltons Landgut in Schottland gekommen. Dort ließ er um 22.00 Uhr die Maschine abstürzen und sprang mit dem Fallschirm ab – fliegerisch eine Meisterleistung, sieht man von dem Wrack im Acker ab, um das sich irritiert einige uniformierte Schotten gruppieren, politisch eine absolut dilettantische Aktion. Heß posaunt: »Ich komme in einer Mission der Menschheit. Der Führer hat den Wunsch, England nicht zu besiegen und den Kampf zu beenden.«[205] Allen Ernstes glaubt er, seine Ansprechpartner könnten erwirken, Churchill zu stürzen. Dieser bezeichnet Heß als mental »retardiertes Kind«, ab diesem Zeitpunkt verbringt Heß sein restliches, 1987 endendes Leben innerhalb von Gefängnismauern – 46 Jahre lang.

Für Albrecht Haushofer kommt der Flug allerdings viel zu spät, der für Deutschland verhängnisvoll verlaufende Gang des Krieges ist seiner Meinung nach nicht mehr aufzuhalten. Der ehemalige »Stellvertreter des Führers«, der in gewisser Weise Hitler als Führer-Figur miterfunden hatte, wird nun von führenden Nationalsozialisten für verrückt erklärt. Gleichwohl wird Albrecht Haushofer am 12. Mai um zwei Uhr morgens in seiner Berliner Wohnung von der Gestapo gefangen genommen, in den Süden geflogen und auf den Berghof am Obersalzberg zu Hitler verbracht, damit er dort die Möglichkeiten auslotet, wie man mit England vielleicht tatsächlich in Verhandlungen eintreten könnte. Der Arbeitsauftrag lautet: »Gibt es noch Möglichkeiten eines deutsch-englischen Friedens?«[206] Eine von Hitlers vollkommen irrationalen, schizophrenen Aktionen, Politik zu betreiben, insbesondere auch die Außenpolitik. Zwischen 17. Mai und 14. Juli wird Albrecht Haushofer in Ehrenhaft genommen im Hauptgefängnis des Reichssicherheitshauptamtes in der Prinz-Albrecht-Straße 8 in Berlin. Martin Bormann, nunmehr »Sekretär des Führers«, glaubt, in Karl und Albrecht Haushofer die intellektuellen Urheber des England-Flugs von Rudolf Heß zu erkennen. Bormann erblickte in ihnen »geopolitische Phantasten«, die er hasste. Aber man kann ihnen nichts nachweisen.

Rudolf Hess evanuit.

Dich hab' ich, Parsifal, gekannt –
und habe
Dich zweiundzwanzig Jahre Freund genannt.
Dann hast Du rätselhaft Dich fortgewandt:
verweht, versenkt, mit Wunderwerk verbrannt – – –
wie einer Sage, eines Märchens Gabe ....

Ganz so, wie Parzifal und Ikarus
aus einem Erdenleben schwinden muss,
der uns verlässt mit rufender Geberde
zu einem neuen Stirb und werde!

So gehst Du hin und lasst den Freund zurück;
Du warst mir Tiefstes: Sorge, Leid und Glück;
Sendung von Gott, vielleicht von Anbeginn,
als letzte Lösung:
Frage ohne Sinn,

und ein Verlust, wie mich noch keiner schlug:
wie alle Schicksalsgabe:
Glanz und Trug – –
und dennoch: scheint es mir auch ohne Sinn
Fahr', Fliege hin!

· I · · ΕΥΦΟΡΙΟΝ · · RH ·

10. – 12. Mai

Eintrag Karl Haushofers im *Lebensbuch* zum Flug von Rudolf Heß

Eine Woche nach seinem Flug, am 18. Mai 1941, wird Karl Haushofer von der Gestapo verhört, und zwar von Brigadeführer Müller. Martha Haushofer schreibt von der »größten Bestürzung«, in die ihr Mann Karl durch die Nachricht vom Abflug von Heß versetzt worden ist, und zwar »sowohl politisch wie menschlich«. Er bezeichnet Heß als »motorisierten Parsifal«.[207]

Im gleichen Jahr registriert Kästner Deportationen in die Vernichtungslager, er konnte freilich noch nicht genau einordnen, wohin diese Deportationen letztlich gingen. Die Nachbarn Pauline und Günther Schlesinger werden Ende Oktober 1941 verschleppt. Im gleichen Monat vermerkt Kästner, dass »Juden nach dem Warthegau abtransportiert«[208] werden. Es ist keineswegs so, dass man das nicht hätte mitbekommen können – auch wenn etwa ein Hans Carossa eine andere Erinnerung hat: »Von Gaskammern, Vergasungswagen und dergleichen verlautete kaum etwas vor 1943.«[209]

Nach der Niederlage von Stalingrad, Anfang Februar 1943, schöpft Klemperer neue Hoffnung, bleibt aber wie stets zwiespältig: »Es wäre ein unsagbares Glück […] aber ich kann es nicht glauben.«[210] Und Kästner notiert am 18. Februar 1943: »Die Stimmung der Bevölkerung ist sehr ernst geworden.«[211] Am 11. März 1943 berichtet er: »Mitten in die Stilllegungen von Betrieben, Einziehungen zum Arbeitseinsatz, Ankündigungen neuer Steuern, weiterer Rückverlegungen der Ostfront, die Restabholungen der Berliner Juden (darunter Lastwagen voller Kinder zwischen 3 und 6 Jahren) hinein kam der bisher wirksamste Angriff der Engländer in der Nacht zum 2. März. Es sollen fünfzigtausend Deutsche obdachlos geworden sein. Der Kurfürstendamm brannte an allen Ecken und Enden, und ähnlich war es in allen Stadtteilen.«[212]

Das Gerücht über die Weiße Rose kommt ihm zu Ohren (11. März 1943) und immer öfter auch Einzelheiten aus den Vernichtungslagern (18. Februar 1943). Ob sein neuerliches Publikationsverbot auf Hitler, Bormann oder Rosenberg zurückzuführen ist, weiß nicht einmal Kästner selbst. Mehrfach entgeht er mit Lotte Enderle nur mit knapper Not und viel Glück Bombenabwürfen. Gleichwohl bleibt Kästners Neigung zu Flüsterwitzen ungebrochen, etwa für den Berliner Gruß: »Bleiben Sie übrig!« (25. August 1943) oder das modifizierte Tischgebet: »Komm, Herr Jesus, sei unser Gast, und iss mit uns, wenn du Marken hast.« (1. September 1943) Das Jahr 1944 ist nicht überliefert in Kästners geheimem Kriegstagebuch, sodass wir nicht wissen, wie er auf das Stauffenberg-Attentat reagiert hat.

Kühl bis ins Herz hinein wie immer seziert Ernst Jünger das Attentat auf Hitler durch Stauffenberg, dessen Namen er schon von Cäsar von Hofacker gehört hatte. »Aller Voraussicht nach wird diese Tat furchtbare Gemetzel einleiten. Auch wird es immer schwieriger, die Maske zu bewahren [...].«[213] Jünger räsoniert: »Welche Opfer hier wieder fallen, und gerade in den kleinen Kreisen der letzten ritterlichen Menschen, der freien Geister, der jenseits der dumpfen Leidenschaften Fühlenden und Denkenden. Und dennoch sind diese Opfer wichtig, weil sie inneren Raum schaffen und verhüten, dass die Nation als Ganzes, als Block in die entsetzlichen Tiefen des Schicksals fällt.«[214] An den Schreiner Johann Georg Elser (1903–1945), der am 8. November 1939 als Alleintäter ein so sorgfältig ausgearbeitetes Attentat gegen Hitler und die gesamte NS-Führungsspitze vorbereitet hatte, das durch einen seltsamen Zufall jedoch nicht geglückt ist – an so jemanden denkt Ernst Jünger nicht. Und schon gar nicht an die vielen stillen Helden im Land, die es Gott sei Dank auch gab. Außer »kleinen Kreisen der letzten ritterlichen Menschen« kennt er niemand, der auch Widerstand leistete oder Verfolgten Hilfe gewährte. Jünger arbeitete als Reserveoffizier im Pariser Hauptquartier des Oberbefehlshabers für Frankreich, Carl-Heinrich von Stülpnagel.

Einen Tag nach dem Stauffenberg-Attentat erhält Stülpnagel den Befehl, sich beim Oberkommando der Wehrmacht in der Nähe von Berlin einzufinden. Sein Fahrer bringt ihn quer durch Frankreich, jedoch wünscht er bei Verdun auszusteigen, um sich das Schlachtfeld anzusehen, auf dem er im Ersten Weltkrieg gekämpft hat. Kaum den Wagen verlassen, zückt er seinen Revolver und schießt sich in den Kopf. Allerdings verletzt er sich dabei nicht tödlich, erblindet aber. Sein Chauffeur zieht ihn aus der Maas, in die er gestürzt war, und bringt ihn ins Lazarett.

Ernst Jünger schreibt am 23. Juli in Paris in sein Tagebuch über diesen Vorfall: »Die erste Frage des Generals, als er geblendet erwachte, soll der Einrichtung des Lazaretts gegolten haben; er wollte wissen, ob der Chefarzt zufrieden sei.«[215] In dem Lazarett wird er von der Gestapo verhaftet und nach Berlin gebracht vor den Volksgerichtshof unter Vorsitz natürlich des berüchtigten Roland Freisler. Das Urteil ist von vorneherein klar, Stülpnagel wird hingerichtet.

»Mit Stülpnagel sind wir auch verwandt«, erzählt Renate Haushofer, als die Rede auf diese Geschichte kommt. Sie nennt ihn »Onkel«: Frau von Stülpnagel ist eine Schwester ihres Großvaters. Auch für die Haushofers wird es eng nach dem Attentat. Davon ist in anderen Abschnitten die Rede. Nur kurz hier zur Erinnerung: Am

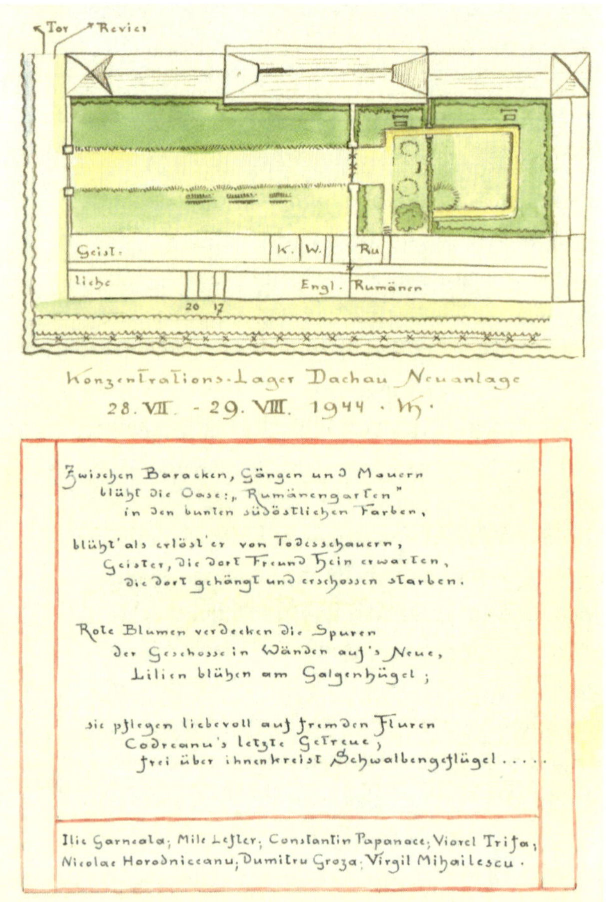

Skizze des Lagergefängnisses und seiner unmittelbaren Umgebung von Karl Haushofer

28. Juli 1944 gibt es erneut eine Vernehmung Karl Haushofers durch die Gestapo, diesmal mit Verhaftung, und zwar in Dachau.

Jede Distanz gegenüber den Machthabern des Nationalsozialismus, wie wenig groß sie immer gewesen sein mag, schwindet angesichts eigener misslicher Lage, die aber in unmittelbarer Nähe zu unvorstellbaren Erniedrigungen, Folterungen und Tötungen in einer Einzelzelle ohne Zwangsarbeit und mit Besuchserlaubnis nahezu komfortabel erscheint. Am 3. August schreibt er seiner Frau von diesem Zustand: »Schönes sauberes heißes Bad mit kalter Dusche, vermehrte frische Luft und Bewegungsfreiheit in zwei weiten, wenn auch verwahrten Gärten mit reicher Blumenpracht, Sonderdiät mit Milch, wirklicher Butter, ein wenigstens schlafbares Bett«[216] und so weiter und so fort, und das in einem Konzentrationslager, aber er ist eben in Ehrenhaft. Doch fühlt sich Haushofer verkannt, zutiefst verkannt, um sein Lebenswerk betrogen.

Drei Tage nach seiner Verhaftung, am 31. Juli 1944, wendet er sich an »Mein[en] Führer!« auf dem »schnellstmöglichen Dienstwege«[217]: »Bei der Erinnerung an meine Besuche in Landsberg, an Ihre in Erz gegossene Unterschrift auf dem Reichsadlerschild unter der Widmung ›Dem großen deutschen Geopolitiker‹, an einen

25 jährigen selbstlosen und treuen Dienst an Ihnen und Ihrer Bewegung beschwöre ich Sie, krank und im Unglück. [...]« Noch im KZ beschwört er unterschwellig die Bedeutung seiner Geopolitik und ruft für das eigene Schicksal die Größen der Großen an: »Daß mich Churchill, Eden und Roosevelts Braintrust hinter Stacheldraht setzen wollen, wenn sie Deutschland und mir ans Fell könnten, weiß ich; auch des Fangschusses aus Moskau wäre ich sicher; aber daß mich die NSDAP nach Dachau setzt, hätte ich nicht für möglich gehalten. Können Sie es ändern, so flehe ich darum! Mit Heil Hitler trotz Allem der Ihre.«[218]

Topographische Sicht noch in dieser Situation wahrend, fertigt er eine Skizze vom Lagergefängnis und seiner unmittelbaren Umgebung an. Man kann darauf Gefängnis und Wirtschaftsgebäude und den Gang dazwischen erkennen, ein grün eingefärbtes Areal bezeichnet offenkundig eine Art von Garten, was beigefügte Verse bestätigen. »Zwischen Baracken, Gängen und Mauern / blüht die Oase: ›Rumänengarten‹ / in den bunten südöstlichen Farben, / blüht als erlöster von Todesschauern / Geister die dort Freund Hein erwarten / die dort gehängt und erschossen starben. / Rote Blumen verdecken die Spuren / Der Geschosse in Wänden aufs Neue, / Lilien blühen am Galgenhügel, / sie pflegen liebevoll auf fremden Fluren / Codreanu's letzte Getreue / frei über ihnen kreist Schwalbengeflügel.«

In einem Brief vom 19. August an Martha schreibt er von eben diesem »Rumänengarten«, dass er regelmäßig in ihm zu schlummern vermag, freilich: »Für Feinfühlige ist es ein böser Rastplatz, es soll einmal ein Galgenhügel gewesen sein.«

Und wer sind nun diese Rumänen, die einem Garten im KZ diesen Namen gaben? Roma, die man damals »Zigeuner« geheißen hat? Mitnichten. Die wurden den Vernichtungslagern ausgeliefert. Unter der Skizze hat Karl Haushofer kommentarlos eine Reihe rumänischer Namen aufgelistet. Geht man deren Geschichte nach, tut sich ein rein faschistischer Hintergrund auf. Die letzten Getreuen Codreanus, die da angesprochen werden, sind sogenannte Legionärsführer der von Codreanu 1927 gegründeten »Eisernen Garde«, der faschistischen Bewegung in Rumänien. Nach innenpolitischen Zerwürfnissen gingen sie 1941 ins Exil ins nationalsozialistische Deutschland, was der NS-Führung allerdings Probleme bereitete, da sie die offizielle Regierung Antonescu als Bündnispartner brauchte. Im Januar 1943 erteilte Hitler den Befehl, dass die Legionsführer »unter scharfe Bewachung gestellt« werden müssten, was bedeutete, dass sie als »Ehrenhäftlinge« im KZ Dachau untergebracht wurden. Codreanu war schon 1938 in Rumänien ermordet worden. Unter den anderen namentlich von Haushofer Genannten befindet sich auch Viorel Trifa. Sein Weg ist insofern besonders bemerkenswert, als er nach der Befreiung Professor für Alte Geschichte an einer katholischen Hochschule in Rom wurde. Fünf Jahre später wanderte er in die USA aus und wurde schließlich Erzbischof der Rumänisch-Orthodoxen Diözese Detroit. Auf Vorschlag des damaligen Vizepräsidenten Richard Nixon sprach er 1955 das Eröffnungs-

Gang im Lagergefängnis Dachau, aktuelles Foto

gebet vor dem US-Senat – ein Hauptverantwortlicher der Hetze gegen die Juden, die Tausende von Juden 1941 im Gefolge der Pogrome in Bukarest das Leben kostete.

Am 15. August schreibt Haushofer Martha, dass sie ihn vor Sendungen wie einer »schimmeligen Schachtel« verschonen soll, die sie ihm in aller Liebe in die »Zuchthauszelle« geschickt hat, mit Rasierzeug und anderen Hygieneartikeln. Davon hat er genug! »Jetzt steht sie auf dem ohnehin einzigen Tisch herum und ärgert mich und geniert mich.«[219] Der KZ-Häftling Haushofer berichtet: »Hier werden wir rasiert. Taschenkamm, und die nötigsten Zuchthausgegenstände habe ich in der Lagerkantine kaufen lassen können.«[220] Gewiss, Karl Haushofer hat aus dem Lagergefängnis heraus, das hinter dem Wirtschaftsgebäude im KZ gelegen ist, keinen unmittelbaren Blick auf das Lager mit all seinen Baracken und den schrecklichen Geschehnissen, die dort passieren. Das Wirtschaftsgebäude ist hoch und breit genug, um genau diesen Blick zu verwehren. Aber in dem Zwischenraum zwischen Lagergefängnis und Wirtschaftsgebäude finden immer wieder Erschießungen statt, unüberhörbar. In dem seinem Trakt gegenüberliegenden Teil des Lagergefängnisses befinden sich die berüchtigten Stehzellen, in denen Häftlinge tagelang stehend bei Schlafentzug gefoltert werden. Auch ihre Schreie werden, trotz der Dämmung, welche die SS angebracht hat, nicht immer zu überhören gewesen sein. Wenn auch der direkte Blick auf den Schornstein des nahen Krematoriums nicht möglich war: Der gewaltige Ausstoß von Rauch und Geruch von verbranntem Menschenfleisch kann von niemandem unbemerkt bleiben. »Der Gestank alleine, wenn Menschen verbrannt werden, das riecht man Jahre. Jahre hat man den in der Nase drin«, schreibt der KZ-Häftling Hugo Höllenreiner: »Den vergesse ich nie.«[221] Nichts zu bemerken, was in dieser Ausgeburt der Hölle passiert, ist also nicht möglich. Doch der Herr General »lässt kaufen«, nach wie vor, und beklagt sich. Zum Beispiel über den »Kultur-Kollaps« des »Volkes der Dichter und Denker«, das sich »selbst in die Luft« sprengt (Brief an Martha am 14./15. August 1944). Ungebrochen spricht er auch von den »Zerstörern Europas«[222], samt und sonders von Deutschland aus grundlos angegriffenen Nationen. Oder als Selbstklage über den Raub der Selbstachtung, der ihm widerfährt, und das an einem Menschen »mit 60 ehrenvollen Dienstjahren, davon 25 im verzehrenden Dienst des Wiederaufbaus der nationalen Bewegung«[223] (Brief an Martha, begonnen am 15. August 1944). Dann wieder entsinnt er sich ihrer Liebe: »Schwer bedrückt grüßt den einzigen Menschen, der ihn braucht Dein K. H.«[224] »Vergeblich« »verzehrt« er sich nach ihr, »dem einzigen Menschen, der mich wirklich lieb hat«[225].

Am 19. August schreibt er seiner »Herzenslieb« nach Partenkirchen, dass man »in kleinen Dingen des Lebens« durchaus »sehr nett« mit ihm sei. »Aber auf die grossen z. B. Freiheit und Selbstbestimmung hat das ›Lager‹ keinen Einfluss.« Langfristig befürchtet er, dass er »hier einfach vergessen werde«. Er versucht, diese Befürchtung ins Größere zu heben: »Das ist gewiss mehr eine Schande für Volk und Reich, als für mich – aber treffen tuts zunächst Dich und mich.«

Martha darf ihn besuchen, am 27. August , anlässlich seines 75. Geburtstages. Sie schreibt in ihr Tagebuch: »Karl in leidlich wohnlichem Raum 5 Stunden lang bis 4 ungestört allein gehabt. Aussehen wohl gealtert und schlecht, aber nicht ganz so arg wie befürchtet. Versucht ihn aufzurichten. Um 4 schwerer Abschied.«[226] Auch Martha Haushofer wird von dem »eigentlichen Lager«, also der langen Reihe von Baracken für die Häftlinge und dem Appellplatz, nichts gesehen haben. Freilich muss auch der lange Gang durch die Zellen im Lagergefängnis für sie düster und bedrückend gewesen sein. Fahles Licht nur und winzige vergitterte Fenster in den Zellentüren. Georg Elser, der am 8. November 1939 im Münchner Bürgerbräukeller mit einem Sprengstoffattentat versucht hatte, Hitler zu töten, ist am Anfang dieses Ganges eingesperrt. Ihm sind drei Zellen zugeteilt. Die Nationalsozialisten heben sich ihn für einen Schauprozess nach dem von ihnen erwarteten Sieg auf. Sind sich Haushofer und Elser je in diesem Gang begegnet? Dafür findet sich kein Beleg. Karl Haushofer vermerkt für sich die Zellen Nummer 20 und 17. Am 31. August wird Karl Haushofer entlassen. Am 7. September wird Heinz Haushofer in das Moabiter Gefängnis eingeliefert, am 7. Dezember Albrecht Haushofer von der estapo aufgespürt.

Im *Lebensbuch* Karl Haushofers finden sich weitere Einträge über Dachau. Ein Aquarell zeigt ein aus grobem Gestein gefügtes Portal, das im Durchblick München erscheinen lässt mit Sicht auf Schloss und Kirche von Dachau, wenn es denn das sein soll – folgt doch topographisch in der falschen Richtung die Kette der Alpen. Allein, es geht um Symbolisches: um nichts weniger als um den Eintritt in Dantes Hölle. Auf den Steinen sind Verse aus der *Göttlichen Komödie* zu lesen, im Sockel die Einträge »München 28.VII.44« und »Dachau 29.VIII.44«. Soll es ironisch gemeint sein, wenn von der »höchsten Läuterung« die Rede ist und: »Volks-, Vater-Lands und Führer Dank«? Für den 28. Juli beschreibt er auf einem eigenen Blatt im *Lebensbuch*: »Letzter Einzug im Wittelsbacher Palais«: »Einst Königs-Gast, an Fürstentafeln sitzend, / von

Waffen, Orden und Geschmeide blitzend –/ im gleichen Burgbann muss ich Fesseln tragen […] dem Sturz in einen Höllenkessel zu«[227] sieht er sich treiben.

Im Judenhaus, in dem das Ehepaar Klemperer untergebracht ist, kann man sich längere Zeit kein Bild vom Ausgang des Attentats machen, bis sie in einer Zeitung finden, wie Hitler sich äußert: Eine »kleine Clique dummer Offiziere« habe ihn beseitigen wollen, aber ihn habe einmal mehr »die Vorsehung«[228] bewahrt. Ein Bekannter von Klemperers riskiert einen Witz: »Ganz Deutschland stehe trauernd an Hitlers leerer Bahre.«[229] Victor Klemperer gibt den Gedanken endgültig auf, die Koffer zu packen. »Wenn sie uns jetzt holen, geht es nicht nach Theresienstadt, sondern an die Wand oder an den Galgen.«[230] Eisern bleibt Klemperer seinem Vorsatz treu: »Ich will bis zum letzten Augenblick weiter beobachten, notieren, studieren. Angst hilft nichts.«[231]

Das Ehepaar Klemperer muss auch noch durch den Dresdner Feuersturm vom 13. und 14. Februar 1945 hindurch, ihnen bleibt nichts erspart. Über viele Seiten erstreckt sich die Beschreibung Victor Klemperers, es ist ein grausiges Inferno auf Erden. Bei der Lektüre wird einem übel. Im April macht sich das Ehepaar überwiegend zu Fuß auf den Weg nach München. Gegen Ende April erlauben sie sich langsam das Gefühl des Gerettetseins. An der noch über siebzig Jahre nach Kriegsende von Kugeln zersiebten Fassade am Haus der wirtschaftswissenschaftlichen Fakultät der Humboldt-Universität, Berlin, Dorotheenstraße 1, wird seiner gedacht als Literaturwissenschaftler und Schriftsteller, der Bombenkrieg und Holocaust überlebt hat. Noch einmal wird er auf der Tafel zitiert: »Ich will Zeugnis ablegen bis zum letzten.«

Das Ende des Krieges erlebt und überlebt Erich Kästner auf derart absurde Weise, dass kein Drehbuch auf solche Dramaturgie käme. Aus dem schon weitgehend zerbombten Berlin kommt er im März 1945 in Mayrhofen im Zillertal unter. Er ist Mitglied eines Filmteams der Ufa, einer Gruppe von 60 Schauspielern und Filmleuten, die unter dem Vorwand, einen Film über den Endsieg zu produzieren, sich im halbwegs sicheren Mayrhofen einquartiert haben. Titel des fiktiven Films: *Das verlorene Gesicht.* Da sie überhaupt kein Material haben, drehen sie ohne Filmrollen, tun aber so, als spielten sie nicht nur, sondern nähmen all die Szenen auch auf. Selbst in Tirol bekommt er noch Vorgänge aus Deutschland mit, etwa die Befreiung des KZ Buchenwald am 11. April 1945, das auf Geheiß des amerikanischen Kommandanten am 16. April etwa 1000 Weimarer Bürger besichtigen müssen. Kästner notiert, dass »wohl viele der Geführten ohnmächtig geworden sind, als sie die halb verhungerten Insassen, die Verbrennungsöfen, Skelette usw. vorgeführt bekamen«[232]. Ende April schwirren fast nur noch Gerüchte durch das Tiroler Tal, nur eines ist klar: einen Hitler gibt es nicht mehr. Leni Riefenstahl und Marika Rökk suchen Zuflucht in Mayrhofen, Marika Rökk bangt, »ob sie ein großer Star bleibt«[233]. Sehr belustigt Kästner, wie all die ortsansässigen Männer »den schmutzigen Fleck unter der Nase wegschaben«[234]. Die Uniformen werden durch grüne Aufschläge, Hirschhornknöpfe etc. tirolerisiert.

Erleichtert notiert er die verschiedenen Kapitulationsunterzeichnungen der deutschen Generalität (Alfred Jodl, Wilhelm Keitel), zeigt aber gleichzeitig unverhohlen seine Abneigung gegen Phrasen, »auch wenn sie von Nichtfaschisten gesprochen werden und übers Meer erklingen«[235]. Um dann richtig vom Leder zu ziehen: »Da haben nun die drei größten Mächte der Erde fast sechs Jahre gebraucht, um die Nazis zu besiegen, und nun werfen sie der deutschen Bevölkerung, die antinazistisch war, vor, sie habe die Nazis geduldet! Deutschland ist das am längsten von den Nazis besetzte und unterdrückte Land gewesen, – nur so kann man die Situation einigermaßen richtig sehen. Sie sollen nur statistisch feststellen, wie viele Deutsche von den Nazis zugrunde gerichtet worden sind! Dann werden sie merken, was los war!«[236] Von Stalin schreibt er, dass er es besser weiß, »welche Möglichkeiten das Volk hat, sich in einer Diktatur zu wehren. Er weiß, dass es keine Möglichkeiten hat«[237]. Gleichzeitig reportiert er gnadenlos am 24. Mai 1945, dass all die verhafteten Nazi-Granden nichts zu lachen haben werden.

Am 3. Mai 1945 tauchen zum ersten Mal amerikanische Offiziere auf dem Hartschimmelhof auf, um von Karl Haushofer Auskünfte über seine Geopolitik zu erhalten. Am darauffolgenden Tag kommt eine zweite Gruppe und befragt ihn nach seiner Haltung zum Nationalsozialismus und seinen Erlebnissen seit 1945. Am 6. Mai dringt ein Trupp französischer Soldaten in den Hof ein und plündert das Haus. Am 30. Mai wird Karl Haushofer von Amerikanern verhaftet, jedoch bereits am 1. Juni wieder entlassen. Er muss aber zu weiteren Verhören in der Zeit zwischen 14. und 18. Juni nach Freising.

Am 6. Juli kommt Heinz Haushofer nach zehntägigem Fußmarsch aus Berlin zum Hartschimmel und überbringt den Eltern die Todesnachricht von seinem Bruder Albrecht.

KEIN FRIEDEN NACH DEM KRIEG

Dass auch Menschen mit militärischem Hintergrund nicht zwingend rückwärts schauen müssen, zeigt Ernst Jünger, hochdekorierter Kämpfer im Ersten Weltkrieg. Zwischen 1941 und 1943 verfasst er als Reserveoffizier im Pariser Hauptquartier des Oberbefehlshabers der deutschen Wehrmacht für Frankreich eine Friedensschrift mit dem Titel *Der Friede*. Im Sommer 1944 bringt er dem Verleger Benno Ziegler das Manuskript, damit es »im Augenblick einer damals erwarteten politischen Krise in einer Massenauflage in Deutschland und in allen von der deutschen Wehrmacht besetzten europäischen Ländern verbreitet wird. Die Schrift war als Bekenntnis und Aufruf an die Völker Europas, vor allem an seine Jugend gedacht«[238], so das Vorwort von Alfred Toepfer in der Neuauflage von *Der Friede* zum 90. Geburtstag Ernst Jüngers. »Die wesentliche Aufgabe wurde in der völligen Überwindung von Nationalismus und

Rassendünkel, das große politische Ziel in einem einheitlichen Europa nach dem Beispiel der USA oder der Schweiz gesehen, einem Europa, das von den Ideen menschlicher Freiheit, Toleranz und allgemeiner, vor allem auch sozialer Gerechtigkeit beherrscht sein sollte. In diesem Europa war den einzelnen Völkern bzw. Volksteilen die völlige kulturelle Autonomie zugedacht.«[239]

Ernst Jünger war es ein wichtiges Anliegen, dass diese Schrift vor allem in die Hände von Wehrmachtsangehörigen gerät, um eine entsprechende Wirkung zu erzielen. Die erwartete Krise trat nicht ein, eine Massenauflage erübrigte sich, das Manuskript wurde auch nach dem Krieg in hektographierter Form nur wenigen Menschen bekannt. Dennoch bleibt es ein Dokument des Gedankenguts militärischer Widerstandskreise im Deutschen Reich, das zeigt, dass die NS-Gleichschaltungspolitik nicht in allen Köpfen Raum gewinnen konnte.

Das 1939 erschienene Buch *Auf den Marmorklippen* von Ernst Jünger, in dem Hitler als »Kniébolo« bezeichnet wird, ist von manchen im Krieg als verkapptes Widerstandsbuch gelesen worden – eine Deutung, die Ernst Jünger selbst allerdings ablehnt.

Ernst Jünger spricht dem Liberalismus als künftig gestaltende Staatsform das Wort, glaubt aber, dass dieser allein nicht ausreichend sei. Es bedürfe schon auch noch der Kraft der allerdings dann reformierten Amtskirchen. Der Mensch will auch glauben können, so Jüngers Credo für eine zukünftige Gesellschaft nach dem Krieg.

Nicht in die Zukunft gewandt, doch als Versuch, sich über die eigene Verstrickung im »Dritten Reich« Rechenschaft abzulegen und davon Zeugnis zu geben, darf Hans Carossas in den Jahren zwischen 1944 und 1950 verfasster autobiographischer »Lebensbericht« mit dem Titel *Ungleiche Welten* gelten. Seit 1941 war Carossa Präsident der von Goebbels initiierten »Europäischen Schriftstellervereinigung«.

Beide Perspektiven, die in die Vergangenheit und die in die Zukunft, tun Not in solcher Zeit. Karl Haushofer war zu beidem nicht imstande – oder nicht willens, auch nicht in dem von ihm ein Leben lang gepflegten *Lebensbuch*. Für Ernst Jünger bedeutete das Tagebuch selbst im totalen Staat eine der letzten Gesprächsmöglichkeiten. Alles andere als unumstritten blieb und bleibt auch Ernst Jünger nicht: Demokratiefeindliche Äußerungen von ihm gibt es zuhauf, vor allem aus der Zeit der Weimarer Republik, in der er in nationalistisch-völkischen und nationalrevolutionären Publikationen seine Artikel veröffentlichte. Ab 1933 erfolgt eine Distanzierung vom Nationalsozialismus, die immer stärker wird – bis er im besetzten Paris Kontakte zur Résistance pflegt.

In seinen Büchern wahrt Hans Carossa inhaltlich eine Distanz zum Nationalsozialismus durchgehend, allerdings vervielfachen sich die Auflagen seiner Bücher in dieser Zeit. Nach dem Krieg muss er es sich gefallen lassen, von dem Schriftsteller Hermann Kesten (1900–1996) als »Lump in der Literatur« bezeichnet zu werden. »Sein Leben lang schrieb er Goethe nach, setzte sich unter die Mörder und nahm Geld von ihnen. Streicht den Halunken aus der deutschen Literatur!«[240]

Bestürzend bleibt es, mit welcher Gehässigkeit, nachdem der gemeinsame Grundfeind, der Weltzerstörer, der sich als »Führer« ausgab, endlich zwar nicht aus dieser Welt, aber aus Deutschland zumindest als leibhaftiger Verführer endlich entschwunden war, seine Gegenspieler aus unterschiedlichsten Lagern nach seinem Tod übereinander herfallen. Es macht sehr nachdenklich. Wer ist im Besitz der Wahrheit? So viele, die sie für sich in Anspruch nehmen, dass man nicht mehr glauben kann, dass es e i n e Wahrheit geben kann – falls man je an eine solche glauben mochte. Wie soll man da noch an so etwas wie Frieden glauben wollen?

Carossa kommt zu diesem vorläufigen Schluss: »[E]s geschehen immer wieder Dinge, und wir hören immer wieder Reden, die uns mahnen, den geistigen Gesundheitszustand der Mitlebenden, natürlich auch unseren eigenen, zu prüfen; denn wer über das Treiben anderer den Stab bräche, bewiese dadurch noch keineswegs, dass er selbst hoch darüber steht.«[241]

Carossa ist sich vollkommen bewusst, was die Annahme der von Goebbels angetragenen Präsidentschaft für ihn bedeutet, »welch breite Angriffsflächen es einer vom Hasse lebenden Mitwelt nach dem Kriege bieten würde. Aber wie in so vielen schwierigen Lagen des Lebens durfte ich mir auch diesmal zum Troste sagen, dass mein Verhalten einzig mir selber schadete […]«[242] Carossa gibt sich keiner Illusion hin, wie die Siegermächte mit den Deutschen umgehen werden, weil sie aus der Erfahrung im Umgang mit der Niederlage im Ersten Weltkrieg gelernt haben, dass an eine »echte Umprägung«[243] kaum zu glauben sein dürfte. Den »Gerichtstag«, den die Deutschen zu halten hatten, hielten sie »nicht über das eigene Ich […] sondern über irgendeinen anderen«[244]. Als Grundgefühl aller Überlebenden gilt: »Wir sind noch einmal davon gekommen.«[245]

Der 23-jährige schwedische Journalist Stig Dagerman (1923–1954) schaut sich mit unvoreingenommenem Blick 1946 das zerstörte Deutschland an – und vor allem die Menschen, die in Kellern zerschossener Gebäude um ihr Überleben kämpfen. Anders als etwa Erika Mann, die sich inhaltlich immer wieder über das selbstmitleidige Wesen und die Wehleidigkeit der Deutschen überhaupt mokiert, überkommt ihn ein schlechtes Gewissen, weil er seine Recherchegänge aus komfortablen Hotels heraus beginnt, gut genährt. Die Not der Deutschen geht ihm sehr zu Herzen, seine Einsichten leben stark vom Gefühl: »Lebt man auf der Schwelle zum Hunger, kämpft man in erster Linie nicht für eine Demokratie, sondern darum, sich möglichst weit von dieser Schwelle zu entfernen.«[246] So jung er ist, so sehr weiß er doch, dass »selbstverschuldetes Leiden genauso schwer zu ertragen ist wie unverschuldetes«[247]. Auch erinnert Dagerman an »eine große Gruppe ehrlicher Antifaschisten, die enttäuschter, heimatloser und besiegter sind als die nationalsozialistischen Mitläufer es jemals sein werden, enttäuscht weil die Befreiung nicht so radikal ausfiel, wie sie es sich vorgestellt hatten, heimatloser, weil sie sich weder mit der deutschen Unzufriedenheit solidarisieren wollen, in deren Zutaten sie zu viel versteckten Nationalsozialismus zu erkennen meinen, noch mit der alliierten Politik, deren Nachsicht früheren Nazis gegenüber sie mit Bestürzung beobachten, und schließlich besiegt, weil sie bezweifeln, dass sie als Deutsche irgendeinen Anteil am alliierten Endsieg haben können, und weil sie gleichzeitig nicht so überzeugt davon sind, dass sie als Gegner der Nazis keinen Anteil an der deutschen Niederlage haben«[248]. In dieses Bündel von Möglichkeiten oder besser Unmöglichkeiten im Nachkriegsdeutschland lassen sich viele Lebensläufe einordnen – diejenigen eines Karl Haushofer, Ernst Jünger oder Hans Carossa jeweils nicht. Jünger und Carossa ringen sich zu einer Reflexion durch, immerhin. Von den Hungernden freilich, so Stig Dagerman, kann man das nicht erwarten. Er kritisiert einen Journalisten-Kollegen, der das Bekenntnis einer hungrigen Familie, »dass es ihr unter Hitler besser gegangen sei«, verallgemeinert, »dass das deutsche Volk immer noch nationalsozialistisch infiziert ist«[249]. Der namentlich nicht genannte Journalist fordert, dass diese Menschen in den Ruinen einsehen sollen, »dass Hitlers Politik und ihr eigenes Mitwirken an deren Durchführung sie ins Verderben, also in diesen wassergefüllten Keller gestürzt haben«[250]. Dagerman hält Hunger für einen »ausgesprochen schlechten Pädagogen«: »Wer wirklich hungert, klagt wegen seines Hungers nicht sich selbst an, sondern die, von denen er glaubt, Hilfe erwarten zu können.«[251]

Auch Sebastian Haffner scheint zunächst milde gestimmt, was die nach 1945 schwer geschlagenen, hungernden Menschen in Deutschland betrifft. Er wollte ihnen nicht auch noch Standpauken halten. Allerdings: »Später war man taktvoll und ließ Vergangenes gern vergangen sein. Aber jetzt zeigt sich, dass man vielleicht zu taktvoll gewesen ist und dass das Vergangene nicht so vergangen ist, wie man dachte.«[252]

Wie die kleine Auswahl exemplarisch ausgewählter Zeitzeugen zeigt, gibt es zwar die Möglichkeit für die Späteren, sich gedanklich die Schuhe derjenigen anzuziehen, die damals durch eine Zeit zu gehen hatten, die grauenvoller nicht sein kann. Nachzugehen, nachzufühlen, nachzudenken, mit der eigenen Meinung nicht hinter dem Berg zu halten – jedoch nach Möglichkeit ohne zu richten: Auch das kann man versuchen und auch, nicht die eigene Geschichte der Jetztzeit zum Maßstab erheben. Aber man braucht deshalb nicht mit der eigenen Sichtweise hinter dem Berg zu halten. Sonst wäre kein Fortschritt möglich. Man sollte nur auch den eigenen Standpunkt als einen geschichtlich gewordenen verstehen, und damit auch in seiner Relativität, Vorläufigkeit – und nicht mit einer Wahrheit verwechseln, die es nicht gibt.

ERIKA MANN BEI KARL HAUSHOFER

Vor dem Beginn der Nürnberger Prozesse wurden zwischen Mai und September 1945 fast alle bis dahin gefangenen deutschen führenden Nationalsozialisten im Hotel Palace in Mondorf-les-Bains, einem Badehotel in Luxemburg, festgehalten – »die großen Zweiundfünfzig«[253]. Gespenstische Szenen erlebt Erika Mann bei ihrem Besuch. »Als ich sie besuchte, las der Schlächter von Polen dem Ex-Champagnerhändler aus der Bibel vor.«[254] Dahinter verbergen sich Hans Frank, der sehr katholisch geworden war, und Ribbentrop, der ursprünglich Angestellter der Firma Henkell war. Johann Ludwig Graf Schwerin von Krosigk hält einen Vortrag über Shakespeare – und alle üben für ihren großen Auftritt in Nürnberg.

Auch Karl Haushofer stattet sie einen Besuch ab, weil sie es nicht glauben kann, dass das »Gehirn des Führers« sich »auf freiem Fuß befand«[255] und dass die »geistige Kraft hinter dem Nazithron« für »unschuldig erklärt worden war«[256]. In einem kleinen »Konvoi« bestehend aus zwei Jeeps lässt sich Erika Mann zum Hartschimmelhof chauffieren. Sie erinnert sich und ihre Leser daran, dass sie die Haushofers seit frühester Kindheit kennt: »Sie waren oft im Haus meiner Großeltern [Alfred und Hedwig Pringsheim] zu Besuch gewesen, wo sich in den phantastischen Tagen vor dem Ersten Weltkrieg Mitglieder des kaiserlichen Hauses mit revolutionären Künstlern trafen, wo sich Antisemiten mit jüdischen Wissenschaftlern unterhielten und Generäle mit pazifistischen Ideen konfrontiert wurden.«[257] Haushofer gilt nach Erika Manns Erinnerung »keineswegs als brillant«.

Für die Zeit nach dem Ersten Weltkrieg beschreibt sie ihn als einen Mann, der »die deutsche Demokratie« hasste, »dieses Kind einer Niederlage und der nationalen Schande«[258]. Das ist so weit richtig. Dass sich Haushofer und Hitler, nachdem sie Heß miteinander bekannt gemacht hatte, »sofort gegenseitig mochten«[259], ist nicht richtig. Zu ihrem Erstaunen freut sich Karl Haushofer, »dass die Enkelin seiner lieben verstorbenen Freunde zu Besuch gekommen war«[260]. Erika Mann berichtet, dass sie kaum Fragen zu stellen brauchte: »Sie redeten und redeten rasch, die Sätze des anderen zu Ende bringend, und offensichtlich überzeugt, dass sie mit einem Menschen sprachen, der Verständnis für sie hatte.«[261] Über Hitler sagt er: »Wer hätte vorausahnen können, dass er so kriminell unvernünftig werden würde?« Hierauf erzählt er die Entwicklung von Heß, den er »Rudl« nennt. Seiner »häufigen Depressionen und gelegentlichen Selbstmorddrohungen«[262] wegen schickt ihn Haushofer zum Psychiater, »der dem Patienten mentale Unausgeglichenheit, nervöse Zustände und leichten Infantilismus attestierte«[263]. Von seinen Plänen, einen Frieden mit England einzufädeln, wusste man im Hause Haushofer, aber nicht von seinem Plan, nach Schottland zu fliegen.

Im Folgenden wird Karl Haushofers Erzählung, was den Tod Albrechts betrifft, reichlich verworren, doch stellt Erika Mann das Geschehene richtig dar, insoweit sie wusste, was passiert war. Dass »in seiner ausgestreckten Hand« eine »Anzahl eng beschriebener Seiten« gefunden wurde, ist dann wieder eine Phantasieblüte. Die *Moabiter Sonette* wurden in seiner Jackentasche gefunden.

Erika Mann verabschiedet sich von dem Paar, weil ihr Fahrer zurückmüsse. Sein Jeep ist in der Zwischenzeit voller Kinder, denen er sein »Bilderbuch« zeigt. Frau Haushofer freut sich: Die Kinder seien ihre Enkel und sähen sich gerne Bilderbücher an. Bei näherem Hinsehen entpuppt sich das Bilderbuch als »eine höchst erschreckend illustrierte Geschichte des Konzentrationslagers Dachau«[264]. Die Reaktion des Ehepaars Haushofer: »Die beiden Alten prallten vor dem Anblick zurück, aber keiner von ihnen gab einen Laut von sich.«[265]

Der Besuch auf dem Hartschimmelhof hatte am 16. September 1945 stattgefunden. Ein paar Monate später erfährt Erika Mann von dem Freitod der beiden. Über deren Beweggründe kann sie nur spekulieren. Sie fragt sich, ob sie ihrer Lügen müde geworden waren. Eine andere Möglichkeit erblickt sie, dass sie mit dieser Tat zugelassen hatten, »dass sich der Nebel langsam lichtete«. Und sie schließt ihre Reportage: »Aus mir selbst unerfindlichen Gründen hoffte ich stark, dass es so war.«[266]

Erika Mann auf dem Hartschimmelhof: was für eine wunderliche Vorstellung! Auf dem Hof, auf dem Albrecht Haushofer gehofft hatte, eine der Geliebten von Erika Mann, Annemarie Schwarzenbach, als Frau zu sehen, als seine Frau. Ein Kreis, der sich nicht schließen wollte. Über diese Schwelle konnte keiner der Beteiligten treten. Beide sind tot, Annemarie Schwarzenbach seit drei Jahren, Albrecht seit einem knappen halben Jahr. Erika Mann kommt als Angehörige der amerikanischen Militärregierung, Thomas Mann hat wenig von Karl Haushofer gehalten, doch als ihm seine Tochter am 2. August 1946 im Familienkreis den Bericht vorliest, ist er tief betrübt: »Abends las Erika aus ihrem Buch das eindrucksvolle Kapitel über Haushofer. Welche Verwirrung, welches Elend!«[267]

DER FREITOD DES KARL HAUSHOFER

Vom Hunger ist nicht die Rede auf dem Hartschimmelhof. Die Hungernden nach dem Krieg in den Städten brauchen sich nicht umzubringen. Dafür sorgt bei vielen der Tod selbst, ganz von alleine, ungefragt. Und doch verdüstert sich Karl Haushofers Gemüt mehr und mehr. Man wird der Frage nachgehen müssen, welches Bild sich für ihn 1945 nach dem Zweiten Weltkrieg ergibt.

Deutschland ist kleiner denn je seit der Reichsgründung 1871. Anstelle einer Erweiterung des Raumes in den Osten, wie es den Vorstellungen der Geopolitik entsprach, hat sich der Osten erweitert – auf deutschem Boden. Und dieser deutsche Boden ist verwüstet, in den Städten, auf dem Land. Der zweite Krieg im Leben Karl Haushofers geht ebenfalls verloren, auch das ein Weltkrieg. Zum zweiten Mal haben sich seine Träume in Alpträume verkehrt.

In einem leider nicht datierten, aber nach dem Krieg verfassten, maschinenschriftlichen Resümee lässt er sein Leben Revue passieren. Er beginnt mit der schwermütigen Klage des Parzival: »Weh! Was ist Gott? / Er hätte wahrlich solchen Spott / abgewehrt von unserem Haupt, / wär er so mächtig, wie man glaubt. / Ich mit Dienst ihm untertan / auf Gnade hoffend. Ach, im Wahn!«[268] Solcher Denkansatz lässt auf wenig Einsicht und Reflexion hoffen. Karl Haushofer ruft lieber Schicksalsmächte an, die ihn aber im Stich gelassen hätten. Er bleibt bei seinem Muster, dass nie er selbst Schuld auf sich geladen habe, sondern nur immer die anderen; da wird nicht einmal Gott ausgenommen. Er beginnt mit der Wiederbegegnung mit Rudolf Heß in Nürnberg, das letzte Treffen in einer »siebenundzwanzig Jahre« währenden Freundschaft. Diese habe für seine Familie und ihn eine »verhängnisvolle Hass-Liebe-Beziehung zur NSDAP« gebracht. Das wäre immerhin eine leise Einsicht, doch wird sie nicht intensiviert oder weiter verfolgt. Im Folgenden wird nur aufgelistet, welche Auswirkungen diese Beziehung hatte: die Ermordung des Sohnes, für die ganze Familie »drei Jahre Gefängnis oder Einbannung« und »lange Schwierigkeiten mit den Allied Nations« – und als Höhepunkt all dieser misslichen Folgen: er selbst und seine »Geopolitik in einem falschen Licht in der Weltgeschichte«.

Der Hitler-Putsch vom 9. November 1923 enthüllt ihm nichts anderes als »auf wie brüchiger Unterlage das ruhte, was man in Deutschland unter öffentlicher Ordnung verstand«. Kein Wort darüber, dass ein Putsch staatsrechtlich den Tatbestand des Hochverrats erfüllt. Ohne Umschweife räumt er ein, dass seine Familie Rudolf Heß hierauf bei sich versteckt. Martha Haushofer erteilt ihm Englisch-Unterricht. Auch dass er seinem Schüler Bücher nach Landsberg gebracht hat, verbirgt er nicht. Ebenfalls nicht, dass er ihm nach der Haftentlassung eine Stelle als Assistent bei der praktischen Abteilung der Deutschen Akademie verschafft. Noch im September 1933 bringt er ihm eine Art von Heldenverehrung entgegen.

Schließlich hält er auch nach 1945 quasi retrospektiv seine schützende Hand über ihn, indem er ihm »eine ritterliche, idealistische und vornehme Natur« attestiert, die aber von Hitler »zu sehr viel grober Propagandaarbeit benutzt« wurde. Auch wieder kein Wort, dass Heß maßgeblich an der Formulierung der »Nürnberger Gesetze« beteiligt war, dass er der Leiter des »Rassenpolitischen Amtes der NSDAP« war, für Zwangssterilisationen eintrat und letztlich die Ursache für den Zweiten Weltkrieg einzig und allein im »jüdischen Bolschewismus« fand, um nur einige der Taten von Rudolf Heß im Nationalsozialismus anzudeuten. »Ritterlich, idealistisch und vornehm«? Für die Planung eines Angriffskrieges und Verschwörung gegen den Weltfrieden lautete das Urteil in Nürnberg auf lebenslange Haft.

Sich selbst muss Karl Haushofer bedauern, dass es »furchtbar schwer« war, »unter solchen Verhältnissen einen mittleren Weg einzuhalten, den man vor sich selbst und dem eignen seelischen Gleichgewicht vor allem vor den Augen einer im Urteil unbeirrbaren Frau zu rechtfertigen vermochte«. Offenkundig ist auch für ihn die Lage unübersichtlich geworden: »Konservativste Kräfte verbanden sich mit turbulenten Ultrarevolutionären« – was allerdings von allem Anfang an der Fall war.

Einmal mehr wird dann den »Genfer Mächten« die Schuld zugeschoben, die ja nur einen Stresemann oder einen seiner Nachfolger »auch nur mit einem Zehntel der Zugeständnisse, die sie später Hitler machten«, mit »einem Hoffnungssilberstreif heimkehren« hätten lassen brauchen: »Der Bewegung wäre der Wind aus den Segeln genommen worden.« So aber »blies jede Tagung [...] mit vollen Backen in das nationale Feuer, aus dem dann die nationalsozialistische Flamme hoch emporschlug«. An einem Feuer, an dem er auch selbst nur allzu oft saß und es schürte.

Sehr wahrscheinlich, dass Karl Haushofer die Welt nicht mehr versteht, und sich selbst auch nicht. Im nationalsozialistischen KZ gesessen und eingesperrt von den Amerikanern nach dem Krieg. Zum Kriegsverbrecher-Prozess nach Nürnberg geladen, wo Heß ihn nicht mehr erkennt oder erkennen will.

Am 9. Oktober 1945 also wird Karl Haushofer nach Nürnberg einbestellt: »Interrogation of RUDOLF HESS, taken at Nuremberg, Germany, on 9 October 1945 [...] by Col John H. Amen. Also present: Hermann Goering, Dr. Karl Houshofer [sic!] , Fritz von Papen [sic!], Ernst Bohle (for the purpose of identification)« sowie weitere Personen als Übersetzer und Reporter. Nach vier Jahren sieht Karl Haushofer Rudolf Heß wieder, vier Jahre nach dessen England-Flug. Zunächst befragt Amen Heß nach der Identität seines Gegenübers Göring. Göring ist einigermaßen fassungslos, dass Heß ihn nicht wiedererkennen will, ihn vielmehr mit der Gegenfrage konfrontiert: »Who are you?« Sie wären doch so viele Jahre zusammen gewesen. Heß entschuldigt sich: »I have lost my memory for some time, specially now before the trial. It is horrible, and the doctor tells me that it is going to come back.« Am 30. November wird Heß selbst vor dem Internationalen Gerichtshof seinen »Gedächtnisverlust« als »Vortäuschen« und »taktischer Art« bezeichnen.

Am 9. Oktober aber sieht sich Colonel Amen bei Heß noch den gleichen Problemen gegenübergestellt, mit denen sich die Ankläger im Nürnberger Prozess herumzuschlagen haben: Ist Heß tatsächlich psychisch krank und von Gedächtnisverlust betroffen – oder tut er nur so? Auch Ernst Bohle, Staatssekretär im Auswärtigen Amt unter Ribbentrop, Übersetzer eines Briefes von Heß an den Duke of Hamilton, scheitert am Verhalten von Heß: »I don't remember that. I don't have the least recollection of that.« Bohle findet das »flabbergasting«, also »verblüffend«. Karl Haushofer versucht, eine Brücke zu bauen mit der Überlegung, dass Hamilton sich zu diesem Zeitpunkt vielleicht noch gar nicht so nannte, sondern zum Beispiel zum Zeitpunkt der Olympischen Spiele in Berlin, zu denen er als junger Himalaya-Flieger eingeladen war, noch Clydesdale hieß. Aber auch daran hat Heß keine Erinnerung. Und auch Karl Haushofer will er nicht wiedererkennen, er kann sich nicht einmal an ihn erinnern. Was einerseits für Haushofer entlastend wirken könnte,

Interrogation of RUDOLF HESS, taken at Nuremberg, Germany, on 9 October 1945, 1430 - 1510, by Col John H. Amen, IGD, OUSCC. Also present: Hermann Goering, Dr. Karl Houshofer, Fritz von Papen, Ernst Bohle, (for the purpose of identification). Pfc Richard W. Sonnenfeldt, Interpreter; and Pvt Clair Van Vleck, Court Reporter.

(At this point DR. KARL HAUSHOFER enters the room).

COL. AMEN (To Rudolf Hess): Do you know this man?

RUDOLF HESS (To Dr. Karl Haushofer): Pardon me, but I really don't know who you are.

DR. KARL HAUSHOFER: Rudolf, don't you know me any more?

RUDOLF HESS: I don't know you.

DR. KARL HAUSHOFER: I am Haushofer.

RUDOLF HESS: Are we calling each other by our own first names?

DR. KARL HAUSHOFER: We have called each other by our first names for twenty years. I saw your family and your child, and they are well.

-5- (HESS)

Ausschnitte aus dem Protokoll der Befragung in Nürnberg

macht ihm massiv zu schaffen: Jener zum »Stellvertreter des Führers« aufgestiegene Student, der Haushofer über alles verehrte, will ihn nicht mehr erkennen. Die Welt bricht für ihn stückweise zusammen.

Mit dem Tod seines Sohnes Albrecht sieht Karl Haushofer auch sein wissenschaftliches Erbe zugrunde gerichtet. Krankheit, Alter und Ängste, seinen Besitz zu verlieren, kommen hinzu. Es gibt eine Zeichnung von ihm im *Lebensbuch*, die sehr an ein großes Gemälde seines Großvaters Max Haushofer des Älteren erinnert, mit dem Titel *Blick auf den Chiemsee von der Kampenwand*. Im Kapitel über Max Haushofer ist es beschrieben. Er muss es vor Augen gehabt haben, während er sein eigenes Bild malt. Aus dem seines Großvaters ist jede Lieblichkeit seiner früheren Bilder gewichen. Quer über die Steine lässt in seiner Zeichnung Karl ein Schriftband laufen: »SCHLUSS STRICH HEMMUNGEN VOR ABSCHLUSS DER LEBENSRECHNUNG. Im Text heißt es: »Seltsamer Zustand noch auf kurze Frist, als überständig unentbehrlich sein, dass man den eignen Schlusstrich darob vergisst.«

Gelernt zu haben scheint Karl Haushofer aus der desaströsen Niederlage der Deutschen im Zweiten Weltkrieg so wenig wie aus der im Ersten Weltkrieg. Wieder sind »andere« Schuld, in dem Fall die Alliierten. Es hätte ja nur einer »klitzekleinen Unterschrift« bedurft, um den Aufstieg Hitlers zu verhindern, wie er in seinen »Erinnerungen« schreibt – gerade so, als hätte es eine solche nie gegeben, etwa im nicht nur für die Tschechoslowakei so verhängnisvollen »Münchner Abkommen«.

Zu einem Neuanfang ist Haushofer nicht in der Lage, offenkundig ist er zu müde, zu alt, zu resigniert; er sucht ihn auch gar nicht mehr – falls er je in seinem Leben einen solchen gesucht haben sollte. Demokratische Institutionen, die sich neu und wieder bilden, um einen neuen Staat zu organisieren, haben ihn noch nie interessiert, er lehnt sie ab. »Eine LISTE VON PERSÖNLICHKEITEN«[269], die nach seiner Beobachtung »für Herstellung von Selbstverwaltung und Wiederaufbau im Zusammenwirken mit USA in Betracht bekommen«, enthält neben den Namen seiner beiden Söhne (wobei bei Albrecht ein späterer handschriftlicher Zusatz die Information enthält: »ermordet durch die Gestapo 23. April 1945 – fällt weg«) aus der NS-Zeit altbekannte Namen wie Max Dingler oder Karl Alexander von Müller. Von daher nimmt er auch Initiativen, wie sie im publizistischen Bereich entstehen, etwa *Der Ruf* oder *Die Neue Zeitung*, denen es um »reeducation« und Entnazifizierung geht, nicht zur Kenntnis.

Am 27. August 1945 wendet sich Martha Haushofer vom Hartschimmelhof aus an einen im Brief nicht genannten Justizrat, dem sie berichtet, dass ihr Mann am »22ten« im Flugzeug zu General Eisenhower nach Frankfurt gebracht worden war, was sie als günstiges Omen betrachtet, damit »sich dadurch die ganze Angelegenheit auf einer höheren Ebene weiter entwickelt«. Und eben nicht »von kleinen untergeordneten Stellen«. Da spricht die Frau eines Generals. Auch beklagt sie sich über einen Rechtsanwalt Dr. Geilenkirchen, einen ehemaligen KZ-Häftling, »der durchaus unser Berghaus haben will und dem dazu jedes Mittel recht ist«. An dieser Alm hängt das Herz aller Mitglieder der Familie. Auch sie ist ein Geschenk von Marthas Vater an sie und ihren Mann Karl. Noch drei Generationen später ist sie Ziel der Hochzeitsreise von Renate und Martin Haushofer. Zur Wehr setzen muss Martha Haushofer sich auch gegen »andere Lügen«, etwa dass ihr Mann Antisemit gewesen sei: »Wäre er das, würde er mich wohl nicht geheiratet haben!« Zum Beweis legt sie eine Liste von Namen von Juden bei, »denen er durch Verwendung bei Hess und an anderen Stellen zu helfen versucht hat«. Zuletzt beschwert sie sich über die Sperrung der Bankkonten, weil sie nicht mehr weiß, wie sie all die Rechnungen bezahlen soll.[270]

Zu einer feinen Zeichnung aus seiner Hand, die den Heiligen Berg von Andechs steil wie eine Burg in die Welt der Alpen ragen lässt, zieht Karl Haushofer dieses Resümee: »Die selige Frau, die Heimat sind geblieben / alles, was sonst Wert und Gabe schien, versank; / so mag denn Alles Andre zerstieben: / Dienst, Wehr und Wissenschaft bleibt ohne Dank – / wenn auch was sonst erdacht und geschrieben / im Brunnen der Vergessenheit ertrank! /«, so schreibt er resigniert in sein *Lebens-*

»Eine der letzten Aufnahmen von Karl und Martha Haushofer (wenn nicht die letzte ?), aufgenommen von einem Offizier der amerikanischen Besatzungsarmee im Juni 1945.«

buch, um so zu schließen: »Leidlos und ohne Reue sei vergessen, / was sonst ich angestrebt noch und besessen.«

Am 10. März 1946 scheiden Martha und Karl Haushofer gemeinsam und freiwillig aus dem Leben. Eine hinterlassene Zeichnung markiert die Stelle, an der Heinz Haushofer seine toten Eltern finden kann.

Nichts kann ihn von diesem Schritt abhalten: Kein auf dem gleichen Hof lebender Sohn, der seine erste Frau sehr früh verloren hat und seinen erschossenen Bruder vor dem Gefängnis in Moabit mitten in dem zerstörten Berlin auf dem Boden liegend findet – und nun auch die toten Eltern. Ebenso wenig fünf Enkelkinder, denen der gewaltsame Tod der Großeltern ein Trauma bereiten muss. Auch nicht, dass er seine acht Jahre jüngere Frau, die gesund ist, mit in den Tod reißt. Ein steinernes Gedenkkreuz markiert an einem kleinen Bach unweit des Familienfriedhofes die Stelle ihres Todes.

WAS BLEIBT

Sicher ungewöhnlich für einen Geopolitiker und hohen Militär setzt Karl Haushofer die bäuerliche Linie in der Familie fort, und zwar in besonderer Weise. Obgleich »Naturschutz als Rassenschutz« in die nationalsozialistische »Blut-und-Boden-Ideologie« Eingang gefunden hat, gibt es keinen Beleg, dass Karl Haushofer in diesem Sinne seine Landwirtschaft betreiben hat lassen. Von einer NS-Ideologie, wie sie Hermann Löns in der Formel »Naturschutz ist Rassenschutz« zusammengefasst hat, ist nichts zu bemerken. Jahrhundertelang wurde, wie eingangs ausgeführt, auf dem Gebiet des Hartschimmelhofes Allmende-Bewirtschaftung betrieben, wovon die Hutweiden bis heute Zeugnis ablegen.

Am 14. Juli 1944 hat der Landrat von Weilheim als untere Naturschutzbehörde auf Antrag von Karl Haushofer die »Wacholderheide« als Naturschutzgebiet und den Hauptteil der Hartschimmel-Alm als Landschaftsschutzgebiet ausgewiesen, um die Wacholder auf den Hartwiesen als letzte Reste eines früher weitverbreiteten Landschaftsbildes zu erhalten. Dass Karl Haushofer auf dieser Grundlage die Installation einer geplanten Flak-Anlage auf dem Hartschimmel verhindern kann, trägt beinahe Schwejksche Züge. Eine Flakanlage wäre gleichbedeutend mit Beschuss alliierter Bomber gewesen.

Tatsächlich wurden auf dem Hartschimmel durch Anordnung der Besitzer seit 1900 keine Wacholder mehr geschlagen. Biobauern pilgern noch heute zum Hartschimmel und nehmen sich das Modell zum Vorbild. In diesem Sinne hat auch Heinz Haushofer, gewiss alles andere als ein Blut-und-Boden-Ideologe, einen Gedenkstein für seine Eltern Martha und Karl Haushofer am oberen Rand der Moräne, auf der sogenannten Wacholderheide, setzen lassen.

Im Einzelnen wird in der Landschaftsschutzgebiets-Anordnung geboten bzw. verboten:

1. Keine Änderungen vorzunehmen, die das Landschaftsbild oder die Natur beeinträchtigen können;
2. Bäume, Gehölze und Hecken ausserhalb der regelmässigen forstwirtschaftlichen Nutzung zu beseitigen oder Heide- und Moorflächen aufzuforsten;
3. ausser den sowieso geschützten Pflanzen noch Knabenkraut-, Enzian-, Primel- und Schwertliliengewächse zu schützen;
4. Keine Grabungen irgendwelcher Art, besonders Entwässerungsgräben vorzunehmen [...][271]

Die Maßnahme trägt ihre Früchte, wie noch zu sehen ist, bis zum heutigen Tag.

Auch künstlerisch setzen Karl und Albrecht Haushofer das Werk ihrer Ahnen fort, zum Teil gemeinsam in dem *Lebensbuch*, das Karl Haushofer 1903 zur Geburt seines Sohnes angelegt hat. Illustrationen von eigener Hand begleiten die ebenfalls handschriftlichen Texte zunächst von Karl Haushofer, später von beiden. Karl Haushofer hat neun Lebensbücher selbst so betitelt. Das zehnte und das elfte hat er nicht so genannt, sie folgen aber unmittelbar im zeitlichen Anschluss. Diese sind seiner Frau Martha gewidmet. Sie reichen von 1941 bis 1944 und von 1944 bis 1946. Ein Reisetagebuch von Karl Haushofer bezieht sich auf die Zeit in Indien und in Japan. Von Martha gibt es zwei solche Bücher, die sie »Familienchronik Karl und Martha Haushofer« nennt. Sie gehen über die Jahre 1895 bis 1919 und 1920 bis 1942. Das zweite dieser Bücher hat ihr Sohn Heinz nach gefundenen Aufzeichnungen seiner Eltern fortgeschrieben. Martha Haushofer hat ein Reisetagebuch über ihre große Reise geschrieben. Eine Kindheitschronik über Albrecht hat seine Großmutter Christine Mayer-Doss über die Jahre 1903 bis 1915 geführt. Von Heinz Haushofer gibt es ebenfalls ein Lebensbuch, von seinem Vater für die Jahre 1906 bis 1926 angefangen, dann vom Sohn übernommen.

Sie sind nicht nur von dokumentarischem, sondern auch von künstlerisch hohem Wert. Ihnen allen ist gemein, dass sie weit über die Form eines Tagebuchs hinausgehen. Sie sind mit der Hand geschrieben, werden nicht vervielfältigt und bleiben insofern vollkommene Unikate. Die letzten Seiten des letzten *Lebensbuches* enthalten allerdings immer knappere Eintragungen. Wo früher der Platz einer ganzen Seite nicht für einen einzigen Tag ausgereicht hat, werden ab 1942 wesentliche Ereignisse nur noch stichpunktartig aufgelistet. Für die Niederlage von Stalingrad 1943 sind es ganze drei Zeilen.

Den Schlusspunkt muss Heinz Haushofer im Jahre 1946 setzen: »10.III. Gemeinsamer freiwilliger Tod von K. und M. Haushofer nahe dem Friedhof auf dem Hartschimmel – Begräbnis ebendort. R.I.P.«

ABSCHLIESSENDES NICHT-URTEIL

Briefe von Stefan Zweig aus der Kochgasse 8 in der Wiener Josefstadt bis nach Japan könnten zu dem Gedanken einer Verbindung der ganz besonderen Art einladen, von dem jüdischen Weltmann und Schriftsteller Stefan Zweig zu dem von japanischer Kultur und Spiritualität sehr angetanen, wenngleich in militärischer Mission die Reise angetretenen Ehepaar Haushofer. Weltläufigkeit und Weisheit könnten sich da treffen und haben es ja auch auf der gemeinsamen Schiffsreise nach Asien 1908 getan.

Was sich in der Weltsicht von Karl Haushofers Sohn Heinz dann tatsächlich als von fernöstlichen Erfahrungen geprägte ganzheitliche Betrachtungsweise niederschlägt, könnte in schöner Fügung mit dem Umstand korrespondieren, worüber Stefan Zweig in der Kochgasse sehr glücklich war, nämlich dass über ihm eine ältere Dame wohnte, auf deren »Haupt noch Goethes Hand einen Augenblick zärtlich geruht«[272]. Für Zweig hat diese Geschichte überragende Bedeutung, weil er darin einen »letzten dünnen Faden« erkennt, »der jeden Augenblick abreißen konnte«. Und dieser dünne Faden verbindet ihm dies »gebrechliche irdische Gebilde«, in dem das »Vorstadthaus Kochgasse 8« seinen Platz hat, mit der »olympischen Welt Weimars«[273]. Heilig ist ihm der Blick Goethes, der auf der alten Dame als Kind geruht hat, was der Tatsache zu verdanken ist, dass diese Dame, Ottilie mit Namen, die Tochter von Goethes Leibarzt Dr. Vogel gewesen ist und von Goethes Schwiegertochter Ottilie aus der Taufe gehoben worden war. Aber Karl Haushofer entwickelte keine ganzheitliche Sicht auf die Welt, wie man das im Gefolge Goethes auch im naturwissenschaftlichen Sinne hätte tun können, ganz im Gegenteil. Entsprechend groß ist die Enttäuschung Stefan Zweigs über den Weg, den Haushofer eingeschlagen hat. Es ist auch eine ganz persönliche Enttäuschung: »Bald erwies es sich, daß er einer der ersten war, die systematisch und großzügig an einen Neuaufbau der deutschen Machtposition dachten. Er gab eine Zeitschrift für Geopolitik heraus und, wie es so oft geht, verstand ich nicht den tieferen Sinn dieser neuen Bewegung in ihrem Beginn. Ich meinte redlich, daß es sich nur darum handle, das Spiel der Kräfte im Zusammenwirken der Nationen zu belauschen, und selbst das Wort ›Lebensraum‹ der Völker, das er, glaube ich, als erster prägte, verstand ich im Sinne Spenglers nur als die relative, mit den Epochen wandelhafte Energie, die im zeitlichen Zyklus jede Nation einmal auslöst.«[274]

Als Zweig in München einmal einen alten Bekannten trifft und den Namen Haushofer erwähnt, sagt dieser »im Ton der Selbstverständlichkeit: ›Ach der Freund Hitlers?‹« Zweig gesteht, dass er »nicht mehr erstaunt« sein konnte, als er es war. Er kann keine direkten geistigen Bindungsmöglichkeiten »zwischen einem hochkultivierten, universalisch denkenden Gelehrten und einem auf das Deutschtum in seinem engsten und brutalsten Sinn festgerannten, wüsten Agitator«[275] sehen.

Zweig sieht Haushofer nicht als »dämonische graue Eminenz, die im Hintergrund die Fäden« zieht, sondern merkt an, dass seine Erkenntnisse und Lehren womöglich nur vom nationalsozialistischen Gedankengut annektiert und umgedeutet wurden. Mit dem Begriff »Lebensraum« aber sieht Zweig »die Möglichkeit für Hitler, dem nackten Aggressionswillen ein philosophisches Mäntelchen zu geben, das im rechten Moment jede noch so willkürliche Annexion mit einer ethischen und ethnologischen Notwendigkeit rechtfertigen kann«[276]. »So ist es mein alter Reisebekannter, der – ich weiß nicht, ob mit Wissen und Willen – jene fundamentale und für die Welt verhängnisvolle Umstellung in Hitlers – ursprünglich streng auf das Nationale und die Rassenreinheit begrenzter – Zielsetzung verschuldet hat, die dann durch die Theorie des ›Lebensraums‹ in den Slogan ausartete: ›Heute gehört uns Deutschland, morgen die ganze Welt.‹«[277] Und: »Aber daß es seine Theorien waren, die mehr als Hitlers rabiateste Berater die aggressive Politik des Nationalsozialismus unbewusst oder bewusst aus dem eng Nationalen ins Universelle getrieben, unterliegt keinem Zweifel.«[278]

Mit seinen Formulierungen geht Zweig dabei sehr vorsichtig um und räumt immer wieder einen möglichen Irrtum ein, verweist schließlich darauf, dass zukünftige Generationen mit einem besseren Überblick und Abstand zu den damaligen Ereignissen die Person Haushofer und ihren direkten oder indirekten Einfluss beurteilen mögen. »Erst die Nachwelt wird mit besserer Dokumentierung, als sie uns Zeitgenossen zur Verfügung steht, seine Gestalt auf das richtige historische Maß bringen.«[279] Selbst Erika Mann muss sich bei allem Bemühen um ein scharfsichtiges Urteil nach dem Besuch auf dem Hartschimmelhof eingestehen: Sie stand »aufs Neue fassungslos im deutschen Nebel«[280].

Torii, Zeichnung Karl Haushofers in einem *Lebensbuch*

DIE STARKE FRAU AUF AUGENHÖHE MIT DEM MANN

MARTHA HAUSHOFER, GEB. MAYER-DOSS (1877–1946)

DIE MUTTER

Ich sehe Dich in einer Kerze Licht
im Rahmen einer dunklen Pforte stehn.
Du spürst die Kühle von den Bergen wehn.
Du frierst ja, Mutter … dennoch weichst Du nicht.

Du schaust mir nach, der in die Nacht enteilt,
in dunklen Schicksals ungewisse Frist,
mit einem Lächeln, das nur Weinen ist,
mit einem Schmerz, den kein Vertrauen heilt.

Ich sehe Dich in Deiner Liebe Licht,
im Zittern Deiner weißen Haare stehn.
Du spürst die große, dunkle Kühle wehn –

und langsam, langsam senkt sich Dein Gesicht.
Noch immer leuchtet fern der Kerze Schein –
Du frierst ja, Mutter … Mutter – geh hinein …

(Sonett von Albrecht Haushofer)[281]

Dieses Sonett erinnert an den Abschied Albrecht Haushofers auf der Alm von seiner Mutter in den letzten Julitagen 1944, unmittelbar bevor er untertaucht und den Fußmarsch in verschiedene Verstecke quer im bayerischen Oberland antritt. Es war das letzte Mal, dass sich Mutter und Sohn gesehen haben in ihrem Leben.

Martha Haushofer im Kimono während des Japan-Aufenthalts

Martha Haushofer wird am 21. April 1877 in Mannheim geboren. Auch ihr Herkommen hat eine lange Vorgeschichte. Ihr Mann Karl Haushofer hat eine *Genealogy of my wife*[282] angelegt, in der er auf dem ersten Blatt auf der linken Seite fein säuberlich eine »Jewish Side« anlegt, auf der rechten eine »Bavarian aristocratic side«. Er beginnt dabei etwas großzügig bei »Rasso von Andechs«, 848, findet aber auch schon 1180 einen Heinrich Doss. Dem Adam von Doss, Marthas Großvater, fügt er hinzu, dass Schopenhauer ihn seinen »apostle Johannes« nannte. Die jüdische Seite beginnt Anfang des 14. Jahrhunderts. Zwischen 1306 und 1313 kommt »the family from Spain (castilla) to Trier on call of archbishop Balduin« – vermutlich ist das Blatt deshalb in englischer Sprache verfasst, um den amerikanischen Besatzern und möglichen Richtern zu zeigen, mit welcher Familie sie zu tun haben: mit einer altbayerischen und einer jüdischen. Auch betont er bei der Gelegenheit, dass aller Besitz aus dem seiner Frau komme. Dies macht ihn, vor allem auch angesichts seiner eigenen Vergangenheit und NS-Kontakte, unangreifbarer.

Martha ist eine geborene Mayer-von Doss, deren Eltern Christine von Doss und der Tabakfabrikant Georg Ludwig Mayer-Doss sind. Marthas Großmutter Anna von Doss (1834–1913) ist die Tochter des Forstrates Josef Wepfer (1778–1863), der die Franzosen auf dem »Napoleonsteig« nach Tirol geführt hat. Der Ehemann von Anna von Doss ist Adam von Doss, der mit François Wille befreundet war, einem Reeder aus Hamburg, der sich in Zürich zur Ruhe gesetzt hatte, in unmittelbarer Nähe des Schweizer Dichters Conrad Ferdinand Meyer, von dem es in der Familie Wille Briefe gibt. Die Enkelin von François Wille hat den Physiker Carl Friedrich von Weizsäcker geheiratet, einen engen Freund des Hauses Haushofer. Noch mit über 90 Jahren konnte sie Gedichte von Meyer auswendig rezitieren. Karl Haushofer hat auf einem hohen schmalen Pergamentstreifen zwei einzeln stehende Fichten vor einem ferneren Wald aquarelliert, zu denen eine steinerne Treppe führt, unschwer als Zitat aus dem Hartschimmel-Topos erkennbar. In die Stufen dieser Treppe hat er ein Gedicht von C. F. Meyer hineingeschrieben:

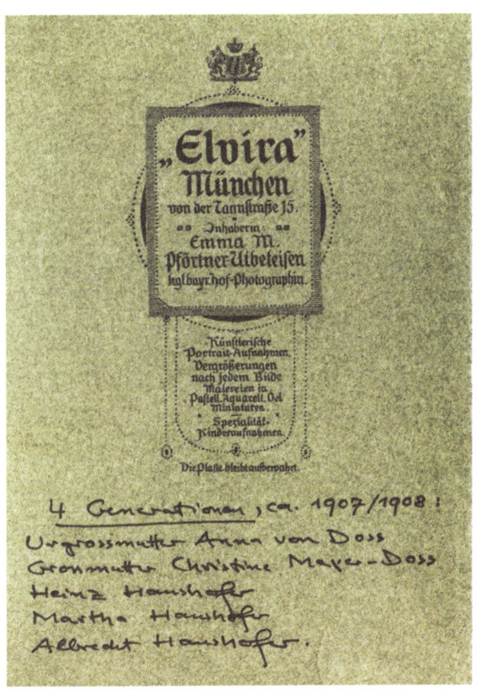

Vier Generationen, ca. 1907/1908: Urgroßmutter Anna von Doss, Großmutter Christine Mayer-Doss, Heinz Haushofer, Martha Haushofer, Albrecht Haushofer

Du warest mir ein
Täglich Wanderziel
Viellieber Wald in
Dumpfen Jugendtagen.
Ich hatte Dir geträumten
Glücks so viel anzuvertrauen,
so wahren Schmerz zu
klagen.
Und wieder such ich Dich
Du dunkler Hort
Und Deines Wipfelmeeres
Gewaltig Rauschen
Jetzt rede Du!
Ich lasse Dir das Wort
Verstummt ist Klag
Und Jubel
ICH WILL LAUSCHEN

Es ist leicht zu erkennen, wie sehr Karl Haushofer sich in diesem von ihm gestalteten Pergamentstreifen selbst darstellt. Auch das Credo des calvinistischen Dichters Meyer ist ihm nicht fremd, der seinen Meister Calvin mit diesen Zeilen bedenkt:

In die Schule bin ich gegangen
Bei dem Meister Calvin,
Lehre habe ich dort empfangen:
Vorbestimmt ist alles ewighin!
Jeder volle Wurf im Würfelspiele,
Jeder Diebestritt auf Liebchens Diele,
Jeder Kuss – Schicksalsschluss!

Der Pergamentstreifen findet sich neben einer in Stein geschnittenen Gemme mit dem Bildnis der Großmutter Mayer-Doss im Archiv der Familie Haushofer. Geistig getroffen haben sich die oben angesprochene Enkelin von François Wille, die Historikerin Gundalena Inez Eliza Ida Wille, und Carl Friedrich von Weizsäcker als »Schopenhauerianer«, weshalb es auch noch Briefe von Schopenhauer in der Familie gibt. Carl Friedrich von Weizsäcker vergegenwärtigt in dem Bändchen *In memoriam Albrecht Haushofer* (Hamburg 1948) die seit vier Jahrzehnten währende Freundschaft der Familien Haushofer mit der Familie Wille: »Die Urgroßväter hatten sich bei Schopenhauer kennengelernt.«[283] Gundalena Wille, verheiratete von Weizsäcker, hat bei dem Schweizer Historiker Carl Jacob Burckhardt promoviert. Auch mit ihm hat sich Albrecht Haushofer im Vorfeld des Heß-Fluges nach Schottland getroffen, Burckhardt wusste um das andere Gesicht Haushofers, welches der Widerstandsbewegung zugewandt war.

Um noch einmal auf Anna von Doss zurückzukommen: Sie war befreundet mit der Hofschauspielerin Marie Dahn-Hausmann (1829–1909), für König Ludwig I. von Bayern »die lieblichste Theatererscheinung«, die er »je gesehen« hat. Mehrere Gedichte hat er ihr in dieser seiner Art gewidmet: »Die von der Erde du mich schwingest zum Himmel hinan.« Und Ludwig II. presst eigenhändig ein Stiefmütterchen für sie und schenkt ihr eine Haarlocke und ein Bild von sich, mit eigenhändiger Widmung. In »Seelenverwandtschaft« fühlt er sich mit ihr verbunden, im »Hasse gegen das Niedrige, Unrechte«. Und weil alle diese Menschen in den Umkreis der Haushofers gehören, verwandeln sie das Esszimmer des Hartschimmelhofes in eine Galerie von Portraits, in der sie alle mit den Haushofers versammelt sind und mit am Tisch sitzen, aufs Tiefste miteinander vertraut.

Auch angeheiratete Familienmitglieder weisen immer wieder eine erstaunliche Herkunft auf, mit der sie sich in die Familie Haushofer einbringen. Einer der Vorfahren von Martha Haushofer, Rabbi Samuel Chajim Mayer (um 1620–1703), war ein so hochberühmter Rabbiner, dass er nach Frankfurt berufen wurde, der damals bedeutendsten und angesehensten jüdischen Gemeinde Deutschlands. Ein Nachfahre, Mayer Elias mit Namen, brachte es im 18. Jahrhundert zum Hoffaktor in Diensten des Kurfürsten Karl Theodor. Im 19. Jahrhundert zählen die Mayers bereits zu den führenden Familien, deren Mitglieder als Hof- und Kammeragenten, Münzwardeine (unabhängige Münzbeamte zur Beaufsichtigung der Münze) und Bibliophile – und schließlich Fabrikanten – geführt werden.

DAS ZUSAMMENKOMMEN MIT KARL HAUSHOFER

Die Mutter von Martha Haushofer ist Christine von Doss (1834–1913), der Vater ist der Jurist und Fabrikbesitzer Georg Ludwig Mayer-Doss (1847–1919). 1895 bekommt er eine Anstellung als königlich-bayerischer Hofrat in München, weshalb die Familie von Mannheim nach München zieht. Die Stellung der Familie im gesellschaftlichen Leben der Stadt München wird unter anderem daran deutlich, dass sie es sich leisten konnte, von der Tochter Martha drei Portraits aus der Hand des Malerfürsten Lenbach anfertigen zu lassen. Auch die 1893 erbaute Villa Christina in Partenkirchen, ebenso prachtvoll wie prunkvoll, zeugt von dem beträchtlichen Vermögen des Georg Ludwig Mayer-Doss.

Portrait Martha Haushofers von Franz von Lenbach

Martha und Karl Haushofer, 1895

Ihre intellektuelle Begabung hingegen erfährt keine Förderung durch das Elternhaus. Ohne Abitur ist es nur einer Sondergenehmigung zu verdanken, dass sie 1898 als Hörerin für die Veranstaltungen der Universität München zugelassen wird. 1895 lernt sie Karl Haushofer kennen, zu diesem Zeitpunkt königlich-bayerischer Kavallerieleutnant. Schon im Jahr darauf heiraten die beiden in der Wallfahrtskirche St. Anton oberhalb von Partenkirchen. Das war möglich, weil schon Marthas Vater Georg Ludwig Mayer-Doss vom Judentum zum Katholizismus übergetreten war. Als Hochzeitsgeschenk erhält das junge Paar von Georg Ludwig Mayer-Doss das Haus Giselastraße 17 in München, wo sie auch Wohnung beziehen. Das Paar Martha und Karl Haushofer wird zwei Söhne bekommen: Albrecht (1903) und Heinz (1906). Im Jahr 1900 kauft Georg Ludwig Mayer-Doss den Hartschimmelhof.

Martha Haushofer ist ähnlich wie Emma Haushofer-Merk Schriftstellerin und Frauenrechtlerin. Ihr Vater hatte ihr nicht erlaubt, ihre offenkundigen Begabungen entsprechend zu nutzen. Ihr Eintritt 1896 in den *Verein für Fraueninteressen* ist von daher nur konsequent. Im Jahr darauf wird sie in den Vorstand gewählt, in dem sie bis 1919 verbleibt. Dort lernt sie auch Emma Merk, spätere Haushofer-Merk, kennen. Auch

Martha Haushofer mit Leoparden auf Ceylon, November 1908

Umschlag eines Briefes von Stefan Zweig an Martha Haushofer in Kyoto

in der Rechtsschutzstelle des Vereins arbeitet sie. Und sie schreibt zum Beispiel das Vorwort zu Ika Freudenbergs Schrift *Was die Frauenbewegung erreicht hat*. Als Herausgeberin tritt sie hervor, gemeinsam mit Lotte Willich für das Buch *Die weibliche Dienstpflicht* (1916).

Neben ihrem Interesse für Politik und Rechtsfragen baut sie ihre enorme Sprachbegabung aus, neben Englisch (als eigenständige Übersetzerin von Al. Carthill: *The Lost Dominion. The Story of England›s Abdication in India*, erschienen 1924, in deutscher Übersetzung: *Verlorene Herrschaft. Wie England Indien aufgab*) und Französisch auch Japanisch. Karl Haushofer hat zwar eine andere Vorstellung von der Rolle einer Frau als Martha, doch wird sie ihm vollkommen unentbehrlich auf allen Ebenen, auch auf jener der Wissenschaft. Sie forscht eigenständig und recherchiert für ihn, sie werden, modern gesprochen, ein Team. Auf ihre Initiative hin unternimmt das Ehepaar im militärischen Auftrag die Reise nach Japan, die sich zu einer zweijährigen Weltreise ausdehnt, zur Aneignung politischer, militärischer und geographischer Kenntnisse.

Ihrer Sprachkompetenz, ihrer Fähigkeit, die Informationen auch zu dokumentieren, und ihrer großen Kontaktfreudigkeit ist es zu verdanken, dass die 1913 erschienenen *Betrachtungen über Groß-Japans Wehrkraft* zum wissenschaftlichen Grundstock von Karl Haushofer werden und damit zur Geopolitik als Wissenschaft – als gemeinschaftlich erarbeitetes Buch. Sie publiziert aber auch selbstständige Aufsätze, in denen sie ihre Informationen über die Reise nach Ostasien verarbeitet: *Im größten Krater der Welt* (1912), *Das japanische Naturgefühl* (1913) und *Die nationale Reformbewegung in Ceylon* (1914). Darüber hinaus pflegt sie eine rege Vortragstätigkeit.

In der Ausstellung in Fürstenfeldbruck 2021 über 100 Jahre Künstlerinnen an der Akademie mit dem Titel *Frau darf…* war ein Plakat zu sehen, das eine Veranstaltung des *Vereins für Fraueninteressen* zeigt: »Samstag, den 27. März, abends 8 Uhr im Bichlerschen Saal zu Fürstenfeldbruck, Öffentlicher Vortrag gehalten von Frau Professor Martha Haushofer, München, über das Thema ›Respekt vor der Arbeit‹« (leider ohne Jahresangabe).

Hartschimmel, 16. Aug. 1916.

Herzensschatz, zum erstenmal wirklich u. wahrhaftig auf eigenem Grund und Boden!

Es ist doch ein ganz besonderes Gefühl, u. ich habe doch nun erst den Vorgeschmack davon – die eigentliche

Postkarte.

An

wirkliche Freude der Besitzergreifung soll ja erst noch kommen, wenn wir den Boden dieses gelobten Landes zusammen betreten! – Wir haben ganz wider Erwarten herrliches Wetter u. die Fahrt durch das sommerliche Land war wunderschön, die Ernte steht überall gut, auch bei uns oben. – Vater hat mich bei den hochmögenden Bürgermeistern von Pähl u. Fischen „eingeführt" u. Zimmermann als neue Herrin feierlich vorgestellt. – Heute Abend bin ich also in der Arcisstrasse u. grüsse Dich dann zur Nacht aus dem Roten Zimmer u. aus meinem eigenen Bett. Alles, alles Liebe u. Gute von der neugebackenen Hartschimmel-Bäuerin M.

Karte von Martha Haushofer an ihren Mann, 1916

Martha und Karl Haushofer auf der Veranda ihres Hauses auf Gut Hartschimmel

1916 übergibt Georg Ludwig Mayer-Doss den Hartschimmelhof an Martha und Karl Haushofer. Aus diesem Jahr ist eine Karte von Martha Haushofer an ihren Mann erhalten[284], auf der sie sich überschwänglich vor Glück zeigt, dass sie nun als »Hartschimmel-Bäuerin« auf dem Hartschimmel ist: »Hartschimmel, 16. August 1916. Herzensschatz zum ersten Mal wirklich und wahrhaftig auf eigenem Grund und Boden! Es ist doch ein ganz besonderes Gefühl, u. ich habe doch nun erst den Vorgeschmack davon – die eigentliche wirkliche Freude der Besitzergreifung soll ja erst noch kommen, wenn wir den Boden Deines gelobten Landes zusammen betreten!« Sie erzählt, dass sie bei den »hochmögenden Bürgermeistern von Fischen und Pähl eingeführt« und »als neue Herrin feierlich vorgestellt wurde«. Sie schließt die Karte mit: »Alles, alles Liebe u. Gute von der neugebackenen Hartschimmel-Bäuerin. Ma.«

Ihre teilweise jüdische Herkunft bringt sie seit der Machtergreifung durch die Nationalsozialisten in Gefahr. Bis zu seinem Englandflug im Mai 1941 gibt es immer noch die halbwegs schützende Hand eines Rudolf Heß. Von seinem »Schutzbrief« war schon die Rede. Martha Haushofer nutzt diese Beziehung zu Heß auch, indem sie auf ihn einwirkt, dass der eine Sohn, Albrecht, an der Universität in Berlin Vorlesungen abhalten darf und der andere, Heinz, eine Anstellung bekommt, beim Reichsnährstand in Wien.

DIE AHNUNG VOM UNTERGANG

Die Ahnung vom Untergang treibt Mutter Martha gleich ihrem Sohn Albrecht um. Dieser hat in einem Gedicht aus den *Moabiter Sonetten* das Bild des Acheron beschworen, des Totenflusses aus der griechischen Mythologie, über den der Fährmann Charon die toten Seelen in den Hades überführt.

ACHERON

Ein großer Dichter hat das Wort geprägt,
man müsse selbst den Acheron bewegen,
wenn sich zur Hilfe nicht die Götter regen.
Mein Vater hat es oft im Trotz gesagt.

Mein Vater war noch blind vom Traum der Macht.
Ich hab' die ganze Not vorausempfunden.
Zerstörung, Brand und Hunger, Tod und Wunden,
das ganze Grausen solcher Teufelsnacht …

Bewußten Abschied hab' ich oft genommen
von allem, was das Leben Schönes bot:
Von Heimat, Werk und Liebe, Wein und Brot.

Nun ist das Dunkel über mich gekommen.
Der Acheron ist nah, das Leben fern.
Ein müdes Auge sucht nach einem Stern.

(Sonett von Albrecht Haushofer)[285]

Die Metaphorik von der Schiffsfahrt benutzt auch Martha Haushofer in einem maschinengeschriebenen Text mit der Überschrift *Wahre Geschichte.* In einem kleinen blauen Briefumschlag ist dieses bewegende Dokument erhalten geblieben, das in gleichnishafter Form die Situation der Familie beleuchtet, die unterschiedlichen Positionen ihres Mannes Karl und ihres Sohnes Albrecht und damit auch ein Zeitbild möglicher menschlicher Einschätzungs- und Verhaltensweisen im Nationalsozialismus. Sie enthält kein Datum, aufgrund des geschilderten Geschehens muss sie in der Zeit zwischen 1933 und 1939 entstanden sein. Martha Haushofer wählt das Bild des Schiffbruchs. Ein Schiff, auf dem sich eine Familie, bestehend aus Vater, Mutter und zwei Söhnen, befindet, wird von einem anderen Schiff gerammt. Das erste Schiff sinkt, die kleine Familie kann sich auf »eine Art Floss« retten. Die einzelnen Familienmitglieder sind sich zwar einig in der Beurteilung der Besatzung des gesunkenen Schiffes, auch hatten sie wenig Vertrauen in den Kapitän. Aber völlig auseinander gehen die Meinungen, was das zweite Schiff angeht. Der Vater ist verhältnismäßig optimistisch. Er kennt den Kapitän und seinen »Stellvertreter« persönlich, »von früher«. Er hält sie für »pflichttreu und nüchtern«, auch wenn sie ihren »Beruf nicht von der Pike auf gelernt« hätten. Der jüngere Sohn hat keine Bedenken, der ältere misstraut allem: dem Schiff, der Besatzung, dem Kapitän. Unschwer ist zu erkennen, wer damit gemeint ist. Der jüngere Sohn ist Heinz, der ältere ist Albrecht. Der Kapitän ist Hitler, der Stellvertreter Rudolf Heß.

Vom »Stellvertreter« bekommen sie einen Rettungsring zugeworfen, und noch mehr ist man untereinander uneins, was zu tun ist – als Schiffbrüchige! Der Vater ist voll Vertrauen zu seinem Freund, der jüngere Sohn ist sich sicher, dass er bald wieder Arbeit und Einfluss gewinnen wird. Der ältere ist sehr misstrauisch, ob sie nicht in eine noch schlimmere Lage kommen würden. Ihn treibt die Furcht um, ob sie als frühere Fahrgäste des gesunkenen Schiffes als Minderwertige behandelt würden. Hier schwingt für Albrecht das Stigma einer im NS-Denken »nichtarischen Abstammung« mit, schlimmer noch: »Er fürchtete noch mehr, dass das Fahrzeug selbst, schlecht geführt & bemannt, sie in kurzer Zeit einem zweiten noch gefährlicheren Schiffbruch entgegen führen würde.«[286] Unüberbrückbar sind die politischen Gegensätze

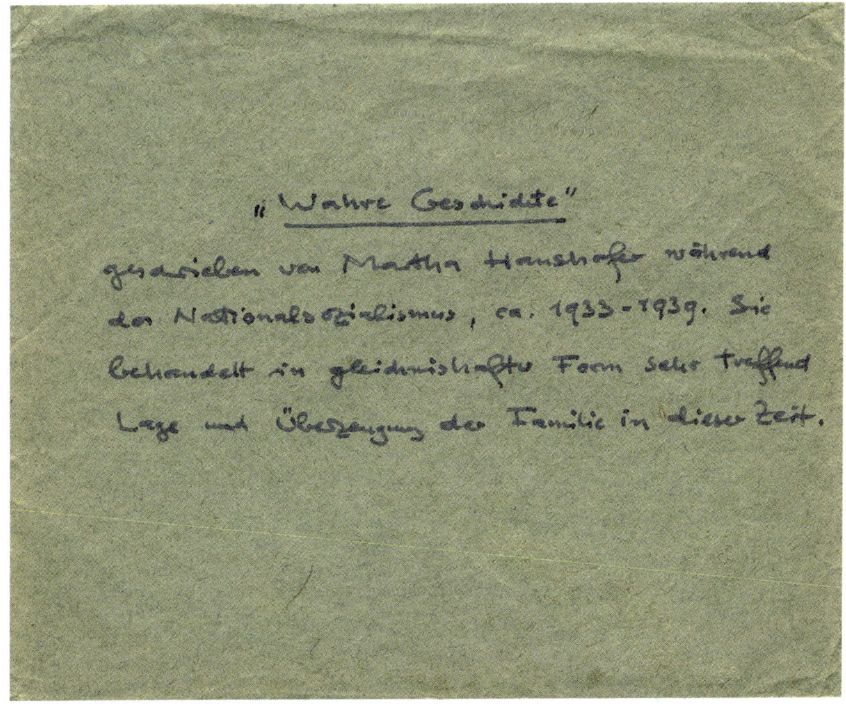

"Wahre Geschichte"
geschrieben von Martha Haushofer während des Nationalsozialismus, ca. 1933-1939. Sie behandelt in gleichnishafter Form sehr treffend Lage und Überzeugung der Familie in dieser Zeit.

Briefumschlag mit Martha Haushofers »Wahrer Geschichte«, beschriftet von Heinz Haushofer zwischen Vater Karl und Sohn Albrecht. Martha Haushofer beschreibt die Auseinandersetzung kommentarlos.

Tatsächlich gab es auf dem Hartschimmelhof immer wieder erregte Diskussionen zwischen Vater und Sohn. Über das Problem des Tyrannenmordes spitzt sich eine Auseinandersetzung zu diesem Wortwechsel zu: »Non licet, non licet«, ruft Karl Haushofer erzürnt aus. »Man darf nicht, man darf nicht.«[287] Albrecht Haushofer entgegnet nicht minder scharf: »Und man muß.«[288]

Man spürt es in Briefen, Tagebüchern und anderen Selbstzeugnissen, was für eine starke Persönlichkeit Martha Haushofer war. Dieser Eindruck wird von verschiedenen Zeitzeugen bestätigt, etwa von Rainer Hildebrandt, Student von Albrecht Haushofer, mit Kontakt zum Widerstandskreis im Umfeld des 20. Juli 1944, und Rolf Italiaander, einem Freund Albrecht Haushofers. Sie beschreiben seine Mutter »als eine überaus kluge und verständnisvolle Frau, die Verstandesschärfe mit mütterlichem Einfühlungsvermögen verband«[289]. Das wirkt sich natürlich auf ihre Rolle als Mutter entsprechend aus, die »besonders die künstlerischen Neigungen des Sohnes beeinflusst und gefördert [hat], sei es durch Anerkennung und Unterstützung oder auch durch scharfe Kritik«[290].

Gleichwohl unterwirft sie sich ihrem Mann so weit, dass sie ihm sogar auf dem Weg in den Tod folgt.

DIE TESTAMENTE VON MARTHA UND KARL HAUSHOFER

Wie sehr sich die Verzweiflung des Ehepaares Haushofer steigert, zeigen verschiedene Fassungen von Testamenten, denen immer wieder Nachträge folgen.

Am 6. August 1945 schreibt Martha Haushofer, da Karl Haushofer in Haft ist, handschriftlich an ihren Sohn Heinz: »In einem Augenblick völliger Unsicherheit über die Lage unserer Familie habe ich unser Testament wieder durchgelesen. Der Hauptteil kann bleiben – durch den Tod Deines Bruders bist Du ja Universalerbe geworden und der Erbgang ist klar und einfach. Auch die Wahl Deines Sohnes Martin als Nacherben für den Hof scheint uns – nachdem wir die Kinder nun genau beobachtet haben – richtig.« Es folgen Nebenbestimmungen, das Vermächtnis schließt mit den Worten: »Unser Anwalt Dr. Beisler kennt meine Handschrift. Ein Duplikat des Testamentes ist in seinem Verwahr. Deine Mutter Martha Haushofer, geb. Mayer-Doss.«[291]

Am 18. Januar 1946 erfolgt ein »Nachtrag zu unserem gemeinsamen Testament: Angesichts der seit der Abfassung unseres Testaments völlig veränderten Verhältnisse erklären wir alle früheren Verfügungen über Vermächtnisse und Legate für ungültig. Unser Sohn Heinz Konrad Haushofer als Alleinerbe ist demnach nicht verpflichtet, irgendetwas davon auszuführen, ausser aus eigenem freien Willen. Dr. Karl Haushofer«. Am gleichen Tag fügt Martha Haushofer ihrerseits einen Nachtrag hinzu, der vollkommen identisch mit dem ihres Mannes ist.

Vom 10. März 1946 gibt es eine maschinenschriftliche Nachricht: »Lieber Heinz! Da ich durch meine wehe Hand verhindert bin, selbst zu schreiben, muss ich diesen letzten Brief an Dich dem Vater diktieren. Nachdem wir seit Deiner Rückkehr im Juli so oft ernste Gespräche über die Frage geführt haben, ob und wann ein freiwilliges Beenden des Daseins zu rechtfertigen ist, und Du also weisst, wie ernsthaft wir uns seit langem mit diesem Gedanken tragen, wird es Dich nicht überraschen, wenn aus solchen Gedanken einmal die erlösende Tat wird.«

Ist es denkbar, dass das Ehepaar Haushofer mit diesem Schritt, den es eher als Freitod denn als Selbstmord bezeichnet und wohl auch so empfindet, in jene Grundbefindlichkeit des eigenen Selbst zurückkehrt, wie es der andere Sohn Albrecht im Gefängnis Moabit im Abfassen seiner Sonette gefunden hat: eben zu sich selbst? Nur dass Albrecht nicht die Möglichkeit hatte, frei zu entscheiden. Ihm wurde sie genommen.

Seine Mutter Martha führt das Schreiben, das ihr Mann in die Schreibmaschine eingibt, so fort: »Das was sich heute begeben hat, – die Aussicht auf Operation im Krankenhaus u.s.w. ist natürlich nicht die Ursache, sondern nur die äusserliche Veranlassung, hat aber allerdings dazu beigetragen, mir den Entschluss zu erleichtern. Nachdem Vater seit fast zwei Jahren mit immer zunehmender Dringlichkeit seinen Wunsch nach einem baldigen Ende wiederholt hat, und ich meine ganze Widerstandskraft verbraucht habe, um ihn zurückzuhalten, habe ich doch in letzter Zeit gesehen und gefühlt, wie diese Widerstandskraft immer schwächer wurde. So haben auch die Nächte der letzten Woche, in denen wir Beide lange Stunden mit Schmerzen wachlagen, dazu beigetragen, mich müde und mürb zu machen.«

Die Rollen haben sich vertauscht: Martha Haushofer als Frau ist die Diktierende, der Mann, Karl Haushofer, tippt in die Maschine, ein wenig fehlerhaft – aber das ist unerheblich – auch, was seine treibende Kraft zum Freitod betrifft, den ihm die Frau wohl immer versucht hat auszureden. Doch ist daran auch ihr selbst nicht mehr gelegen. So steht es weiter zu lesen: »Es ist keine blosse Redensart, wenn ich Dich versichere, dass mir an meinem persönlichen Weiterleben gar nichts mehr gelegen ist, und dass ich auch Deinen Vater immer nur durch das Wachrufen des Pflichtgefühls gegen Euch gehalten habe.«

Zu diesem Pflichtgefühl gehört auch die Fürsorge für den Sohn Heinz, der ebenso wie der Vater »Befragungen« zu erwarten hat seitens alliierter Spruchkammern. Sie rät ihrem Sohn, sich notfalls an Prof. Edmund Walsh von der Universität Georgetown zu wenden, der schon Karl Haushofer nach Nürnberg begleitet hat und bei der Streichung von der Liste der Kriegsverbrecher zur Seite stand. Edmund Aloysius Walsh war Jesuitenpater, Professor für Geopolitik und gründete die Georgetown University School of Foreign Service, aus der führende Politiker der USA hervorgingen wie etwa Präsident Clinton.

Im nächsten Abschnitt geht es um Finanzielles. Das Ehepaar Haushofer befürchtet nach dem möglicherweise eintretenden Entfallen von Bezügen zu den »Überzähligen und Unnützen« zu gehören, die anderen auf der Tasche liegen. Am schwersten aber wiegt der gesundheitlich bedenkliche Zustand von Karl Haushofer, seit Langem »eine ständige Sorgenquelle«: »Seine schwermütige und oft völlig verzweifelte Stimmung wird immer mehr zum Dauerzustand; ich selbst hätte, da ich ja um acht Jahre jünger bin, noch bis zum normalen Alterstod unseres Geschlechtes, also etwa sechs bis acht Jahre ausgehalten, bin aber seit langem fest entschlossen gewesen, den Vater keinesfalls zu überleben.«

Hierauf zieht Martha Haushofer ihr Lebensresümee: »Alles in Allem scheint uns heute der richtige Augenblick zu kommen, um von einem Dasein Abschied zu nehmen, das uns in seinem Frühling, Sommer und Herbst reich mit Glück bedacht hat, das uns aber jetzt im Winter mehr Sorgen und Enttäuschungen zugemutet hat, als wir noch zu tragen fähig sind.« Und sie schließt so: »Vermisst werden wir kaum mehr werden – vielleicht von den paar treuen Freunden, die uns noch geblieben sind, vielleicht auch manchmal von Euch. Aber Ihr seid Euch selbst genug, und das ist gut so und soll so sein. Ihr habt dann auch die Befriedigung, auf dem Hof ganz selbständig schalten und walten zu können. Euer überaus tapferes und heiteres Anpacken so schwieriger Aufgaben haben wir mit ehrlicher Bewunderung verfolgt und das Schicksal wird Euch gerechterweise den Erfolg nicht schuldig bleiben. Vater und Mutter (K. u. M. Haushofer)«

Es gibt dann noch einen Zettel, in übergroßer Schrift geschrieben, die weder für Martha noch für Karl typisch ist: »Liebe Kinder, es ging nicht anders, ich musste mich so kühl und alltäglich von Euch verabschieden, weil es Euch sonst aufgefallen wäre. Aber es war gewiss nicht Lieblosigkeit, was mich dabei bewegte. Seid Beide herzlich gesegnet und denkt manchmal lieb an Eure Mutter. Schreiben geht schwer, also lebt wohl, unendlich wohl!«

Gedenkkreuz an der Todesstelle von Martha und Karl Haushofer

XXV · OLYMPISCHES FEST ·

Mit einem Dom von hochgestrahltem Licht
Begannen sie das letzte ihrer Feste.
Der Hochmut freute sich der stolzen Geste:
Man sah vor lauter Glanz die Sterne nicht.

Gelöst von aller Tage bunten Sorgen
Bestaunte man der Jugend Marsch und Spiel,
Bewunderte der Griechenfackel Ziel,
Im Leuchten dieses Kuppelscheins geborgen.

Mich täuschte dieser helle Zauber nicht:
Ich sah die Kräfte, die so milde schienen,
Dem grauenhaftesten der Kriege dienen.

Ich kannte wie die Maske das Gesicht,
Die sich zu Spielen Schar um Schar gerückt—
Die ganze Jugend ist dem Tod gerückt.

XXVI · VISION DER FACKEL ·

Ein Mannesleib von Adel, Mass und Schwung
Vollendet eines Feuers Fackelzug,
Das man aus Griechenland nach Norden trug,
Als Licht olympischer Erinnerung.

In jenem Hain der Säulen und der Bäume,
Wo Götterzeugung durch die Zeiten webt,
Entsprang die Leuchte. Hüte sie, wer lebt!
In jeder Leuchte zucken Flammenträume.

Durch viele Länder nahm es seinen Lauf,
Das Feuer, das, in Griechenland entzündet,
Jahrtausende von Geist und Spiel gekündet—
Zwingt Ihr dem Feuer eine Knechtschaft auf?
Es zischt und sprüht, wie mans in Banden hält—
Die Fackel flackert. Lodern—wird die Welt!

XXVII · ARENA ·

Am Ende sass ich in die Nacht hinein
Mit einem Gast aus Engeland noch zusammen.
Von draussen leuchteten die Festesflammen,
In unsern Gläsern funkelte der Wein.
„Ich habe mich gefragt" der Lord geruht—
Zu sprechen—„was dem Fest noch fehle.
Jetzt weiss ichs: Für den Rausch der Massenseele
Die Löwen und die Tiger und das Blut."
Er lächelt böse. Altes Wissen stieg
Empor in seinen scharfgeschnittnen Zügen.
Ein Caesar sprach: „Das andere—sind Lügen.
Jetzt feiern sie mit Fahnen ihren Sieg,
Bald brüllen sie nach Blut. Dann sind sie echt."
Vansittart schweigt. Ich auch. Der Lord hat Recht.

XXVIII · ASTI SPUMANTE ·

Der letzte Wein des Südens, den ich trank—
Turin. Superga. Von den Bergen kam
Ein spätes Leuchten. Meine Seele nahm
Und gab dem besten Freunde Lebensdank.

Der Freund ist tot. Die Stadt Turin zerstört.
In meinem Krug da schäumt kein edler Wein.
Vor sieben Jahren solls gewesen sein?
Der Sinn ist tot, der auf die Jahre hört.

Ich werde keinen Asti mehr geniessen,
Mag auch die Traube von der Sonne glühn,
Und perlend in den Kelchen aufzusprühn—
Mag edler Wein für junge Herzen fliessen—
Im Aschengrund von allen Weltenfeuern
Sind immer Seelen, die das Glück erneuern.

XXIX · DER FREUND ·

Du Toter, denkst Du des Gefährten auch?
Heut war mir wieder zwischen Traum und
Als hört ich Dein vertrautes, tiefes Lachen,
Als fühlt ich an der Wange Deinen Hauch.

Du hast so viel geschaut, gespürt, geahnt,
Hast früh mit frühen Wandlung Dich ver
Hast mir noch dunkle Mühsal streng ver
Ist nun auch mir der Weg zum Strom geb

Ich bin bereit, zu bleiben wie zu gehn.
Es leben nicht mehr viele, die mich ha
Der Toten sind die tieferen Gewalten ...
Ich fühle Dich im Boot als Fergen steh
Ich fühle Deine Hand sich grüssend he
Du schweigst. Soll ich Dir folgen? Soll ic

XXX · MUTTER ·

Ich sehe Dich in einer Kerze Licht
Im Rahmen einer dunklen Türe stehn
Du spürst die Kühle von den Bergen weh
Du frierst ja, Mutter. Dennoch weichst
Du schaust mir nach, der in die Nacht ge
In dunklen Schicksals ungewisse Frist,
Mit einem Lächeln, das nur Weinen ist,
Mit einem Schmerz, der kein Vertrauen

Ich sehe Dich in Deiner Liebe Licht
Im Zittern Deiner weissen Haare steh
Du spürst die grosse dunkle Kühle we
Und langsam, langsam senkt sich Dein Ge
Noch immer leuchtet fern der Kerze Sche
Du frierst ja, Mutter ... Mutter—geh hine

XXXI · DER SCHWANENRING ·

Den Siegelring aus Deinem Ahnenkreis,
Ich liess ihn, Mutter, Dir. In Deiner Hut
Bin ich gewiss, dass er in Treue ruht,
Der viel von meines Lebens Bahnen weiss.
Das Wappen, das er führt, den weissen Sc
Der mächtig schlagend seine Schwingen
Und zwischen Sternen in den Himmel
Ein Kaiser gab ihn einem fernen Ahn
Er siegle weiter. Komm ich nicht zurüc
So steck ihn, gehst Du selbst ins andre
Dem Tüchtigsten der Neffen an die Ha
Und sag ihm, Schwanenflug bedeute
Gedenkt er dessen, der sein Erbe trug
Nur einen Tag im Jahr, so sei's genu

XXXII · PARTNACHALM ·

Von allen quaderfest gefügten Mau
In Hof und Haus, in städtischem Be
Wird wenig bleiben in der Zeiten Blitz
Der kleine Bau von Holz allein ma

Sein Dach ist fern von allem Kampfe
Im Winter tief in weissem Schnee
Im Sommer hoch im grünen Wuchs
Von grünem Wuchs, darin der Winde

So darf es noch vielleicht in späten J
Dem Tal entrückt und mit dem Be
An dessen Flanke sich das Wetter sta
Den Erben seinen Zauber ganz bew
Wer Frieden, Rast, Versenkung suc
Dort findet ers ... Wie sind die Nächte

Moabiter Sonette, Faksimile einer Originalseite, wie sie Heinz Haushofer bei seinem Bruder Albrecht gefunden hat

MIT DEM LEBEN ZAHLEN FÜR SEINE ÜBERZEUGUNG

ALBRECHT HAUSHOFER (1903–1945)

KINDHEIT UND JUGEND

Albrecht Haushofer

Albrecht Haushofer wird am 7. Januar 1903 in München geboren. In den zwei Jahren zwischen 1908 und 1910 während des Forschungsaufenthalts der Eltern in Asien verbringt er einen Teil seiner Kindheit mit seinem Bruder Heinz bei den Großeltern in Partenkirchen.

Das zumindest zeitweilig Elternlose wiederholt sich bei Albrecht und Heinz, wie es ihr Vater Karl beinahe im gleichen Alter erleben musste nach dem Tod seiner Mutter Adele.

Hermann Heimpel, später renommierter Historiker und Mitschüler von Albrecht Haushofer am Theresiengymnasium in München, erlebt Albrecht Haushofer so: »Er kam aus privatem Hausunterricht in die Klasse, reich an Bildung, arm an Waffen, denn ihm waren die Spielregeln fremd, nach denen man sich unter Pennälern behauptet.«[292] Ursula Laack-Michel fasst die Einschätzung Heimpels so zusammen: »Er nahm sich unter den Schulkameraden aus wie ein Fremder, dessen aristokratisch-würdevolles Wesen im Verein mit kindlich-gutmütiger Einfalt robustere Naturen zu Spott und Gelächter herausforderte. Sein überdurchschnittlicher Besitz an Bildungsgütern distanzierte ihn nur noch mehr von seinen Mitschülern, ohne dass er es darauf anlegte, sich damit auf der anderen Seite als Gegengewicht das

Heinz und Albrecht Haushofer mit ihrem Großvater Georg Ludwig Mayer-Doss

uneingeschränkte Wohlwollen seiner Lehrer zu erwerben. So blieb er ein Außenseiter.«[293]

In seinem Erinnerungsbuch *Die halbe Violine. Eine Jugend in der Haupt- und Residenzstadt München* (erschienen 1949) schildert Heimpel die Abschlussfeier im Kreise seiner Freunde am Theresiengymnasium, auf der Albrecht Haushofer spricht: »Später [...] hielt Albrecht Haushofer eine große Rede. Er sprach von Deutschland, so liebevoll, wie man es von ihm nicht gewohnt war, von der ganzen Welt und von den Steinen und Sternen, von der Geschichte und von der Zukunft, mit einem dunklen Ernst, als trüge er die Weisheit der Jahrtausende in das Buch der Zukunft ein, als stehe etwas bevor. Es schien hoffnungslos zu sein, düster und süß. Da sie die Rede nicht ganz verstanden, doch billigten, schwiegen sie [...]«[294]

Seine Dissertation stellt Albrecht Haushofer auf den Boden der väterlichen Geopolitik. Er promoviert bei dem Geographen, Geophysiker und Geodäten Erich von Drygalski (1865–1949), der die erste deutsche Expedition in die Antarktis geleitet hat. Sein Thema lautet *Paß-Staaten in den Alpen*, ein Thema, das bei ihm als leidenschaftlichem Bergsteiger auch aufgrund seiner Persönlichkeit sehr nahe liegt. 1928 erscheint die Arbeit in Buchform. In der Resonanz auf die Veröffentlichung wird die Zwiespältigkeit auch seines wissenschaftlichen Arbeitens erkennbar, »zeigt sie doch die Vorzüge des Denkens und der Arbeitsweise Albrecht Haushofers, zugleich aber auch die damit verbundenen Gefahren, die das ›tiefschürfende‹ und ›methodisch zu weit ausholende‹ Denken als Hemmnis für Entschlusskraft und Handeln aufbaut«[295].

Von 1925 bis 1928 ist er Assistent bei Albrecht Penck in Berlin, dem damals führenden Geographen. Von 1928 bis 1940 ist er Generalsekretär der Gesellschaft für Erdkunde, bis 1938 Herausgeber der Zeitschrift *Geopolitik*, obgleich er Vorbehalte hegt, »ob Geopolitik überhaupt eine Wissenschaft ist. Ich bezweifle das«[296]. 1933 wird Haushofer Dozent für Geopolitik an der Deutschen Hochschule für Politik in Berlin, ein Vorgang, der ihn erneut in tiefste Zweifel stürzt, ob er das Angebot annehmen soll. Als »Nichtarier« ist ihm aufgrund des »Gesetzes zur Wiederherstellung des Berufsbeamtentums« seit dem 11. April 1933 der Zugang zu solchen Positionen verschlossen. Nur Heß konnte ihm diesen Weg ebnen. Haushofer wägt ab. Der voraussehbare Zwang zu Kompromissen steht gegen die Aussicht größerer Sicherheit und auch die

Hoffnung, dadurch mehr praktischen Einfluss nehmen zu können. Schließlich entscheidet er sich für das Angebot.

Von mancher Seite wird ihm infolgedessen eine Nähe zu nationalsozialistischen Positionen unterstellt. Ursula Laack-Michel geht diesen Vorwürfen in ihrer profunden Untersuchung *Albrecht Haushofer und der Nationalsozialismus* nach. Sorgfältig abwägend kommt sie zu dem Schluss, dass auch Albrecht Haushofer eine »straffe[] Leitung des Staates durch eine Führungsschicht oder eine Führerpersönlichkeit« befürwortete. »Aber sowohl in dem, was er an Führerqualitäten forderte – Verantwortungsbewusstein, Wissen und Erfahrung, verbunden mit Askese im Umgang mit der Macht – als auch in seiner liberalen Staatsauffassung mit der damit verknüpften Beschränkung des Einflusses der staatlichen Führung zeigen sich fundamentale Unterschiede, so dass man von Übereinstimmung zwischen den Vorstellungen Haushofers und denen Hitlers nur in Bezug auf die äußere Begrifflichkeit sprechen kann. In der inhaltlichen Füllung der Begriffe besteht eine Gegensätzlichkeit, an der die pervertierende Umdeutung vorgegebener Begriffe und Vorstellungen durch den Nationalsozialismus beispielhaft verdeutlicht werden kann.«[297]

Problematischer erscheinen aus heutiger Sicht durchaus latent antisemitische Tendenzen, die für einen Menschen, der selbst von den Rassengesetzen betroffen ist, befremdlich wirken. Vor allem gegen die immer wieder so genannten »Ostjuden« richtet sich eine durchaus manifeste Abneigung, die sie ihm, wie in einem Brief an den Vater aus Berlin vom 8. Oktober 1933, gar als »Fremdkörper«[298] erscheinen lassen. Unverhohlen ist er für deren »Ausgliederung«, welche nach Schätzungen etwa 300 000 bis 350 000 Juden betroffen hätte.

Die Auswirkungen seiner Entscheidung, das Angebot für die Dozentur anzunehmen, schlagen sich unverzüglich auf seine Psyche nieder: »Ich bin als Mensch völlig ungeniessbar geworden, nur mehr Maske. Das wird nicht besser werden. Ich vertrage keine Menschen mehr um mich, noch weniger als früher, schließe mich von allem ab […]«[299]

Seine Habilitation mit dem Thema *Kulturboden in Ungarn* hatte er selbst zurückgezogen, weil er von ihrer Qualität nicht überzeugt war. »Der Vorgang bestärkte ihn nur noch in seiner eigenen Einschätzung seiner Qualifikation für die wissenschaftliche Forschungsarbeit, die ihm keine Freude bereitete, und in der Annahme, unfähig zu sein, ein wissenschaftliches Lehramt auszufüllen. Er zog sich auf die These zurück, dass ihm zum Wissenschaftler der Glaube an den Sinn seiner Wissenschaft, zum Lehrer aber menschliche Wärme und Kontaktfähigkeit fehle.«[300]

»Albrecht Haushofer war ein Mensch von großen, außerordentlichen Gaben. Wie jeder Mensch hatte er zugleich Fehler und Grenzen. Ich war sein Freund. Als Freunde waren wir oft uneins, es hat Streit und Spannungen zwischen uns gegeben. Und wir waren beide überzeugt, daß zu einer Freundschaft zwischen Männern, denen es um

Sachen geht, Spannungen gehören«[301], so beschreibt Carl Friedrich von Weizsäcker Albrecht Haushofer und das Wesen ihrer Freundschaft.

Albrecht Haushofer ist ein ernsthafter Mann, ein sehr ernsthafter Mann. In dem Sonett *Nachbarn* heißt es: »Der eine grüßt im Sterben noch die Rose, / von ihrem wundersamen Duft berührt – / der andre lebt und hat sie nie gespürt.«[302] Darin verbirgt sich eine Vorstellung von Schönheit, die erst im Bewusstsein des Todes zu ihrer wahren Höhe kommt. Zutiefst empfänglich für das Schöne, das Schöne in der Kunst, das Schöne in der Natur. Ein Polyhistor wie so mancher Haushofer, zugleich Gelehrter und politisch engagiert, aber auch künstlerisch hochbegabt wie kaum einer. Er schreibt, dichtet, er malt – und komponiert.

Man sieht ihn kaum lachen auf den Aufnahmen, die es von ihm gibt, selten auch nur lächeln. Einmal, in einem Ruderboot sitzend, in Lederhosen, oder wenn er mit Kindern spielt, was er gerne tut: »Albrecht liebte es zu spielen, und er erfand ständig neue Spiele.«[303] Allerdings gehört er nicht zu jener Sorte von Erwachsenen, die Kinder im Spiel gewinnen lassen. Er will selbst gewinnen, immer. Beim »Monopoly«, so erzählt es einmal sein Neffe Hubert Albrecht Haushofer, entdeckt er sogar seine Liebe zum Kapitalismus.

Hubert Albrecht Haushofer, ein Sohn von Albrechts Bruder Heinz, beschreibt seinen Patenonkel Albrecht als äußerst erfindungsreichen Anreger mit großer Phantasie im Aushecken neuer Spiele, immer mit einem pädagogischen Hintergrund. Weit über das übliche »Stadt-Land-Fluss«-Spiel hinaus zeichnet Haushofer »aus dem Gedächtnis Landkarten auf kariertes Papier, mit allen Flüssen, Bergen, Städten. Nach einem bestimmten Schlüssel konnte man ›Kästchen gewinnen‹ oder verlieren. Bald verlangten wir immer ausgefallenere Länder. Albrecht zeichnete sie alle«[304]. 1942 lädt Albrecht seinen Neffen Hubert Albrecht und dessen älteren Bruder Rainer auf die Partnachalm ein.

Albrecht Haushofer beim Spielen mit Neffen und Nichte, 1939

Sie unternehmen täglich ausgiebige Bergtouren, unter anderem auf die Dreitorspitze, für einen Zehnjährigen eine beachtliche sportliche Herausforderung. Dabei wurde gleichzeitig jeder Tag zu einem Seminar, etwa über die »Entstehung des Partnachschiefers, die Auffaltung der nördlichen Kalkalpen«. »Höhepunkt war dann aber«, berichtet Hubert Albrecht, »als er uns auf dem Weg zur Meilerhütte das System der Atombombe erklärte. Sein Freund Carl Friedrich von Weizsäcker hatte ihn wohl in Berlin über diese Abteilung eingeweiht. So hörte ich, wissbegierig lauschend, etwas über Protonen und Neutronen, ohne den wahren Sinn zu verstehen.«[305] Auch in die Archäologie führt er sein Patenkind ein, sodass für ihn schon früh Schliemann zum »Halbgott«[306] wird. Für die Buben schreibt er ein letztes Theaterstück mit dem Titel *Die Heimkehr*, eine Odyssee für Kinder.

Albrecht Haushofer ist im Leben alles andere als ein Spieler, er ist das pure Gegenteil davon. Und doch hat er sich auf ein »Spiel« eingelassen, auf ein verhängnisvolles Spiel mit der Macht, mit der brutalsten Macht, die sich kaum denken lässt: der nationalsozialistischen Gewalt. In dem Sonett *Kassandro* zitiert er seine Kollegen »im Amt«, also im Auswärtigen Amt, die ihn eben »Kassandro« nannten, eine männliche Kassandra, »der Seherin von Troja gleich, / die ganze Todesnot von Volk und Reich / durch bittre Jahre schon vorausgekannt«[307].

Zeitlebens befindet sich seine Seele im Kampf mit der Melancholie, er hat mit seinen Schatten zu ringen. Doch gelingt es ihm allem Anschein nach besser als dem immer wieder von depressiven Phasen heimgesuchten Vater, seine Schatten zu assimilieren, mit ihnen eine Synthese einzugehen, die ihn auch zum Licht bringt, zumindest immer von Neuem. Bei aller auch von ihm selbst konstatierten Entschlusslosigkeit.

In geglückten Augenblicken und Phasen seines Lebens kann er seine inneren Widersprüche fruchtbar machen. Sein Freund Weizsäcker beschreibt ihn so: »Ein großer, schwerer Mann, erdgebunden und weltläufig, der ebenso gut das heimatliche Bairisch wie die Weltsprache Englisch sprach und Ostasien kannte und liebte. Der Überlieferung unentwurzelbar treu und in jeder Wendung der moderneren Welt zu Hause. Von schneidender Rationalität und voller Ehrfurcht vor dem Geheimnis. Ein Freund von Familienkreisen und Kindern, aber unverheiratet.«[308]

Ein kurioses Bild wird von ihm im Freundeskreis geprägt, in dem man sich gelegentlich den Spaß erlaubt, Menschen mit Tieren zu vergleichen. Albrecht Haushofer wird mit dem Elefanten in Beziehung gesetzt, »gewichtig, klug, sehr klug und wenn es sein mußte, listig, von langem Gedächtnis für Gutes und Böses, treu in der Freundschaft, treu im Haß«[309]. Weizsäcker findet diesen Schluss: »Aber was ihm Politik bedeutete, das spiegelt sich für uns vielleicht am besten in seiner Wissenschaft und seiner Kunst.«[310]

ALBRECHT HAUSHOFER UND SEINE BEZIEHUNG ZU FRAUEN

Von den wenigen Frauen – im Grunde sind es nur zwei –, die eine Rolle in Albrecht Haushofers Leben spielen, ist Annemarie Schwarzenbach die eine, später in Berlin Irmgard Schnuhr, die seine Sekretärin war, die andere. Auch Schwarzenbachs Herkunftsfamilie ist wie die der Haushofers bedeutend. Ihre Großmutter Clara von Bismarck (1851–1946) ist die Tochter des Generalleutnants Friedrich Wilhelm von Bismarck (1783–1860). So fehlt auch in dieser Familie das militärische Element nicht: Großvater Ulrich Wille (1848–1925) war General, auch der gleichnamige Sohn Ulrich Wille junior (1877–1959) war hochrangiger Offizier in der Schweizer Armee, dabei ein großer Sympathisant der Nationalsozialisten, der unter anderem Hitler und Heß 1923 in die familieneigene Villa Schönberg nach Zürich zu einem Vortrag eingeladen hat. Die dabei eingegangenen beträchtlichen Spenden gehen in die Finanzierung des Hitlerputsches ein. Auch seine Schwester Renée Schwarzenbach-Wille legt starke Neigungen zum deutschen Nationalsozialismus an den Tag, was ihre Tochter Annemarie Schwarzenbach in einen Dauerkonflikt mit ihrer Mutter bringt.

Wie erwähnt, gibt es schon seit der jeweiligen Urelternschaft der beiden eine Freundschaft zwischen den Familien. Von daher kennen sich auch Annemarie Schwarzenbach und Albrecht Haushofer. Was diesen dazu führt, eine nähere Verbindung mit ihr eingehen zu wollen, muss wohl im Reich der Spekulation bleiben. Vor Küchenpsychologie sollte man sich hüten, dennoch seien ein paar Überlegungen erlaubt.

Unterschiedlicher als diese beiden kann man eigentlich gar nicht sein. Gutbürgerlicher Grundhabitus des Albrecht Haushofer steht Neigung zur Extravaganz bei Annemarie Schwarzenbach gegenüber. Das Bürgerliche erstreckt sich bei Albrecht Haushofer auf alle Lebensbereiche: in der Kleidung, in der gewählten Sprache, im ruhigen, gediegenen Lebensstil, in der streng ausgerichteten Rationalität, während Annemarie Schwarzenbach mit einer für diese Zeit auffälligen Kurzhaarfrisur Aufsehen erregt, ebenso mit ihrer stets in Männerkleidung gewandeten Erscheinung. Ihre von permanenter Unruhe getriebenen Aufbrüche führen zu keinem Ziel, sie gibt sich spontanen Eingebungen hin, ausschließlich aus emotionalen Beweggründen. Nüchtern, der Mann – dem Rausche zugetan, die Frau, schon früh ein exzessives Leben mit Drogen führend. Ohne erkennbare erotische Ambitionen der Mann, die Frau mit öffentlich bekennender und auch ausübender lesbischer Orientierung. Zu ihren Liebhaberinnen gehören unter anderem die Photographin Ella Maillart und vor allem Erika Mann.

Mit Klaus Mann besucht sie 1934 den »Ersten Kongreß der Sowjetschriftsteller«. Oskar Maria Graf begegnet den beiden, kann aber wenig anfangen mit dieser »überzüchteten, höchst unentschiedenen Generation«[311]. Klaus Mann stellt Graf »seine hübsche, junge Begleiterin, ein Fräulein Annemarie Schwarzenbach vor«[312]. Graf hat kein Interesse an ihr, verwendet keinen Funken von Gedanken, was sie vielleicht schreibt, umtreibt, zu diesem Kongress reisen lässt. Sein oberflächliches Urteil ist schon fertig, ehe er eines entwickeln könnte: »Es handelte sich bei ihr um eine schreibende Millionärstochter aus der Schweiz, die aus Spielerei und wahrscheinlich, um sich irgendwie interessant zu machen, regen Verkehr mit Prominenten pflegte und große Reisen machte.«[313]

Da ist Albrecht Haushofer entschieden anderer Meinung: »Man kann gar nichts Gleichgültiges mit ihr reden. Aber in dem Augenblick, wo man auf irgendwas Tieferes kommt, geht sie, trotz sonstiger Verschlossenheit langsam aus sich heraus.«[314] Zu diesem Zeitpunkt ist Annemarie Schwarzenbach 15 Jahre alt. Freilich sieht er »innere Gefahren« für sie heraufziehen. Er bezweifelt, »ob ihre Mutter der richtige Führer« ist. Der Zweifel ist berechtigt: Die Mutter ist überzeugte Nationalsozialistin, mit der die Tochter zeitlebens im Streit lebt. Auch Camilla Meyer, Tochter von Conrad Ferdinand Meyer und Freundin der Familien Haushofer und Wille/Schwarzenbach, sieht das so. Sicherlich, so besinnt sich Albrecht Haushofer, wird die »kleine Annemarie schwierig« sein. »Aber«, fügt er hinzu, »das sind alle interessanten Menschen.«

Annemarie Schwarzenbach ist dieser Tage wieder aufgetaucht in dem mit dem Prix Concourt ausgezeichneten Roman *Kompass* von Mathias Énard[315], der von der Verschlungenheit und gegenseitigen Bereicherung von Orient und Okzident handelt. Für Franz Ritter, einen Protagonisten des Romans, ist der Orient ein »staatenloser Traum«, auf Arabisch, Persisch und Türkisch, in dem er immer wieder eine Sarah zu treffen sucht, der es ihrerseits jedoch um die Spuren der Annemarie Schwarzenbach geht: beide dem Orient vollkommen verfallen.

Alexis Schwarzenbach schreibt über die Schwester seines Großvaters ein Buch mit dem Titel *Auf der Schwelle des Fremden. Das Leben der Annemarie Schwarzenbach*[316]. Er beschreibt sie als unheilbar Reisende, ihr Aufbrechen bleibt immer ohne Ziel. »Was man am meisten liebt, liebt man schon mit dem Schmerz des Abschieds«, so stellt Alexis Schwarzenbach den nicht aufzuhebenden Bruch im Innenleben von Annemarie Schwarzenbach dar. Und zitiert sie selbst: »Ich freute mich auf überhaupt nichts, und es war doch meine Arbeit, das Innere der Länder kennenzulernen und sie aufrichtig zu lieben, um sie für andere Menschen beschreiben zu können.« Ihre Freundin Ella Maillart schreibt über sie: »Schreiben war der Gottesdienst ihres Lebens, er beherrschte sie ganz und gar.«[317] »Wirklich, ich lebe nur wenn ich schreibe«, schreibt sie in ihr Tagebuch 1939.

Im einst berühmten Hotel Baron in Aleppo sendet sie triste Briefe an Klaus Mann. Thomas Mann betrachtet sie mit einer Mischung aus Besorgnis und Wohlgefallen. Übereinstimmend wird von ihr das Bild einer Frau gezeichnet, die gefährlich lebt, zu viel trinkt, Drogen nimmt und zu wenig schläft. Sie wird nur 34 Jahre alt, stirbt an den Folgen eines Fahrradunfalls in der Schweiz. Als »untröstlicher Engel«[318] wird sie in dem Roman *Kompass* von Mathias Énard bezeichnet. Im Gästebuch des Hotel Baron finden die Protagonisten des Romans einen Eintrag von Annemarie Schwarzenbach vom Winter 1933/34. Schon früh macht sich Ella Maillart Sorgen um ihre Gesundheit und versucht sie dabei, an ihrer antifaschistischen Gesinnung zu packen: »Du hast […] oft gesagt, du würdest mit deinen ganzen Kräften gegen Hitler kämpfen, wenn der Krieg ausbricht; aber wie willst du das tun, wenn du nur ein Schatten bist?«[319]

Was macht sie dennoch so anziehend für diesen Mann Albrecht Haushofer? Ist es ihre androgyne Erscheinung, von der Thomas Mann nach Aussage seines Sohnes Klaus einmal bemerkt haben soll, dass sie »doch als ungewöhnlich hübsch gelten« darf[320] – wenn sie männlichen Geschlechtes wäre? Sieht Albrecht Haushofer, dem von verschiedenen Zeitgenossen eine latent vorhandene Homosexualität nachgesagt wird, in Annemarie Schwarzenbach mehr den Mann als die Frau? Ist es ihre Schönheit, die seinem ästhetischen Anspruch entspricht? Bei gleichzeitig hoher Begabung und hoher geistiger Beweglichkeit? Ist es also möglicherweise ihre Intellektualität? Oder sind es die sprichwörtlichen Gegensätze, die einander anziehen? Es ist nicht zu ergründen.

Vielleicht liegt eine Teilantwort in der Überlegung Carl Friedrich von Weizsäckers begründet, wie stark bei Albrecht Haushofer die Neigung zur Tradition vorherrscht, die sich auch auf Familienbeziehungen erstreckt. Es ist etwas geradezu Kennzeichnendes, schreibt er, der selbst sich mit dieser Familie Wille verbindet. »Seine Familie hat mit der Familie meiner Frau seit vier Generationen Freundschaft gepflegt. Die Urgroßväter hatten sich bei Schopenhauer als dessen Verehrer kennengelernt. Und diese überlieferte Freundschaft nun nahm Albrecht Haushofer als etwas Selbstverständliches auf und erfüllte es mit seinem eigenen Leben. Tradition nicht als Fremdes oder bloße Form, sondern als angemessener Ausdruck des eigenen Wesens, weil man aus demselben Stoff ist, aus dem die Vorfahren waren – das ist eines seiner Lebenselemente. Tradition der Familie, des heimatlichen Stammes, des eigenen Volks, der Menschheit.«[321]

1923 schreibt Albrecht dieses Gedicht mit dem Titel *Im Herbst 1923* über Annemarie Schwarzenbach, die damals fünfzehn Jahre alt war:

I
Deine Augen sind wie das Meer,
So blau, so tief
Eine lichte, schimmernde Wehr,
die lockt und rief.

Deine Augen sind wie das Meer,
So klar und rein
Wie sein endlos rollendes Heer
Im Sonnenschein.
Deine Augen sind wie das Meer,
So trotzend wild –
Auf den Wogen tanzt hin und her
Mein eigen Bild.

[...]
Vor Banden sich zu wahren
Zog in der Welt Gebraus'
In ungestümen Jahren
Ein Wanderfroher aus.

Der frühe Trotz entgleitet,
Durch früchteschweres Land
Ein Heimgekehrter schreitet,
Zu suchen, was ihn band.[322]

Fünf Jahre später bricht er in einer für ihn ungewohnten Spontaneität nach Paris auf, im März 1929, um ihr einen Heiratsantrag zu machen mit dem Ziel, eine Familie zu gründen. Annemarie Schwarzenbachs Absage ist in handschriftlicher Form erhalten:

»Lieber Herr Haushofer
es tut mir leid dass ich Sie nicht mehr sprechen konnte, die kleine Engadinfahrt kam etwas plötzlich, ich hätte mir, wenn ich es gewusst hätte, in Rüschlikon noch Zeit genommen mit Ihnen zu sprechen.
Ihre kleinen Gedichte lege ich Ihnen wieder bei. Sie enthalten eine Anfrage u. einen Wunsch nach Bindung: ich weiss nicht, ob Sie sich in mich hineinversetzen können, u. damit einsehen, dass es für mich unmöglich ist einen solchen Vorschlag anzunehmen? Vielleicht bin ich einfach zu jung, zu erfüllt von selbständigen Plänen – es tut mir leid, Ihnen weh zu tun, oder Sie zu enttäuschen: ich weiss nicht ob wir trotzdem weiterhin gute Freunde bleiben werden, ob Sie mir auch weiterhin mit Rat beistehen werden! Ich hoffe u. wünsche es sehr.
Mit vielen Grüßen
Ihre Annemarie Schwarzenbach«[323]

Annemarie Schwarzenbach, 1938

Die Absage ist in höfliche Worte gehüllt, in ihrer Aussage aber inhaltlich deutlich, überdeutlich. Sie »hätte sich

Zeit genommen« – wie für einen Menschen, der um einen Termin gebeten hat. Aber es war eben »etwas plötzlich«. Das Zurückschicken der Gedichte, die ihm so sehr am Herzen lagen, ist ein Affront. Ihr Wunsch nach Freiheit und Ungebundenheit ist nicht zu übersehen und durch nichts und niemanden einzuschränken. Gleichwohl möchte sie gerne »gute Freunde« bleiben und seinen Rat suchen dürfen.

POLITISCHE ORIENTIERUNGEN

Mehr noch als über Karl Haushofer ist über Albrecht Haushofer publiziert worden. Auch für ihn müssen im Rahmen dieses Buches häufig Hinweise auf bereits vorhandene Untersuchungen genügen. Im Fokus der Forschung steht bei Albrecht wie bei seinem Vater Karl die Stellung zum Nationalsozialismus. Grundlegend ist hierbei der Band *Albrecht Haushofer und der Nationalsozialismus* von Ursula Laack-Michel.

Max Haushofer der Ältere wie Max Haushofer der Jüngere waren, wie zu sehen war, politisch liberal. Der Ältere nahm Partei für die kritischen Stimmen in der Frage nach einer neuen Staatsform 1848 in Prag, der Jüngere war Abgeordneter der Nationalliberalen im Bayerischen Landtag. Diese Linie reißt mit der Option für eine militärische Laufbahn bei Karl Haushofer ab. Die »Haltung des dienst- und verantwortungswilligen Untertanen und Staatsbürgers hat sein Sohn Albrecht im Elternhaus kennengelernt«[324]. Sie bleibt auch für sein Leben bestimmend.

»Elternhaus« ist in dem Fall unzutreffend, denn Martha Haushofer hatte diese Ausrichtung naturgemäß nicht. So stellt Ursula Laack-Michel in ihrer Untersuchung selbst fest, dass Albrecht »im vitalen Kern seiner Persönlichkeit wesentlich stärker vom mütterlichen Erbe abhängig war«[325]. Ihre starke Rolle, was den Einfluss auf die Söhne betrifft, wurde schon angedeutet. Möglicherweise hatte diese doppelte, wenn auch verschieden ausgerichtete Dominanz der beiden Elternteile ihre Auswirkungen auf den Sohn.

Mit Oswald Spengler stimmt Albrecht Haushofer darüber überein, dass »Politik« nicht jedermanns Sache sei, sondern ein außerordentlich hohes Maß an Übung und Wissen voraussetze. Die Aufgabe, Politik zu betreiben, sollte deshalb einer kleinen Führungsschicht mit politischer Begabung und mit Pflichtbewusstsein übertragen werden. Bei ihnen sei die Bindung an traditionelle und auch moralische Werte gesichert. Von fern her erinnert das an die Grundformen von Staatswesen, wie sie Aristoteles in seiner *Politeia* entwickelt. Monarchie, Aristokratie und Politie (die grundlegende Polis-Verfassung im antiken Athen) dienen seiner Ansicht nach dem Gemeinwohl, während diesen Formen jeweils Entartungsformen gegenüberstehen: die Tyrannis der Monarchie, die Oligarchie der Aristokratie und die Demokratie der Politie. Diese drei Formen dienten nur dem Eigennutz. »Demokratie ist Sumpf«, schreibt Albrecht Haushofer in einem Brief an seinen Vater am 26. Oktober 1929.[326]

Gemeinsam waren ihnen die Ablehnung des Versailler Vertrages und der Parlamentarischen Demokratie im Sinne der Weimarer Verfassung. »Seine Verachtung für den aus revolutionären Ereignissen hervorgegangenen Weimarer Staat erstreckte sich sowohl auf das Prinzipielle und Sachliche als auch auf das Personelle.«[327] Wie Aristoteles in seiner *Politeia* in der »Ochlokratie« eine Entartungserscheinung der Demokratie als »Herrschaft der Masse« erblickt, misstraut Albrecht Haushofer von vornherein der parlamentarisch-demokratischen Staatsform, weil er in der unumschränkten Herrschaft des Volkes »die Tendenz, wenn nicht Verwirklichung der Anarchie«[328] angelegt sieht. Unverblümt formuliert er 1930: »Volk ist immer kurzsichtig. Umso größer ist die Pflicht der Führer.«[329]

Im Einzelnen gab es bei Karl Haushofer zum Teil durchaus Übereinstimmungen mit dem Programm der NSDAP aus dem Jahr 1920. Karl Haushofer konnte »die Punkte 1 (Zusammenschluss aller Deutschen auf Grund des Selbstbestimmungsrechtes der Völker zu einem Großdeutschland), 2 (Gleichberechtigung des deutschen Volkes gegenüber anderen Nationen; Aufhebung des Friedensvertrages von Versailles und St. Germain) und 3 (Land und Boden zur Ernährung des Volkes und Ansiedlung des Bevölkerungsüberschusses) ohne weiteres unterschreiben«[330]. Nichts mit seinem Denken hatte Punkt 4 zu tun, dass nur, wer deutschen Blutes sei, Volksgenosse sein könne, weshalb Juden von vornherein ausgeschlossen waren. Während für die Nationalsozialisten die Arier die auserwählte Rasse waren, die »Kulturbegründer«, waren die Juden für sie die »Kulturzerstörer«. Bei allem »Blut und Boden«-Denken, das Haushofers Werk durchzieht, kann davon bei ihm keine Rede sein, auch wenn er durchaus nicht von antisemitischen Tendenzen frei war. Jacobsen beschreibt diese in seiner grundlegenden Studie über Karl Haushofer so, dass auch bei ihm ein konservativer Antisemitismus »zu einem der konstitutiven Elemente des Nationalismus im Kaiserreich zählte«[331]. Gemeinsames Feindbild dieser konservativen bürgerlichen Kreise waren »Freimaurer, Plutokraten (Großkapital), Linkssozialisten und Juden«[332]. Auch Karl Haushofers persönliche Feindbilder enthalten die Juden, »insbesondere ostsemitischer Herkunft«, ebenso wie »Vertreter von Handel, Börsen und Banken, ›Landesverräter‹, Pazifisten oder Angelsachsen«[333].

Wie perfide das Gift der Diskriminierung wirken kann, zeigt unter anderem auch dieser kleine Zusatz »ostsemitischer Herkunft«. Selbst in der pauschalen Abwertung von ganzen Bevölkerungsgruppen finden sich noch Stufen der Abwertung zur besonderen Diffamierung. Ein einziger Blick auf die einzigartige Kultur der Stadt Cernowitz hätte genügt, um sich nicht auch noch diesem unmenschlichen Unsinn auszusetzen. Auch ein Joseph Roth gehört, so gesehen, zu diesem »Ostjudentum«, in den Zwanzigerjahren ein führender Vertreter deutscher Sprache unter den Schriftstellern. Vielleicht genügt er allein schon wegen seiner politischen Einstellung dem Feindbild Karl Haushofers. »Wer von den deutschen berühmten Schriftstellern hat sich um die schwarze Reichswehr, massakrierte Arbeiter, bayrische Justiz [...] gekümmert?«[334] Roths Feindbild ist klar, es ist die deutsche Generalität: »Naturgeschichte des Generals; Ludendorff und das Schlachtvieh.«[335]

Geistig auf einer Linie mit seinem Vater bleibt Albrecht Haushofer in seiner Verachtung der Revolutionäre von 1918/19. Dass es Matrosen, Soldaten und Arbeitern um ihr Überleben ging, in einem seit vier Jahren millionenfachen Sterben in Schützengräben, in den Gewässern der Meere, wird überhaupt nicht zur Kenntnis genommen. Während Karl Haushofer sich mit seinen Kameraden in der Nähe von Verdun in schicken Uniformen ablichten lässt, werden nicht weit davon Menschen zum Schlachtvieh, was sie nicht im Geringsten berührt. Von daher gibt es auch nicht das leiseste Verständnis, dass diesen Menschen gar nichts anderes übrig bleibt, als den Aufstand zu wagen, wenn sie überhaupt überleben wollen. Von Monarchen und Militärs haben sie nichts anderes zu erwarten als Tod und Unterwerfung. Also nehmen sie ihr Schicksal in die eigene Hand.

Aber auch Albrecht Haushofer hat nichts für diese Menschen übrig. Dabei könnte er gerade in einem Ernst Toller, Dichter und Politiker wie er selbst, einen feinsinnigen Kollegen erblicken, der aus seiner in der Dichtung sich manifestierenden menschlichen Haltung heraus zu einer politischen Handlung schreitet, wenn auch in eine ganz andere Richtung. Ein Denkmal für Ernst Toller auf dem Münchner Ostfriedhof thematisiert in seiner Inschrift die Metapher der Schwelle, wie es auch Albrecht Haushofer selbst tut: »Der die Pfade bereitet, stirbt an der Schwelle, doch es neigt sich vor ihm in Ehrfurcht der Tod. Ernst Toller 1893–1939.«

»Als fundamentales Übel sieht Haushofer – was damals weit verbreitet war – einen einseitigen Individualismus und Rationalismus der Aufklärung, auf den die derzeitige als ›mechanisch‹ aufgefasste Verfassungs- und Sozialordnung zurückgeführt wird. An deren Stelle müsse wieder eine ›organische‹ treten.«[336] Wie eine solche aussehen könnte, wird im Einzelnen nicht ausgeführt. Vom Vater unterscheidet ihn in der politischen Ausrichtung seine klare Abgrenzung vom »Wilhelminismus«. Alfred Hugenberg, den Führer der DNVP, hält er für »völlig blind, rachsüchtig und verknöchert, für einen, der viel vergessen, aber nichts gelernt hat – ein hoffnungsloser Fall – Wilhelminismus der übelsten Sorte«[337]. Ihn oder Hitler und Franz von Papen sah er nicht als Alternative zur auch von ihm kritisierten Weimarer Republik. Von Papen, im Juni 1932 zum Kanzler ernannt, stellt für Haushofer den Anfang eines Zusammenbruchs wie 1918 dar: »Ich glaube nicht, dass am Ende noch ein deutsches Reich bestehen wird.«[338] Und nach dem 30. Januar 1933 sieht er so schwarz wie noch nie.

Mehr als seine sich ihm eröffnende Habilitation interessiert ihn die Politik. Seit den Gewinnen der NSDAP bei den Reichstagswahlen 1930 befürchtet er eine weitere Radikalisierung, versucht, politische Verbindungen zu schaffen und auch zu nutzen, um diese einzudämmen.

In Stellvertretung für seinen Vater übernimmt er den Vorsitz im »Volksdeutschen Rat« unter der Ägide von Heß. Dadurch entsteht auch die Verbindung zu Joachim von Ribbentrop (ab 1934 »Büro«, später »Dienststelle Ribbentrop«), der großen Wert auf Haushofers Rat legt. 1936 besucht er im Auftrag Ribbentrops den tschechischen Ministerpräsidenten Beneš im Glauben, einen Beitrag zur Friedenssicherung in Europa leisten zu können. Auf Veranlassung der gleichen Dienststelle begibt er sich 1937 auf eine Dienstreise nach Japan. Voller Entsetzen angesichts des ausgebrochenen Zweiten Japanisch-Chinesischen Kriegs und all der Gräuel, denen er begegnet, kehrt er zurück. 1938 spricht er eine offene Warnung vor einem Krieg mit der Tschechoslowakei aus. An der »Münchner Konferenz«, besser bekannt in deren Ergebnis als »Münchner Abkommen«, nimmt er teil als Mitarbeiter Ribbentrops und geographischer Sachverständiger. 1939 wird er Mitarbeiter in der »Informationsstelle I des Auswärtigen Amtes«. Im gleichen Jahr erkennt er aber bereits, dass seine Bemühungen um Friedenssicherung vollkommen vergeblich sind, und schreibt seinen Eltern von der »Katastrophe des Deutschen Reiches«, die kommen wird, von der »großen Zerstörung Europas«, die den Zusammenbruch »unserer ganzen Kulturwelt« herbeiführen werde.[339]

»MÜNCHNER ABKOMMEN«

Die »Sudetendeutschen« als einheitliche Volksgruppe sind ein Konstrukt, das es in dieser Form in der Vergangenheit nicht gegeben hat. Allerdings fanden sich die deutschsprachigen Einwohner von Böhmen und Mähren nach dem Zusammenbruch der Habsburger Monarchie in der neu gebildeten Tschechoslowakei in einer Minderheitensituation. Der Begriff »Sudetendeutsche« wurde Anfang des 20. Jahrhundert für eine ganz und gar nicht homogene Volksgruppe geprägt, die aus Deutschböhmen, -mährern und -schlesiern bestand. Der Schlachtruf »Heim ins Reich« ist allerdings schon insofern in sich obsolet, weil die »Sudetendeutschen« ja nicht im »Deutschen Reich« beheimatet gewesen waren, sondern in der Habsburger Doppelmonarchie.

Wenn diese nun so bezeichneten Gebiete dem Deutschen Reich zugeschlagen werden, macht dieser Vorgang umgekehrt die hier lebenden Tschechen zur Minderheit, mit allen bekannten Folgen. Aber dass sich die Geschichte dann noch einmal dreht und es zur Vertreibung aller Deutschen kommt, ist nicht absehbar, aber klar, wenn der Krieg verloren wird.

Ein Raumverständnis, wie es Otto Friedrich Bollnow in *Mensch und Raum* entwickelt, ist sowohl Karl wie Albrecht Haushofer fremd. Bollnow schreibt: »Indem der eine sich rücksichtslos ausdehnt, geschieht es auf Kosten des andern.« »Am bedrohlichsten«, mahnt Bollnow, »ist dieser Kampf um den Lebensraum aber in dem Nebeneinanderleben der Völker, weil es hier zum Ausbruch immer neuer Kriege geführt hat.«[340] Im Gegensatz dazu kann Bollnow den Raum als »Raum des liebenden

Zusammenlebens« sehen. Er schließt damit an Gedanken des Schweizer Psychiaters und Psychoanalytikers Ludwig Binswanger, in dessen Untersuchung *Grundformen und Erkenntnis menschlichen Daseins*[341] an. Grundlage ist die Einsicht, dass es allen Menschen um die Sorge, um Besorgnis für diesen Raum geht, in dem es nur einen grenzenlosen, den einen und unteilbaren Raum gibt.

Eine solche Vorstellung vom Zusammenleben der Menschen und Völker ist der Geopolitik, wie sie Friedrich Ratzel und Karl Haushofer entwickeln, fern. Ihnen geht es darum, den bestehenden Lebensraum zu vergrößern. Dass er sich zwangsläufig dadurch für andere verkleinert, ist keiner weiteren Überlegung wert. Karl Haushofer zielt auf »Führung« in erweiterten großen Räumen. Die USA übernähmen im amerikanischen die Führung, Deutschland im europäisch-afrikanischen, Japan im ostasiatischen und Russland in Eurasien. Diese Konstruktion ist ein kaltes Geistesprodukt, in dem Menschen keinen Platz haben – gerade, weil er den einen einen Platz verschaffen will, mit dem Ergebnis, dass am Ende der Geschichte noch weniger Platz ist, eben gerade für die Deutschen.

Gleichwohl wird der Unterschied zwischen Vater und Sohn Haushofer allein schon an den Gesprächspartnern deutlich, mit denen sie politisch kommunizieren. Karl Haushofer lädt Konrad Henlein zum Abendessen ein (6. Juni 1935). Konrad Henlein (1898–1945) leitet seit 1925 den »Deutschen Turnverband« in der Tschechoslowakei, verwandelt ihn in eine politische Organisation, deren Führung er übernimmt. 1933 gründet er die »Sudetendeutsche Heimatfront«, aus der die »Sudetendeutsche Partei« hervorgeht. In enger Kooperation mit den deutschen Nationalsozialisten schürt Henlein die »Sudetenkrise«, die das Ende der Tschechoslowakei einläutet. Konrad Henlein wird am 6. Mai 1939 Reichsstatthalter im Sudetenland, zwei Tage vorher wurde die Unterbringung von Juden in Judenhäusern angeordnet, eine Woche darauf wird das Frauen-Konzentrationslager Ravensbrück errichtet. Damit wird auch in der Tschechoslowakei die Verfolgung der Juden Programm.

Albrecht Haushofer führt immer wieder geheime Gespräche mit Beneš (unter anderem am 18./19. Januar 1936). Auf die Idee, die tschechische Regierung nach München einzuladen, kommt niemand. Von einem »Abkommen« kann nicht die Rede sein. Das Land, das allein von den Beschlüssen betroffen ist, kann nicht einmal an der Konferenz teilnehmen – auch eine Folge einer Geopolitik, die nur den eigenen Raum im Auge hat.

LANGSAME ANNÄHERUNG AN DEN WIDERSTAND

Carl Friedrich von Weizsäcker bringt die zwiespältige Haltung seines Freundes Albrecht zum Ausdruck: »Als es nicht gelungen war, diesen Krieg zu verhindern, dessen Ausgang er voraussah, versank er jahrelang in eine Bitterkeit und eine Schwärze des Pessimismus, die auf ihm und seinen Freunden wie Blei lasteten.« Zwar ließ er nichts unversucht, konnte aber diese triste Weltsicht nicht abschütteln: »Er unterließ keinen Schritt, der irgendeine Hoffnung versprach, aber er glaubte nicht an diese Schritte.«[342] Immer wieder wird in unterschiedlichsten Untersuchungen und Überlegungen dieser Charakterzug Albrecht Haushofers festgestellt. Was dem Vater an Fähigkeit zur Selbstreflexion fehlt, besitzt Albrecht im Übermaß, so sehr, dass es ihn am Handeln hindert. »Zweifel an sich selbst, leidenschaftliche Empfindlichkeit gegenüber allen, die seine Zweifel nicht teilten, beherrschten ihn bis zum Verzweifeln und zum Unwillen gegen die eigene Existenz.«[343]

Sein Neffe und Patenkind Hubert Albrecht Haushofer berichtet vom 70. Geburtstag seines Großvaters Karl Haushofer, einem sonnigen Tag, dem 27. August 1939, auf dem Hartschimmel. Ein Wagen fuhr vor, und der Fahrer brachte ein Geschenk von Rudolf Heß ins Haus: »Ein riesiges Kofferradio, das erste, das ich je sah. Musik im Freien, aber plötzlich die Sondermeldung, der Führer habe die Mobilmachung befohlen. Während ich dachte, es gäbe ein neues Autorennen, sah ich plötzlich Albrechts Gesicht – aschfahl.«[344]

Spätestens im Februar 1943 sieht Haushofer endgültig keine Möglichkeit mehr, Einfluss auf die Nationalsozialisten zu nehmen, um sie von ihrem welt- und menschenzerstörenden Wahnsinn abbringen zu können – es sei denn durch Widerstand. Das schreibt er zwar so direkt nicht, aber in einem Brief an die Eltern vom 7. Februar 1943 drückt er aus, dass jeder »das seine dazu tun muss«, um den Acheron zu bändigen. Dazu den entscheidenden Satz: »Das eigene Leben gilt in diesem Zusammenhang nicht viel.«[345] Bereits seit 1940 hatte Haushofer über den »Popitz-Kreis« Kontakt zu Menschen des Widerstandes. Heinrich von zur Mühlen, ein Zeitzeuge, hält Haushofer für die »am stärksten vorwärts drängende Kraft«[346] im Popitz-Kreis.

Auch Laack-Michel teilt die Ansicht, dass er seine resignative Stimmung, »wenn überhaupt, dann vielleicht erst in den Monaten der Haft im Winter 1944/45 kurz vor seinem Tode hat überwinden können und sich immer wieder in diese Resignation hineinretten müssen. Neue Aufgaben, die sich ihm stellten, konnten diese Stimmung zwar überdecken und für kurze Zeit verdrängen, nie aber ganz auslöschen«[347].

BRIEF AN PRINZ HOHENLOHE

Eine Woche vor dem Attentat Stauffenbergs auf Hitler wählt Albrecht Haushofer in einem Brief an den Prinzen Viktor von Hohenlohe-Schillingsfürst[348] die Metaphorik der Theatersprache, um die hochbrisante Situation zu umreißen: »[M]an soll keine Stunde versäumen. […] Das Stück, in dem wir alle spielen, unterscheidet sich von denen auf der Bühne dadurch, dass der eiserne Vorhang zu jeder Zeit vor oder hinter jedem Handelnden oder jedem der Zuschauer niedersausen kann. So

Prof. Dr. Albrecht Haushofer — Berlin – Frohnau
Speerweg 28
14. VII. 1944.

Lieber Prinz Hohenlohe,

Eine stille Abendstunde eines grauen, regnerischen Tages sei gleich zur Antwort auf Ihren Brief benutzt – man soll die wenigen Möglichkeiten persönlichen Gespräches in dieser Zeit hüten und pflegen – und man soll keine Stunde versäumen. Das Stück, in dem wir alle spielen, unterscheidet sich von denen der Bühne dadurch, dass der eiserne Vorhang zu jeder Zeit vor oder hinter jedem der Handelnden und jedem der Zuschauer niedersausen kann. So verwandeln sich Rollen und Worte. – Dass ich mich über Ihren Brief gefreut habe, brauche ich kaum sagen. So will ich umso mehr rasch antworten, als mir von

Erste Seite des Briefes an Prinz Hohenlohe

verwandeln sich Rollen und Worte.« Er zitiert unter anderem Shakespeare, um auf diese Weise die Schwelle der Gestapo passieren zu können. Hierauf wählt er wieder eine gänzlich privat erscheinende Tonart, in der es um den Wunsch eines gegenseitigen Besuches geht.

In vollkommen beiläufigem Ton spricht Haushofer dabei eine »allgemeine Reiseposse mit Sonderbestimmungen für West- und Ostpreußen« an, die an Brisanz zunimmt, wenn man das Datum des Briefes ins Auge fasst: keine ganze Woche vor

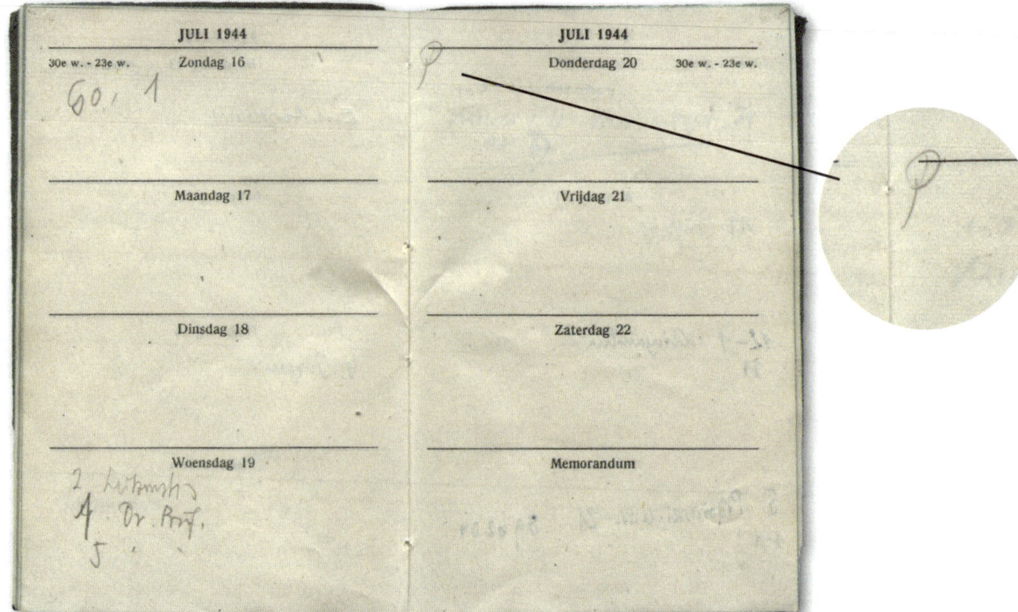

Zwei Seiten aus dem letzten Taschenkalender Albrecht Haushofers; Eintrag am 20. Juli 1944: »P« (für Popitz, preußischer Innenminister mit Widerstandskreis)

dem Attentat auf Hitler; und den Ort: Die Bunkeranlage »Wolfsschanze« Hitlers lag in Ostpreußen. Stauffenberg wählte allerdings nicht den Landweg, sondern flog im Flugzeug zur Besprechung, wodurch er die Reiseeinschränkungen zwischen West- und Ostpreußen umging. Schon im übernächsten Satz deutet Haushofer einen »Wechsel von Tätigkeit und vielleicht auch Aufenthaltsort« an. »Ich erwarte das seit langem. Es ist nun folgerichtig. Jedenfalls heißt es dann aufpassen und [...] nicht durch Abwesenheit den Augenblick versäumen, in dem man auch selbst daran mitwirken kann, in welche Kanäle man geschleust wird [...] wenn ich Ihnen also helfen kann, soll es gern und immer geschehen.«

Das ist schon mehr als deutlich. Die zentrale Botschaft verpackt er in philosophische Abstraktion: »Der Kern dessen, was Sie an unserer Entscheidung fühlen, ist wohl die (durchaus richtige Empfindung), daß alles Betonen rein geistiger Ordnungen sehr leicht zu einem Absoluten gegenüber dem Leben führt. In diesem Absondern bleiben nun viele Menschen hohen geistigen Anspruchs stecken – ohne fähig zu sein, die rechtfertigende, schöpferische Rückkehr zu vollziehen. Alles Geistige verlangt Verrichtung [...] Ihnen von Herzen alles Gute und – hoffentlich – auf Wiedersehen. Ihr Albrecht Haushofer.«

Im letzten Notizbuch von Albrecht Haushofer ist auf der Seite vom 20. Juli 1944 eine einzige Eintragung: »P«. Nur ein Kürzel, doch wer es zu deuten vermag, weiß um die enorme Brisanz dieses einzigen Buchstaben. »P.« steht für Johannes Popitz (1884–1945). Popitz ist preußischer Innenminister, der sich angesichts der Judenverfolgung gegen den Nationalsozialismus wandte. Der Schriftsteller Paul Fechter schreibt über ihn: »Popitz war ein erbitterter Gegner des nationalsozialistischen Staates und seiner Männer. Er ist es gewesen, der aus der Mittwochsgesellschaft langsam und vorsichtig eine Zelle des Widerstandes gemacht hat; er hat bei jeder Gelegenheit versucht, Menschen, die als Gegner des Systems in Gefahr geraten waren, zu helfen, sie mit Hilfe seiner Verbindungen dem Netz zu entziehen, in das sie sich verstrickt hatten.«[349] Einen Tag nach dem missglückten Attentat wurde er verhaftet, am 2. Februar 1945 hingerichtet.

DER FLUCHTWEG ALBRECHT HAUSHOFERS

Nachdem das Attentat gegen Hitler am 20. Juli 1944 gescheitert war, konnte für Albrecht Haushofer eigentlich kaum ein Zweifel bestehen, dass er über kurz oder lang ins Visier der nationalsozialistischen Verfolger geraten wird – mochten seine Verbindungen zum Widerstand auch im Verborgenen gelegen haben. So verborgen, dass noch lange Zeit selbst in der Forschung der Nachkriegszeit von manchen gerätselt wurde, ob es denn tatsächlich solche Verbindungen überhaupt gab. Der Brief an den Prinzen Viktor von Hohenlohe-Schillingsfürst und der scheinbar so unscheinbare Eintrag »P« für Popitz am Tag des Attentats helfen allerdings, letzte Zweifel zu zerstreuen.

Albrecht Haushofer musste fliehen, doch tat er dies nicht sofort und schon gar nicht überhastet. Als wäre nichts geschehen, beendet er eine Woche nach dem Attentat, am 27. Juli 1944, seine Vorlesungsreihe. Bürokratisch korrekt beantragt er einen Passierschein, um mit dem Zug nach Partenkirchen, wo sich seine Eltern aufhalten, zu fahren – und bekommt ihn auch bewilligt. Am 28. Juli fährt er in den Süden. Will er durch solche Gelassenheit nach außen hin das Signal setzen, dass er gänzlich unbeteiligt an dem Geschehen ist? Steckt pure Verzweiflung dahinter, sodass ihm gar nichts anderes übrig bleibt? Wie auch immer: Es gehört schon eine ungeheure Nervenstärke dazu, so zu handeln. Unbehelligt erreicht er Partenkirchen, wählt aber – Intuition oder Fügung? – nicht den üblichen Weg zur Partnachalm hinauf, sondern durch die Partnachklamm. Andernfalls wäre er schon zu diesem Zeitpunkt der Gestapo in die Hände gefallen, die gerade den gefangen gesetzten Vater Karl Haushofer von der Alm herunterbrachte, um ihn in die Haft zu überstellen.

Obgleich die Gefahr offenkundig ist, bleibt er drei Tage bei der Mutter Martha auf der Alm, die letzten gemeinsamen Tage der beiden. Von seinem Wissen um die Attentatspläne hat er nicht gesprochen, das wäre auch viel zu gefährlich gewesen. Den Abschied von seiner Mutter hat er in einem seiner Moabiter Sonette bewegend geschildert. Es ist in diesem Buch dem Abschnitt über Martha Haushofer vorangestellt. Im Lebensbuch der Familie Haushofer wird schon zuvor von der Partnachalm in einem Aquarell und in tieftraurigen Versen Abschied genommen.

Partnach Alm, Zeichnung von Karl Haushofer im *Lebensbuch*

Träume noch ein letztes Lauschen: Hochgewitters weiten Hall
Bergstroms dunkel-tiefes Rauschen – Brunnquells nahen Flüsterfall –
Leisen Laut von stummem Leben – Laubeszittern ohne Wind –
Lass zur grossen Stille schweben Töne, die verklungen sind.[350]

Am 1. August fährt er von Garmisch aus wieder mit der Bahn ein Stück weit in Richtung Hartschimmelhof, in der kleinen Station Wilzhofen zwischen Weilheim und Tutzing steigt er aus und geht zu Fuß weiter. Bis zum heutigen Tag ist diese

Foto von der Partnachalm, vor der Haustür Karl Haushofer

Gegend bei weitem nicht so überlaufen wie die um die beiden nahen Seen, den Starnberger- und den Ammersee. Als träumte sie so vor sich hin, breitet sich die Landschaft aus, doch wird er keine Augen dafür gehabt haben – und wenn dann solche eines wehen Abschieds. Am Schloß Pähl vorbei führt der Weg, sein Ziel ist das Kloster Kerschlach, ein Weg von zehn Kilometern.

SCHWESTER SYMPHOROSA, KERSCHLACH

Für die kleine Siedlung Kerschlach zwischen Ammer- und Starnberger See lässt sich eine etwa tausendjährige Geschichte nachweisen; es ist eine wechselvolle Geschichte, der man hier im Einzelnen nicht nachgehen kann. Mitte des 15. Jahrhunderts gingen die Anwesen in den Besitz des Benediktinerkloster Andechs über. Mit der Säkularisation und der Aufhebung der Klöster 1803 war diese Epoche zu Ende. Gut hundert Jahre später hielten wieder Klosterangehörige Einzug, die Missions-Benediktinerinnen von Tutzing. Jedoch beschlagnahmte die Gestapo am 9. Mai 1941 das Klostergut, Schwestern und Personal wurden dienstverpflichtet. Es kommt noch schlimmer: Schwester Oberin Symphorosa Kohler wurde am 19. September 1944 verhaftet und »bezichtigt, nach den Ereignissen des 20. Juli einem Flüchtling Beistand geleistet zu haben«[351]. Schwester Petra Gründl nennt keinen Namen, beschreibt nur in aller Kürze das weitere Schicksal ihrer Mitschwester.

Der im Archiv des Klosters Tutzing aufbewahrte *Sterbebericht unserer lieben, am 2. Dezember 1949 zu Gott heimgegangenen Mitschwester M. Symphorosa Kohler* setzt zwar mit ihrem Tod ein, enthält aber auf etlichen maschinenschriftlichen Seiten wesentliche Grundzüge ihres Lebenslaufes. Ihren Klosternamen bekommt sie nach der Heiligen Symphorosa, einer christlichen Märtyrerin und Heiligen aus dem zweiten Jahrhundert, wörtlich übersetzt »die Nützliche« oder auch »die Mitleidige«. 1895 als ältestes von zwölf Kindern in einer schwäbischen Bauernfamilie geboren, wuchs sie noch unter dem Namen Johanna in die Landwirtschaft hinein und lernte alles Notwendige, was ihr später in Kerschlach zugutekam. Ebenso war ihr der Handel vertraut, was sie aber nicht daran hinderte, auch ihr »mildtätiges, mitfühlendes Herz« sprechen zu lassen. Davon waren ihre Brüder nicht immer begeistert: »Die verschenkt uns noch den ganzen Hof!« Im Kloster ließ sie es sich auch nicht nehmen, Kriegsgefangenen etwas zuzustecken: »Zigaretten, Seife oder andere Kleinigkeiten.«[352]

Das war nach der Vereinnahmung durch die Gestapo nicht mehr möglich. »So ging es drei Jahre hindurch. Dann kam für Sr. Symphorosa selbst die härteste Prüfung jener unheilschwangeren Zeit. Der Herr warf sie jetzt förmlich in den Schmelztiegel der Leiden […]«[353] »Ein politisch Verfolgter, mit dessen Familie die Schwestern gut bekannt waren«, bat eines Abends um Obdach. Bei der Familie, mit der die Schwestern gut bekannt waren, handelt es sich um die Familie Haushofer. Schwester Symphorosa durfte zwar wegen der Gestapo im Hause »in diesem Falle der Bitte nicht willfahren«, doch wusste sie einen Ausweg: die Familie Otto im nahen Machtlfing. Wie das genau zugegangen ist, darüber gibt es unterschiedliche Berichte. Der Tutzinger Gemeinderat und Referent für Ortskunde Toni Aigner schreibt: »Eine Schwester, die jahrelang an ihrer Seite gearbeitet hatte, stellte fest, dass Sr. Symphorosa eine hundertprozentige Nächstenliebe lebte, weil sie ungemein friedliebend und von Gottesliebe erfüllt war. Sogar in den Jahren der Not des Krieges, der Flucht und Verzweiflung wurde niemand an der bescheidenen Kerschlacher Klosterpforte fortgeschickt. Auch nicht Albrecht Haushofer.«[354]

Bleiben konnte er allerdings dort nicht. Toni Aigner setzt seinen Bericht so fort: »Die Priorin Hyazintha Hock bat den am dortigen Lazarett (dem späteren Tutzinger Krankenhaus) tätigen Dr. Otto, Albrecht Haushofer zu verstecken. Wissend wie gefährlich das war, zögerten der tiefgläubige Arzt und seine junge Frau Elisabeth, die ein halbes Jahr vorher geheiratet hatten, keinen Moment. Sie wohnten bei Dr. Ottos Vater, dem Lehrer Franz

Der Stadel, in dem sich Albrecht Haushofer versteckte

Der Fluchtweg Albrecht Haushofers

Otto, der schon 1936 aus politischen Gründen in Schlesien vom Dienst suspendiert worden war. In Machtlfing war er als Organist und Kirchenchorleiter tätig. Dr. Martin Otto stand dem regimekritischen Jesuitenpater Delp nahe.«[355] Elisabeth Otto war sogar einmal mit Pater Delp verhaftet worden.

Doch spielen sich vorher noch andere hochdramatische Szenen ab. Wohl aus Sicherheitsgründen versteckt man Albrecht Haushofer, der zwischenzeitlich schon im Kirchturm untergekommen war, wo man mit Pfarrer Johann Enzensberger einen weiteren Nazi-Gegner wusste, etwas außerhalb des Dorfes in einem Stadel der bäuerlichen Familie Popp. Den Stadel gibt es heute noch: Er liegt am Rande eines Waldstückes am Feldweg zwischen Machtlfing und Kerschlach. Die Schwägerin der Mesnerin, die auch zu diesem Netzwerk der »stillen Helden« in Machtlfing gehört, kann Albrecht Haushofer relativ unauffällig Brot und Milch ins Versteck bringen, weil die Familie einen Acker in der Nähe hat. Allerdings erinnert sich Johann Sontheim noch als über Neunzigjähriger, dass er sich mit seinen sechzehn Jahren gewundert habe, weshalb die Frau immer wieder von der eben gebrachten Milch etwas abzweigte. Es fiel ihm auf, weil er selbst dafür zuständig war, die gesamten Milchbestände des Dorfes zur Bahn nach Feldafing zu bringen[356]. Schließlich fällt auf ihn der Verdacht der Gestapo; sein Fuhrwerk wird am Ortsrand beim Hof der Familie Popp angehalten und alles durchsucht. Auch der Hof wird auf den Kopf gestellt. Man ist Albrecht Haushofer auf der Spur. Aber er kann noch rechtzeitig gewarnt werden. Aus Machtlfing muss er weg.

In nächtlichen Märschen schlägt er sich bis nach Garmisch durch. 48 Stunden hatte er zu Fuß gebraucht zur Partnachklamm, wo er aber unter keinen Umständen die Alm der Familie aufsuchen kann. In Sichtweite der Partnachalm, nur auf der anderen Seite der Klamm, befindet sich der Polsterhof auf dem Mittergraseck, deren Bäuerin Anna Zahler er seit seiner Jugend kennt. Ohne Umstände nimmt auch sie ihn auf, am Morgen des 20. September. Zehn Wochen bleibt er unentdeckt, bis am 7. Dezember Gestapo und Polizei Haushofer aufstöbern und verhaften. So schließt sich in Partenkirchen der Lebenskreis von Albrecht Haushofer. Eine Tafel an der bereits erwähnten Villa Christina erinnert, dass er hier seine Jugendjahre verbracht hat und als »politisch Handelnder im deutschen Widerstand gegen den Nationalsozialismus« in Partenkirchen gefangen genommen wurde. »Gemeinsam mit Anna Zahler wurde Albrecht Haushofer gefesselt ins Rathaus nach Garmisch-Partenkirchen und von dort zum Verhör ins Wittelsbacher Palais nach München verbracht.«[357] Am 13. Dezember wird Albrecht nach Berlin-Moabit ins Gefängnis Lehrter Straße überstellt.

Anna Zahler, deren Mann 1943 im Krieg gefallen war, muss ihre Alm ihrer 17-jährigen Tochter allein zur Bewirtschaftung überlassen, die schon für die beiden Frauen zusammen kaum zu verkraften war. Eine Verhaftungswelle geht durch den Kreis der Fluchthelfer. Bis Mitte April 1945 wird Anna Zahler im Wittelsbacher Palais festgehalten, in dem auch die Familie Otto inhaftiert war, ehe sie am 8. Dezember ins KZ

Dachau gebracht wurde. Ihr ganzes Leben lang leidet Anna Zahler an den Folgen der Lagerhaft. Dr. Otto erkrankt im KZ an Flecktyphus so schwer, dass er seine Frau noch Wochen nach seiner Entlassung am 24. April nicht erkennt. Körperlich und seelisch wird er das Geschehen nie mehr los.

Die laut Sterbebericht am 19. September 1944 verhaftete Schwester Symphorosa wird von der Gestapo zuerst in das Gefängnis Weilheim, dann in das Münchner Polizeipräsidium Ettstraße in eine Einzelzelle gebracht. Neben den Auskünften über Albrecht Haushofer wollte man Schwester Symphorosa ein Geständnis entlocken, um ihre Mitschwester zu belasten. Dem hielt sie mutig stand, aber »nach ihrer Rückkehr am Ende des Jahres 1944 war diese feinfühlige, geradlinige, immer Ausgleich suchende Persönlichkeit körperlich und seelisch zerbrochen. Noch in der Krankenabteilung des Klosters kamen aber immer wieder Gestapobeamte zu peinlichen und quälenden Verhören. Erst nach dem erlösenden Kriegsende im Mai 1945 konnte sie sich einigermaßen erholen. Sie, die ehemals starke Frau mit offenem Blick, offenem Herzen, offener Hand, so die Todesanzeige, konnte nur noch zwei Jahre an der Klosterpforte ihrem Konvent dienen, bevor sie wieder auf das Krankenlager geworfen wurde und schon im Dezember 1949 zu Gott heimging.«[358]

Ihre letzte Ruhestätte findet sie in der Gruft der Missions-Benediktinerinnen von Tutzing: Hic jacet [hier liegt – wenn auch im Lateinischen nicht ganz korrekt geschrieben] SM Symphorosa Kohler O.S.B. / nat. 7. Jan. 1895 / Prof. [Profess: Ablegen des Ordensgelübdes] 27. Julii 1923 / mort. 2. Dez. 1949 / Et misericordia subsequetur omnibus diebus vitae meae [Und die Barmherzigkeit folgt allen Tagen meines Lebens].

Inschrift auf der Grabplatte für Schwester Symphorosa Kohler in der Gruft der Missions-Benediktinerinnen in Tutzing

MOABITER SONETTE

Gerade indem Karl Haushofer verhindern möchte, als Künstler nicht den Boden unter den Füßen zu verlieren, und eben nicht Künstler wird, verliert er ihn – auf das Ganze des Lebens gesehen – vollkommen. Albrecht gelingt es, ihn am Ende seines Lebens wiederzugewinnen, als Dichter – wenn auch als Boden seiner Gefängniszelle, auf dem er die *Moabiter Sonette* schreibt. In dieser Haltung schildert ihn sein Bruder Heinz, Mithäftling in Moabit, beim Blick durch das Zellenfenster, dem Albrecht den Rücken zukehrt.

Die achtzig Gedichte sind auf allen Ebenen inhaltlich wie formal streng gefasst und gehalten. Sie ziehen eine insgesamt positive Bilanz eines bewegten Lebens.

SCHULD

Ich trage leicht an dem, was das Gericht
mir Schuld benennen wird: an Plan und Sorgen.
Verbrecher wär' ich, hätt' ich für das Morgen
des Volkes nicht geplant aus eigner Pflicht.

Doch schuldig bin ich anders, als ihr denkt,
ich mußte früher meine Pflicht erkennen,
ich mußte schärfer Unheil Unheil nennen –
mein Urteil hab ich viel zu lang gelenkt …

Ich klage mich in meinem Herzen an:
Ich habe mein Gewissen lang betrogen,
ich hab' mich selbst und andere belogen -

ich kannte früh des Jammers ganze Bahn –
ich hab' gewarnt – nicht hart genug und klar!
Und heute weiß ich, was ich schuldig war …

(Sonett von Albrecht Haushofer)[359]

In solcher Weise gibt sich Albrecht Haushofer Rechenschaft über sein Verhalten im Nationalsozialismus.

Ohne Zweifel ist Albrecht Haushofer mit seinen *Moabiter Sonetten* im Bewusstsein der Öffentlichkeit das bekannteste Mitglied der Familie Haushofer. Wenn man sich die Bedingungen vor Augen führt, unter denen sie entstanden sind, ist es kaum zu glauben, dass es sie gibt und sie uns erhalten sind. Auch Menschen, die nicht im Gefängnis eingesperrt waren, mussten im Krieg um alles bangen: um ihr Leben, um ihre Wohnstatt und auch um ihren geistigen Besitz, der vielen eine Überlebenshilfe war. Ein winziger Trost in der unendlichen Bedrückung durch ein so absolut menschenfeindliches Regime.

Um wie viel gefährdeter war das Leben in Gefangenschaft! Nicht nur, dass Gefangene bei Luftangriffen mitnichten in Sicherheit gebracht wurden, sondern den Bomben vollkommen schutzlos ausgeliefert waren. Ihr Leben war unentwegt durch die eigenen Landsleute in höchster Gefahr: durch die Schergen der Nationalsozialisten. Und dann gab es dennoch gleichwohl Menschen, die es geschafft haben, selbst in Gefangenschaft zu schreiben, wo schon die Beschaffung von Schreibmaterial ein wagemutiges Kunststück war.

Das Gefängnis in Moabit und der Bunker des »Führers« sind ungefähr eine Stunde Fußweg voneinander entfernt, dem entspricht in etwa die Entfernung zwischen dem Hartschimmelhof und dem Ammersee. Der gedachte Weg in Berlin führt am damaligen Lehrter Bahnhof (dem Standort des heutigen Berliner Hauptbahnhofs) vorbei über die Spree zum Reichstag die lange Wilhelmstraße hinunter mit dem Haus der Nummer 23, in dem, wie erwähnt, die Gesellschaft für Erdkunde untergebracht war, zur Ecke Voßstraße mit der Reichskanzlei, in deren Garten der »Führerbunker« eingebaut war.

Ein paar Male sind sie sich begegnet im Leben, Hitler und Albrecht Haushofer, Täter und Opfer. Eine Woche liegt zwischen ihrer beider Tod. In der Nacht vom 22. auf 23. April wird Albrecht Haushofer erschossen. Am 29. April heiraten Eva Braun und Adolf Hitler im Führerbunker, am nächsten Tag, am 30. April bringen sie sich um. Die Geopolitik hat sich in eine Topographie des Schreckens verwandelt.

Albrecht Haushofer hat seinen Tod im Blick, in dem Sonett *Bombenregen* schreibt er: »der deutsche Strick, / die Russenkugel jählings im Genick, / die Britenbombe sind als Los gegeben.«[360] Es war dann nicht die »Russenkugel«, sondern eine deutsche. Detloff Klatt, zu dieser Zeit Seelsorger in dem damals größten Berliner Gefängnis in Moabit, hatte sein Pfarrhaus am »äußeren Rand« mit einem »alten anheimelnden Garten«[361]. Klatt beschreibt die gespenstische Szene so: »Als am 24. April 1945 [unterschiedliche Datumsangabe] die Schüsse der feindlichen Kanonen und Gewehre ihm und seinen politischen Mitgefangenen schon die baldige Befreiung ankündigten, wurde noch in der Nacht das Todesurteil vollstreckt. Mit dreißig Leidensgefährten wurde er vor das Gefängnistor geführt und – wenige Schritte vor meinem Pfarrgarten entfernt – erschossen.«[362] Nach langer Suche, am 12. Mai, entdeckt sein Bruder Heinz Haushofer gemeinsam mit Irmgard Schnuhr, der Mitarbeiterin Albrecht Haushofers, den Toten in der Nähe des Gefängnisses und er findet auch das blutbespritzte Manuskript der Sonette.

Heute ist auf dem Gelände der »Geschichtspark Ehemaliges Zellengefängnis Moabit« eingerichtet. An der nahe gelegenen Wilsnacker Straße wurde für die Opfer von Krieg und Gewaltherrschaft ein Friedhof angelegt. Dort findet Albrecht Haushofer sein Grab. Eine Tafel erläutert den Zusammenhang: »Hier wurden über 300 Menschen begraben, die gegen Ende des Zweiten Weltkrieges im Umkreis dieses Friedhofs ums Leben kamen. Sie starben bei Kampfhandlungen, im Luftschutzkeller, beim Beschaffen des Lebensnotwendigen, durch Genickschuss oder begingen Selbstmord.« Die Tafel schließt mit einer Strophe aus den *Moabiter Sonetten*: »Der Wahn allein war Herr in diesem Land, in Leichenfeldern schliesst sein stolzer Lauf, / und Elend, unermessbar, steigt herauf.«

Karl Haushofer schreibt seinem Sohn nach dessen Tod das Gedicht *Albrecht*.

ALBRECHT

Vor vielen Jugendgräbern bin ich schon
im Kriege und im Frieden still gestanden.
Jetzt liegt im Grab in feindgewordnen Landen
Der Geisteserbe mir, der älteste Sohn.
Noch klingt vom letzten Sang sein weher Ton:
er durfte nicht im offnen Kampfe fallen!
Nein! Mit Genickschuß mußt' ihn niederknallen
vom eig'nen Volk ein Mörderpeloton.
Wo liegt die Schuld, die hohe Geistesgaben,
selt'ne Kultur zu solchem End' geführt?
Wie viel davon mag Deine eigene sein?
Jetzt überläßt sie schweigend mich der Pein,
die nur ein grenzenloses Mitleid spürt,
und tiefe Reue, selbst gelebt zu haben.
Albrecht.

(Karl Haushofer)[363]

Das Sonett stellt die strengste Form der Lyrik dar. Der Aufbau ist mit zwei vierzeiligen und zwei dreizeiligen Strophen (also zwei Quartetten und zwei Terzetten) unverrückbar festgelegt. Ebenso streng ist die Abfolge der Reime vorgegeben: abba, abba, cde, cde, wobei bei den Terzetten geringfügige Variationen möglich sind. Mit diesem klaren Bauplan bekommt jede Einzelheit eine Beziehung zum Ganzen, sei es in der Abfolge von Gegensätzlichkeiten oder auch Gemeinsamkeiten des Inhalts. »Diese Form wählte der Gefangene. Er hat es sich geradezu auferlegt mit der streng geformten Aussage, mit der Suche nach Maß und Gesetz mit sich ins Reine zu kommen.«[364]

Immer wieder wird von zeitgenössischen Freunden und Bekannten ebenso wie von späteren Biographen Albrecht Haushofers das Zögernde, wenn nicht Zaudernde seines Wesens beschrieben. Auch das Bild vom janusköpfigen Charakterzug wird gebraucht. Gertraud Meyer etwa zitiert in ihrer kleinen Monographie *Albrecht Haushofer. Im Auge des Zyklon* Albrechts Bruder Heinz, der diesen Ausdruck gebraucht: »Er versucht das Unmögliche, nämlich klug und geschickt zwischen steilen Klippen hindurchzusteuern, einerseits den Widerstand zu fördern, andererseits den seiner Sache dienenden Posten nicht aufzugeben. Er glaubte durch den engen Kontakt mit der Macht Einfluss nehmen zu können.«[365]

Im antiken Rom bewachte Janus, der doppelköpfige Gott, Tür und Tor. Er schaut nach vorne und nach hinten, symbolisiert die Dualität allen Daseins wie etwa Schöpfung und Zerstörung. Alles und jeder birgt sozusagen seinen eigenen Gegenspieler in sich. Immer wieder tritt in unterschiedlichen Zeugnissen über Albrecht Haushofer die Ansicht zutage, dass er, so paradox es sich auch anhören mag, im Gefängnis, im Verfassen der *Moabiter Sonette* zu sich selbst gekommen ist. »Mit Albrecht Haushofer ist in Moabit eine große Wandlung vor sich gegangen, für ihn war das die Gnade. Diese Wandlung musste wohl erst kommen, ehe er die Welt verließ.«[366] Er steht schon jenseits von Furcht und Hoffnung. »Diese Erwartungen haben Albrecht nicht mehr bewegt. Er war zu sich selbst entlassen. Er saß in seiner Dichtung gleichsam im Auge des Zyklon, er hat die Sturmfreiheit in der Mitte des Daseins gesucht. Dichten ist ihm mehr als ein Formenspiel der Schönheit, in den besten Strophen auch mehr als Selbstbefreiung.«[367]

Goethes Gedicht *Natur und Kunst* gibt den Sonetten von Albrecht Haushofer die Grundierung. Zugleich fasst es die generationenübergreifenden Schwerpunkte zusammen, die bei allen Familienmitgliedern immer wieder so stark ins Gewicht des eigenen Werkes fallen, sei dieses künstlerisch, naturwissenschaftlich oder politisch ausgerichtet: Natur und Kunst in ihrer untrennbaren Einheit bilden Grundkonstanten in Leben und Werk dieser Familie.

NATUR UND KUNST

Natur und Kunst, sie scheinen sich zu fliehen,
Und haben sich, eh' man es denkt, gefunden;
Der Widerwille ist auch mir verschwunden,
Und beide scheinen gleich mich anzuziehen.
Es gilt wohl nur ein redliches Bemühen!
Und wenn wir erst in abgemeßnen Stunden
Mit Geist und Fleiß uns an die Kunst gebunden,
Mag frei Natur im Herzen wieder glühen.
So ist's mit aller Bildung auch beschaffen:
Vergebens werden ungebundne Geister
Nach der Vollendung reiner Höhe streben.[368]

(Johann Wolfgang von Goethe)

Natur und Kunst »scheinen« sich nur zu fliehen, im Tiefsten sind sie untrennbar miteinander verbunden. In diesem Text bündeln sich die unterschiedlichen Lebensläufe der Familienmitglieder: Ihre Liebe zur Natur, ob auf einer Insel oder in den Bergen, in der Nähe auf Wanderungen oder in der Ferne auf ausgedehnten Reisen, sie schlägt sich nieder in verschiedenen Ausdrucksformen von Kunst und Wissenschaft, wie der Pleinairmalerei als Geopsyche, der Mineralogie, der Geographie, der Geopolitik – bis schließlich zur Politik. Ausnahmslos sind alle künstlerisch außerordentlich begabt, sei es professionell gestaltet oder als persönliche, jedoch alles andere als dilettantische Liebhaberei.

WAS BLEIBT?

Albrecht Haushofers Sonette sind aus höchster Not geboren, den Tod vor Augen, in vollkommener Todesgewissheit. Die Tür, die so lange in der Geschichte dieser Familie ins Freie, ins Offene gewiesen hat, wird zugeschlagen: Sie ist zur Tür einer Gefängniszelle geworden. Was bleibt, ist der Geist. Für dessen Freiheit einzutreten, bleibt Aufgabe von Generation zu Generation.

»Innere Emigration« ist schon rein begrifflich ein problematischer Begriff. Emigrieren heißt »auswandern«. Man kann aber nicht in sein eigenes Inneres auswandern. Entweder man wandert tatsächlich aus, in ein anderes Land. Oder man versucht zu überleben, wo immer man ist. Gleichwohl findet er seinen Platz in der deutschen Nachkriegsgeschichte.

1947 erscheint im Verlag Kurt Desch München eine Lyrik-Anthologie mit dem Titel *De Profundis* (»aus der Tiefe«), mit dem Untertitel *Deutsche Lyrik in dieser Zeit*. Kurt Desch hatte während des »Dritten Reichs« als Leiter des Zinnen-Verlags einen vorsichtigen Konfrontationskurs gegen die Reichsschrifttumskammer gesteuert und vermag es nun, sich damit den Amerikanern als Inbegriff eines Widerstandskämpfers darzustellen. Deschs Anliegen der »Restitutio hominis«, der Wiederherstellung des Menschen, nach dem Ende des Krieges entspricht dem demokratisch-humanistischen Anliegen der US-Behörden.

Laut Selbstaussage des Herausgebers Günter Groll werden in dieser Sammlung »zum ersten Mal die Dichter des ›anderen Deutschland‹ aus der Zeit der Tyrannis« vereinigt. »Die Welt weiß noch wenig vom Wesen dieser Dichtung, die auch während der zwölf Jahre trotz Terror, Verbot und Bedrohung nicht verstummte.«[369] Mit dem »anderen Deutschland« sind also Autoren gemeint, die nicht in die Emigration gegangen sind. Darunter finden sich Namen wie Werner Bergengruen, Georg Britting, Hans Carossa, Ernst Penzoldt, Reinhold Schneider, Ernst Wiechert. Auch Ernst Wiecherts *Rede an die deutsche Jugend 1945* war im Verlagsprogramm. Die *Rede an die deutsche Jugend 1945* wurde vorher von Alfred Andersch und Hans Werner Richter für die Zeitschrift *Der Ruf* abgelehnt. Begründung: Sie sei voll »martyriumssüchtiger

Demut und hoffärtiger Eitelkeit«. Auch die Geschwister Erika und Klaus Mann lehnen diese Autoren der »Inneren Emigration« ab. Abwägender beschreibt es Hermann Lenz, freilich in größerem zeitlichen Abstand in seinem Roman *Ein Fremdling.* Carossa, den er persönlich kannte, habe zwar das »Richtige« sagen können: »Genützt jedoch hätte es wahrscheinlich nichts.«[370] Skeptisch bleibt sein Blick auch auf die Gruppe junger Schriftsteller, die glaubten, wirklich einen »Neuanfang«, eine »Stunde Null«, einen »Kahlschlag« einläuten zu können. »Die meisten Gegner der Diktatur müssten also fleckenlose Helden sein. Eigentlich ziemlich klischeehaft und für sogenannte Realisten nicht ganz passend.«[371] Reinhard Wittmann bestätigt wissenschaftlich diese Ansicht in seiner Untersuchung mit dem sprechenden Titel *Auf geflickten Straßen.* Fast keiner konnte mit ganz reiner Weste aus der Zeit des »Dritten Reichs« herauskommen, es sei denn, man ist in die Emigration gegangen, aus deren Sicht oft scharf ins Gericht gegangen wird mit denen, die im »Reich« geblieben sind.

Dass Günter Groll sich als Brückenbauer versucht, nehmen viele Emigranten nicht zur Kenntnis. Voller Anerkennung bemerkt Groll: »So waren es also die Emigranten, die in der Welt den deutschen Namen und das Bewußtsein retteten, daß es immer und unverlierbar auch ein anderes und besseres Deutschland gäbe.«[372] Sich in Fehden zwischen »innerer« und »äußerer« Emigration zu ergehen, lehnt Groll ab. Deutsch sein, heißt für ihn europäisch zu sein.

Auch Albrecht Haushofer ist mit einem Sonett vertreten: *In Fesseln.* Darin schildert er das Leben in einer der Zellen von Moabit, in denen gleichwohl das Gefühl der Solidarität nicht verloren geht: »Indem ich lausche, spür ich durch die Wände / Das Leben vieler brüderlicher Hände.«[373] Friedrich Denk macht darauf aufmerksam, dass Albrecht Haushofer zwar durch ein einziges Werk berühmt geworden ist, eben die *Moabiter Sonette*, weist aber auf die sieben Dramen hin, die er ebenfalls geschrieben hat, alle zum Thema Macht und Willkür. Im Krieg kommen noch einmal vier dazu. In *Scipio*, verfasst zwischen dem 20. April (Hitlers Geburtstag) und dem 4. September 1933, stellt er die Frage nach der Berechtigung diktatorischer Maßnahmen. Seine Antwort: »Wichtiger als Machtvermehrung ist die Bewahrung des Rechtsstaates.«[374] Anders als Hans Carossa, Günter Eich, Peter Huchel, Marie-Luise Kaschnitz, Wolfgang Koeppen oder Ernst Wiechert »schreibt Haushofer nur noch über Gewaltmenschen, Diktatoren und absolute Herrscher – und versucht gleichzeitig in der praktischen Politik, die Folgen des Machtmißbrauchs zu vermindern«[375]. Von manchem Zeitgenossen wird in seinen »Römerdramen« die Regimekritik erkannt.

Im Spreebogen in Berlin am Ufer des Flusses steht eine Büste Albrecht Haushofers, auf der Gedenktafel ist sein Sonett *Heimat*[376] zu lesen:

HEIMAT

Man hat mich über meine Flucht befragt
Warum ich nicht den Weg zum Rhein genommen
Zur nahen Schweiz den jungen Strom durchschwommen
Bevor man gründlich erst nach mir gejagt

Ich wollte nicht aus meiner Heimat gehn
Sie schien mir lange guten Schutz zu gönnen
Dann hat auch sie mich nicht mehr bergen können
Ich werde lebend kaum sie wiedersehn

Doch bleibt es tröstlich, ihrer Berge Mauern
Im Hintergrund von Alm und Hof zu wissen
Muss ich auch selbst den Hauch der Gipfel missen

Die silbergrauen Wände werden dauern
Ob sie der Mensch durchklettert oder flieht
Bis neues Eis die Felsen rings umzieht

Albrecht Haushofers Grab auf dem Friedhof Wilsnacker Straße in Berlin

Wiese auf dem Hartschimmel

FORTSETZUNG BÄUERLICHER BESTIMMUNG

HEINZ HAUSHOFER (1906–1988)

Heinz Haushofer, ca. 1986

Geboren am 19. Juni 1906 in München, besucht Heinz Haushofer von 1915 bis 1924 das Theresiengymnasium in dieser Stadt. Von 1924 bis 1928 studiert er Landwirtschaft an der Landwirtschaftlichen Abteilung der TH in München und schließt das Studium 1927 als Diplomlandwirt ab. 1928 promoviert er zum Dr. rer. Tech. bei dem Nationalökonomen Hanns Dorn mit dem Thema: *Die Agrarreformen der österreichisch-ungarischen Nachfolgestaaten*. Dorn war nicht nur Nationalökonom, sondern auch Sozialwissenschaftler und Publizist. Man kann sich ihn als geistiges Mitglied der Familie Haushofer denken, auch in seinem Engagement für die Frauenfrage seit 1910 und als Mitherausgeber der Zeitschrift *Frauen-Zukunft*.

Mit 17 Jahren tritt Heinz Haushofer in den Unterstab des »1. Art. Rgt.« ein, offiziell nicht »Schwarze Reichswehr«, sondern »Zeitfreiwilligenkorps« genannt. Eine seiner und seiner Kameraden Aufgaben besteht darin, »schwarze« Waffenstände oft sehr schnell zu verschieben, um sie vor der Interalliierten Kontrollkommission, die im Hotel »Vierjahreszeiten« in München residierte, zu verbergen. Gleichwohl sieht der junge Heinz Haushofer auch in seiner späteren Erinnerung das ganze Korps als »staatstreu«: »Wir empfanden uns also auch durchwegs nicht als Revolutionäre.«[377] Unter anderem bezieht er sich in dieser Argumentation darauf, dass die »Zeitfreiwilligen« auch gegen rechts hätten ausrücken müssen zur »Aufrechterhaltung von Ruhe und Ordnung«. Hitler versuchte zu diesem Zeitpunkt, zu seiner SA noch den »Bund Oberland«, der auf das »Freikorps Oberland« zurückgeht, für seine Zwecke einzuspannen. Das »Freikorps Oberland« hatte sich bei der Niederschlagung der Räterepublik in München durch besondere Brutalität ausgezeichnet – von Heinz Haushofer als »der am besten ausgebildete, moralisch auch nach seiner Auslese höchststehende Teil des Kampfbundes« bezeichnet.

In leitender Position bei diesem »Bund« befindet sich ein General a. D. namens Achter, »ein guter Berufssoldat ohne politische Erfahrung«. Vater Karl Haushofer hat über Achter einen direkten Draht zum Kampfbund. Beim Marsch auf die Feldherrnhalle am 9. November 1923 zerreißt es nach Heinz Haushofer die Zeitfreiwilligen beinahe, weil Oberland zur Feldherrnhalle marschierte, während die Zeitfreiwilligen laut Auftrag das Erzbischöfliche Ordinariat zu schützen hatten – und das »wohl auch gegen Anhänger Hitlers«, wie sich Haushofer erinnert. Er radelt zum Bürgerbräukeller, gerät, weil alle anderen zu Fuß unterwegs waren, quasi aus Zufall an die Spitze des Zuges. Während der ersten Salve geht Haushofer hinter einem der Bronzelöwen der Feldherrnhalle in Deckung, von wo er auf die dreizehn Toten des Zuges schaut, die da in ihren Blutlachen liegen, »die sich wie großen Rosen ausbreiteten«. Geschockt nach Hause zurückgekehrt, erhält der junge Heinz eine »strenge Ermahnung« durch seinen Vater.

Den 9. November 1923, den Tag des Hitler-Putsches, bezeichnet er als den Tag in seinem Leben, an dem ihm der »Ernst des Lebens« aufgeschienen ist. Er hat die militanten Vorgänge vor der Feldherrnhalle in München als Augenzeuge miterlebt, aber es hat auch nicht viel gefehlt, und er wäre darin involviert gewesen. Der Grund liegt in einer konservativen Tradition, die schon seinen Vater geprägt hat und noch die darauffolgende Generation. Diese Tradition bleibt der »alten Zeit«, der Monarchie, verhaftet, insbesondere der preußischen, in ihrer Verquickung mit dem Militär. Mit diesem obrigkeitsstaatlichen Denken verbindet sich eine grundlegende Abneigung gegenüber demokratischen Strömungen und damit auch der neuen Staatsform der Weimarer Republik. So berechtigt die Einwände gegen die wenig friedensstiftenden Bestimmungen des Versailler Vertrages sind, die inzwischen auch von Historikern der damaligen Siegermächte geteilt werden, bleibt noch immer die Frage, was einen jungen Menschen dazu bewegt, Mitglied einer »Schwarzen Reichswehr« zu werden, die nichts anderes im Sinn hat als die Remilitarisierung eines Deutschlands, das von Militärs im Ersten Weltkrieg in den Abgrund gerissen worden ist. Freilich betont Heinz Haushofer mehrfach, er habe nur das Militärische dieser Organisation im Auge gehabt, nicht deren politische Intention. Aber genau darin, in dem Nicht-Unterscheiden-Können oder auch Nicht-Wollen, hatte ja das Unheil unter Wilhelm II. bestanden – ein Vorgang, der sich im »Dritten Reich« wiederholen wird.

Allerdings hat Heinz Haushofer ein Erleuchtungserlebnis, ausgerechnet am Tag des Hitler-Putsches: »Der 9. November 1923 schuf eine innere Distanzierung von der Persönlichkeit Hitlers, die ich vielleicht auf andere Weise niemals so dezidiert erreicht hätte.«[378] Der junge Haushofer fühlt sich in der Folgezeit sehr viel stärker der Jugendbewegung zugehörig und in deren Rahmen dem »Wandervogel«. »Aus eigener Bestimmung, vor eigener Verantwortung, mit innerer Wahrhaftigkeit« wolle man das Leben gestalten, so die Devise. Das Theater und die Musik prägen die jungen Leute, die hohe Ansprüche an sich selbst und an die anderen stellen.

Heinz Haushofer hörte als 17-Jähriger eine Rede von Adolf Hitler im Circus Krone. Er beschreibt die »ausgesprochen individualistische Entwicklung« seiner Persönlichkeit »in kleinen Gruppen«, spricht auch von seinem »elitären Bewusstsein«. Die Massenbegeisterung der anderen Besucher kann er absolut nicht teilen, »und damit wuchs eine unsichtbare Trennwand zwischen mir und ihnen«. Ehrlicherweise räumt er ein, dass es sich dabei »keinesfalls um bewusste Ablehnung des Nationalsozialismus als solche« handelte. Es war eine »ganz instinktive Abwehrreaktion gegen das erlebte Phänomen«. An irgendwelche Inhalte der Rede Hitlers kann er sich nicht erinnern, aber von »seinem Stil angewidert« ist er.

Eine zweite Begegnung mit Hitler schildert Haushofer, die im Salon des Verlegers Bruckmann am Karolinenplatz 5 in München stattgefunden hat. Haushofer geht zunächst auf die Thesen von Joachim Fest und Hannah Arendt ein, die in dieser sogenannten besseren Gesellschaft mit ihrer bürgerlichen, aber heruntergekommenen Weltanschauung die Türöffner für Hitler gespielt hätten. Dem widerspricht Haushofer insofern, als er die Wirkung von Hitlers schlechten Manieren, seine Unfähigkeit zur Diskussion, seine Neigung zu Tiraden in dem Salon beschreibt. Sein Vater und Karl Alexander von Müller hätten sich immer wieder »verzweifelte Blicke« zugeworfen. Sein Auftreten »vertiefte die Besorgnis solcher Zuhörer wie meines Vater oder von Müllers, in Zukunft mit einem solchen Mann als einem politischen Faktor als Beweger der Massen rechnen zu müssen«. Ohne diese Eindrücke in Zweifel ziehen zu wollen, lädt aber die Bemerkung Heinz Haushofers zum Nachdenken ein, die Mehrheit der Salonbesucher als »respektable Rechte« einzuschätzen – eine Bezeichnung, die er sich von Joachim Fest entliehen hat, ohne dass Fest sie auf diesen Personenkreis bezogen hätte. Karl Alexander von Müller ist für Haushofer »alles andere als ein Nationalsozialist«.

Aber von Müller schreibt als Präsident der Bayerischen Akademie der Wissenschaften und Leiter der »Forschungsabteilung Judenfragen des Reichsinstituts für Geschichte des neuen Deutschland« auch solche Sätze, in denen er am 19. November 1936 in seiner Rede zur Eröffnung seines Instituts in der großen Aula der Universität den Sinn seines Instituts als »Waffenstätte für den Kampf der Geister« begreift, »mit dem Ziel, einen jungen Stab von Kämpfern heranzubilden, die das deutsche Volk in eine seiner wichtigsten Schlachten führen können: Jeder von uns

Älteren hat eine Schuld an den Führer abzutragen für frühere Versäumnisse.« Freiwillig musste das auch zu dieser Zeit keiner sagen, wenn er es nicht so meinte: »Unser neuer Staat Adolf Hitlers ist einer der größten und kühnsten Versuche in unserer tausendjährigen Geschichte [...] das ganze Gesellschafts-, Wirtschafts- und Geistesleben unseres Volkes in seinem Kern zu erneuern von seinen innersten Wurzeln her.«[379]

DIE BÄUERLICHE BESTIMMUNG

Heinz Haushofer jedoch widmet sein Leben der Landwirtschaft, ihrer berufsständischen Vertretung – und seinem Nachdenken und Schreiben über das Verhältnis eines Bauern zu seinem Land. Unmittelbar nach dem Abitur am Theresiengymnasium am 3. April 1924 beginnt Haushofer seine Tätigkeit als Praktikant auf dem Thalerhof in Abertshausen, Gemeinde Obersöchering bei Murnau. Er wird in alle bäuerliche Tätigkeiten eingebunden, die »im Zeitalter des Pferdes«, wie er es nennt, anfallen. Die Besitzerin des Thalerhofes ist Frau Dr. Gertraud Wolf, Abgeordnete der DVP im Bayerischen Landtag. Heinz Haushofer verkörpert unverzüglich diese bäuerliche Existenz, und zwar so sehr, dass sein Vater sich schon Sorgen macht, er würde »verbauern«[380].

Gleichwohl macht er ihn mit dem Werk seines Urgroßvaters väterlicherseits, Carl Fraas, bekannt. Dieser, Professor der Landwirtschaft und Direktor der Zentral-Tierarzneischule, hatte gemeinsam mit Justus von Liebig in Neufreimann einen Versuchsbetrieb eingerichtet. Praxis, Lehre, Forschung und Organisationswesen gingen bei ihm eine Einheit ein, welche auch dem jungen Heinz Haushofer den künftigen Lebensweg weisen.

Wie sein Urgroßvater Professor Carl Fraas (1810–1875) war Heinz Haushofer ebenso Praktiker wie Theoretiker der Landwirtschaft und zugleich politisch auf diesen beiden Ebenen tätig. 1847 wurde Carl Fraas Generalsekretär des Landwirtschaftlichen Vereins in München als Berufsvertretung der Landwirte und Herausgeber der für die Landwirtschaft maßgeblichen Zeitschrift des Vereins. Verschiedene bahnbrechende Neuerungen gehen auf seine Initiative zurück, etwa die künstliche Fischzucht oder die Lehranstalt für das Brauereiwesen in Weihenstephan. Zunächst gemeinsam mit Justus von Liebig, später in Gegnerschaft zu ihm experimentierte Fraas mit neuen Möglichkeiten der Bodendüngung.

Der öffentlich geführte und ausgetragene Streit mit Liebig in der Frage des Kunstdüngens kommt in der Schrift von Fraas mit dem Titel *Ein Beitrag zur Lehre vom Völkeruntergang durch Bodenerschöpfung* aus dem Jahre 1865 so zum Ausdruck: »Wenn die Phosphatsäure die Geschichte der Völker und der Staaten bildet und die sittliche Idee des Geschlechts an Guanoinseln und Knochenmühlen hängt, wenn schon die Möglichkeit fehlt, den Kreislauf der Materie zu beherrschen, dann hat uns der ›göttliche Funken‹ und die Weisheit aller Jahrhunderte arg im Stich gelassen, und wir wünschten aufrichtig, dem lieben Herrgott die Hausschlüssel zurückgeben und sagen zu dürfen: novissima dies.«[381] Dieser Gedanke steht auch im Zentrum der Überzeugung von Heinz Haushofer.

Wie schon angedeutet, stellt Carl Fraas seiner *Geschichte der Landwirthschaft, oder: Geschichtliche Übersicht der Fortschritte landwirthschaftlicher Erkenntnisse in den letzten 100 Jahren* ein unübersetzt bleibendes Motto voran: »Ὦ Ἀδείμαντε, οὐκ 'ἐσμὲν ποιηταὶ ἐγώ τε καὶ σὺ ἐν τῷ παρόντι, ἀλλ' οἰκισταὶ πόλεως«, das im Titelblatt nicht ganz korrekt zitiert wird; möglicherweise ist Carl Fraas dabei das im Entstehen begriffene Neugriechische in die Quere gekommen, das er selbst sprach. Wie auch immer: Es ist Platons Πολιτεία, *Der Staat*, entnommen, Buch zwei, 378e/379a, und bedeutet wörtlich: »Oh, Adeimantos, wir sind keine Dichter in diesem Augenblick, du und ich, sondern Städtegründer.« Angesprochen ist damit Adeimantos, ein älterer Bruder von Plato, wichtiger Gesprächspartner des Sokrates, welcher das Sprecher-Ich ist, wie so oft bei Plato.

Sokrates wendet sich an Adeimantos mit dem Anliegen, dass man jenen Dichtern nicht über den Weg trauen sollte, die einem erzählen, dass auch die Götter untereinander Krieg führen gegeneinander, weshalb man auch selbst keine Märchen verbreiten sollte, vor allem um die Jugend zu schützen: »Denn der Jüngling ist nicht imstande zu unterscheiden, was dieser verborgene Sinn ist und was nicht [...]«[382] Mit anderen Worten: Der junge Mensch braucht klare Aussagen, und eine davon ist für Plato, dass Gott gut ist und deshalb auch so darzustellen ist. Der Mensch aber präge sich pränatal selbst aus, und wie das ausfällt, daran ist Gott unschuldig.

Ohne natürlich es wissen zu können, formuliert Carl Fraas damit eine Grundierung nicht nur seines Buches, sondern zugleich sich widersprechender und immer wieder auch vereinender geistiger Strömungen, denen sich in seinem Gefolge auf vielfältige Weise Mitglieder der Familie Haushofer ausgesetzt fühlen werden. Carl Fraas folgt Plato, im Vertrauen auf die Rechtfertigung Gottes und seiner Gerechtigkeit; der Mensch aber ist selbst verantwortlich für sein Handeln. Und es ist ihm, wie den Generationen der Familie Haushofer, die ihm nachkommen, ein Anliegen, jungen Menschen klare Aussagen zu vermitteln.

Heinz Haushofer behält den göttlichen Hausschlüssel gerne in der Hand. Die akademische Tradition der Familie kennt nicht nur künstlerische Ausprägung, mit Fraas, dem Nationalökonomen Max Haushofer dem Jüngeren und dem Mineralogen Karl Haushofer dem Älteren folgt Heinz Haushofer anderen Ahnen. Ihnen allen gleich ist die Verwurzelung der »politischen und wissenschaftlichen Ansichten im Mutterboden einer niemals in Frage gestellten Heimat«[383]. Sein Bruder Albrecht schaut in einem seiner *Moabiter Sonette* tief in die brüderliche, bäuerlich-spirituelle Seele.

DER BRUDER

Mein Bruder sitzt im gleichen Bau gefangen,
doch ohne Plan und Anteil an der Schuld.
Sein Schicksal fordert heute nur Geduld,
bis mir der Spruch der Mächtigen ergangen.

Mein Bruder hat die Erde nicht umfahren,
er hat sich nicht aufs Meer hinausgewagt.
Er hat sich um der Scholle Frucht geplagt,
und Kinder wuchsen ihm in raschen Jahren.

Mein Bruder – hoff ich – sieht die Heimat wieder,
die Eltern, seine tapfer-kluge Frau,
des Ackers Braun, des Alpenhimmels Blau.

Ihm blühe neu der Zeiten junger Flieder –
Er liebt den Boden. Lohne der ihm gut,
und seinen Kindern, seine treue Hut.

(Sonett von Albrecher Haushofer)[384]

Karl Haushofer mit Heinz und drei Enkeln, ca. 1939

Angesichts der grausamen Erlebnisse in seinem nächsten familiären Umfeld gelingt Heinz Haushofer eine erstaunliche Lebensmeisterung. Er bekommt als Erster wirklich wieder Boden unter die Füße, aber im wahren Sinn des Wortes. Er widmet sich in alter Familientradition der Landwirtschaft, geht aber weit darüber hinaus. Jene innere Ruhe, die Heinz Haushofer gefunden hat, geht von einem Boden aus, der freilich auch nicht von sich aus gesichert ist, sondern für den hart gearbeitet werden muss. Er tut dies in Theorie und Praxis für eine Landwirtschaft arbeitend, die seinem Ideal in der Ausgewogenheit von Ertrag und gleichzeitiger Erhaltung der Nachhaltigkeit der Natur entspricht.

In vielen seiner Schriften gelangt er, vom Bodenständigen ausgehend, zu philosophischen Einsichten fernöstlicher Weite. Dabei führt er kein Leben in der Abgeschiedenheit, die der Hartschimmel ermöglichte. Er bleibt weiterhin auch in Berufsverbänden politisch tätig und bringt dort seine Fähigkeiten und Kenntnisse ein. Und schreibt, sehr klug, sehr weise.

»Wir glauben aber nicht, dass die Selbstzerstörung der Erde dadurch aufgehalten werden kann, ohne dass ein neues Verhältnis zu ihr selbst gewonnen würde. Dieses würde auf dem Wege der Vervollkommnung der erdumspannenden Technik allein nicht zu gewinnen zu sein. Es ergibt sich nun die klare Frage: Wenn es ausgeschlossen scheint, den früheren Zustand der Unschuld der Menschheit in ihrem Verhältnis zu einer belebten Götter- oder Gotterfüllten Erde wiederzugewinnen; wenn eine neue Ehrfurcht vor der Erde sich auf dem täglich begangenen Wege ihrer zunehmenden Technisierung nicht erwarten lässt – was können wir tun? Können wir dazu beitragen, einen anderen Weg zu finden, auf dem wir zu einer vertrauten, ja beherrschten und trotzdem geheiligten Erde kommen? Nichts ist selbstverständlicher, als dass sich der Landwirt vor allen anderen diese Frage stellt und vielleicht auch als Baustein zur Antwort liefern kann.«[385] Haushofer geht in ersten Annäherungen auf der Suche nach Antworten von den Muttergottheiten der Antike aus, von Gaia, von Demeter, Ceres oder »später eine noch durchaus heidnisch aufgefasste und um Fruchtbarkeit angeflehte Mutter Gottes, eine Theotokos Maria«[386]. Haushofer erkennt darin ein Frauenbild, »in dem die Menschen ihren Hoffnungen auf Güte, Empfängnis, Fruchtbarkeit und Segen eine Gestalt erschufen und dieser immer wieder Heiligtümer, Tempel und Kirchen erbauten«[387]. Haushofer setzt auf diese Hoffnung: »Immer wieder war gegen die Kraft der politischen und kriegerischen Gewalt eine Gegenkraft aufgestanden, die nicht anders erscheinen konnte, als in Gestalt der tröstenden Mutter – mochte sie auf der schmalen Mondsichel stehen, mochte sie auf der Erdkugel über die Schlange triumphieren, mochte sie als stella maris verehrt werden, mochte sie als Schutzmantelmadonna das uralte Dreieck ihres Schutzes über der Erde aufrichten.«[388] Von der Heiligung der Erde kommt Haushofer zur »Weihe der Tiere«[389] bei Viehzüchtern und Hirten. Frühere Theorien, dass damit nur ein

Abwehrzauber gemeint sein kann, lehnt er als viel zu kurz gegriffen ab. Aus dem »Sakralen in der Landschaft«, also all den Hügelgräbern, Wegkreuzen, Feldkapellen, Kirchtürmen, erwächst eine »Sakrallandschaft«, deren weithin sichtbarste Zeichen die »Heiligen Berge«[390] sind. Einer der bekanntesten, der Heilige Berg von Andechs, ist nur ein Stück Fußweg vom Hartschimmelhof entfernt. Dankbarkeit, Genugtuung, Ergriffenheit finden ihren Platz in einem Menschen, der sich mit der »Landschaft der Seele«[391] in seinem eigenen Inneren eingebettet fühlt in solch größerem Ganzen. Heinz Haushofer resümiert: »Alle Denker, Dichter, Maler und Musiker haben – was das Leben des Menschen auf der Erde anlangt – umsonst geschaffen, wenn es nicht gelingt, ihren Geist in die Wirklichkeit der tätigen, täglichen Arbeit auf der Erde zu übersetzen.«[392] Zukunftweisend beschließt er seine »Gedanken«: »Die Erde wird niemals mehr zu einem Garten Gottes werden, wenn sie nicht zuerst von uns zu einem Garten der Menschen gestaltet worden ist. Die Wahl zwischen diesem Ziel und der Vernichtung steht uns heute noch frei.«[393]

LEBENSSTATIONEN

1928 heiratet Heinz Haushofer Adrienne Desportes (1906–1932), Adoptivtochter des Verlegers und Mitbegründers der Druckerei Knorr & Hirth Thomas Knorr (1851–1911), in dessen Haus in der Briennerstraße 18 sich Maler, Musiker und Schriftsteller trafen. Auch förderte Knorr die Sezession und stellte in seiner Galerie die wichtigen Maler der Münchener Schule aus. Sein Vater Julius Knorr (1826–1881) war einer der Begründer der Bayerischen Fortschrittspartei sowie Verleger der *Münchner Neuesten Nachrichten,* die sich unter anderem gegen den Ultramontanismus, den politischen Einfluss der katholischen Kirche, wandte. Zwei Kinder bekommen Adrienne und Heinz Haushofer, Rainer (geb. 29. Juni 1929) und Hubert Albrecht (geb. 4. April 1932). Im Wochenbett stirbt die junge Adrienne. Ihre letzte Ruhestätte findet sie auf dem Friedhof des Anwesens Hartschimmel.

Ein Jahr später übersiedelt Heinz Haushofer auf den Hof. 1933 heiratet er ein zweites Mal: Luise Renner (1906–1988). Sie ist die Tochter von Paul Renner, Typograph, der die Futura-Schrift entwickelt hat. Er wurde am 4. April 1933 von einem Parteifunktionär in seiner Münchner Wohnung verhaftet und nur durch Intervention bei Rudolf Heß wieder freigelassen, worauf er in die Schweiz emigrierte. Aus der Ehe mit Luise Renner entstammen die Kinder Monika (1934), Martin (1936) und Andrea (1940).

Inzwischen war er Mitglied der Agrarpolitischen Studiengesellschaft geworden, in der sich auch Alois Hundhammer befand, der spätere Minister für Unterricht und Kultus und auch Landwirtschaft und Forsten, ein Vertreter eines bis zum Fundamentalismus reichenden politischen Katholizismus. Ebenso entschieden wie gegen alles,

Friedhof auf dem Gut Hartschimmel

was er für links hielt, trat Hundhammer auch gegen die Nationalsozialisten auf, was ihm KZ-Haft eintrug, in Dachau, mit anschließendem Berufsverbot.

Nach einer Stelle als Wissenschaftlicher Hilfsreferent bei der Zentralstelle für Marktbeobachtung und Absatzfragen bei der Bayerischen Landesbauernkammer in München wechselt Heinz Haushofer notgedrungen zum Reichsnährstand, in dem alle Personen gleichgeschaltet waren, die mit der Produktion und dem Absatz landwirtschaftlicher Produkte zu tun hatten. Im Emblem des Reichsnährstands flechten sich Schwert und Ähre in das Hakenkreuz.

In seiner groß angelegten Autobiographie *Mein Leben als Agrarier*[394] beschreibt er detailliert die massiven Veränderungen, welche die Nationalsozialisten auch in den Verbänden der Bauern durchgesetzt haben. Den »Reichsbauernführer« Richard Walter Darré, den er persönlich kennenlernt, empfindet er als weltfremd, weil er weder ein Gespür für die Mentalität der Bauern in Bayern hat, noch erkennbares Interesse für agrarpolitische Tagesfragen hegt. Sehr viel liegt Darré an der »Blut- und Bodenideologie«, die er durch den zunehmenden Imperialismus führender Nationalsozialisten in Gefahr sieht, wie er Haushofer in einem langen Spaziergang in Berlin-Dahlem am 24. August 1937 nahezubringen sucht. Darré lehnt die geplante Ausweitung des Deutschen Reiches nach Osten ab, allein schon, weil er sie militärisch für undurchführbar hält. Davon abgesehen wird der Imperialismus von ihm als »unbäuerlich« bezeichnet.

1942 wird Darré abgesetzt, Heinz Haushofers Aufgabe wird die Kriegsernährungswirtschaft. Sein Credo unter wenigen Eingeweihten in einem Wiener Weinkeller lautet: »Sie können sich heute so verrückt aufführen, wie sie nur wollen – morgen verlangen sie von uns ihre 2800 Kalorien …«[395] Mit »sie« meint er die NS-Granden, als seine Aufgabe sieht er es, dass »der Landwirt […] in extremen politischen Situationen in eine ähnliche Lage geraten kann wie der Arzt. Er wird dann ohne Ansehen der Person und ihres politischen Credos nur mehr um das Leben der ihm Anvertrauten besorgt sein müssen – als des letzten unbezweifelbaren Gutes«[396].

1937 wird Heinz Haushofer Landwirtschaftsattaché an der deutschen Gesandtschaft in Wien unter Franz von Papen, der Hitler zur Kanzlerschaft verholfen hatte. In Wien habilitiert sich Haushofer an der Hochschule für Bodenkultur. Es folgt eine Reihe verschiedener beruflicher Stationen, bis er als Bruder von Albrecht nach den Ereignissen des 20. Juli 1944 in die Fänge der Gestapo gerät und am 25. August 1944 in Wien verhaftet wird. Am 7. September 1944 wird er ins Gefängnis in der Lehrter Straße in Berlin-Moabit verbracht, in dem er bis Kriegsende inhaftiert bleibt. Wie beschrieben findet er seinen am 23. April 1945 getöteten Bruder Albrecht nahe dem Gefängnis vor, für ihn geht das Leben weiter: Am 13. Mai 1945 tritt er in das Ernährungsamt der Stadt Berlin ein. Von 1946 bis 1955 ist er im Bayerischen Bauernverband tätig, dessen hauptamtlicher Direktor er 1947 wird. Auf dem Hartschimmel erfolgt 1950 der Beginn der 1948 in Ottobeuren gegründeten Bayerischen Bäuerinnenschule, Ziel war es, den Bäuerinnen »das Rüstzeug für zukünftige Mitarbeit im öffentlichen Leben, in der Kommunalpolitik, im Bildungswesen und in der Sozialpolitik« mit auf den Weg zu geben. »Keine Rede vom Heimchen am Herd!«[397], heißt es in dem historischen Abriss über die siebzigjährige Geschichte der Bayerischen Bauernschulen. Mit diesem emanzipatorischen Anspruch war man in der Tradition der starken Frauen in der Familie Haushofer auf dem Hartschimmel gerade am richtigen Platz. Aus Platzgründen erfolgte fünf Jahre später der Umzug nach Herrsching, aber die Verbindung zwischen den Häusern blieb. Den Hartschimmel übergibt Heinz Haushofer 1965 an den Sohn Martin.

DIE BÜSTE IN DER BIBLIOTHEK

Bis zum heutigen Tag steht in der Bibliothek des Hartschimmelhofes eine Büste des römischen Kaisers Marc Aurel (121–180 n. Chr.). Dessen *Selbstbetrachtungen*[398] waren in der Zeit von Heinz Haushofer die Hausbibel auf dem Hartschimmel. In einem Artikel der Süddeutschen Zeitung vom 11. Januar 1994 reitet Marc Aurel sogar höchstpersönlich über den Hartschimmel. Es gehört schon viel Phantasie dazu, und doch ist es gleichzeitig gar nicht so ausgeschlossen, dass es tatsächlich der Fall hätte sein können. »Einst führte durch diese Landschaft die Route von Weilheim nach Andechs, beispielsweise wurde der Rebensaft von den Tiroler Weinbergen mit Fuhrwerken zu den Mönchen gebracht. Sogar der römische Kaiser Mark Aurel soll über die Moränenlandschaft geritten sein.«[399]

Die Büste Marc Aurels in der Bibliothek

Das Gebiet um den Ammersee gehörte als Bestandteil der Provinz Raetia zum Imperium Romanum, und als Kaiser dieses Reichs war er zum Zeitpunkt eines sich abzeichnenden Niedergangs gezwungen, ständig unterwegs zu sein. Dabei war Marc Aurel ein »Kaiser wider Willen«, er wollte alles, bloß nicht »verkaisern«. Für einen, der nicht Kaiser sein will, trifft es ihn allerdings doppelt und dreifach hart. Kaum zwei Jahre im Amt, muss er gegen die Parther im Osten antreten, der Tiber führt Hochwasser, weshalb die Lastkähne mit dem Getreide nicht mehr durchkommen, und infolgedessen eine Hungersnot ausbricht. Im gleichen Jahr wird im Norden der Limes überschritten, von den Chatten. Im Jahre 166 bricht im Osten des Reiches die Pest aus und wird von den Soldaten überallhin im Reich verbreitet, auch nach Rom. Markomannen und Quaden überqueren die Donau. Der erste Krieg gegen sie dauert von 161 bis 175, der zweite von 178 bis 180, das heißt, von den neunzehn Jahren, die Marc Aurel Kaiser gewesen ist, hat er sechzehn Jahre damit verbracht, sich mit den Markomannen herumzuschlagen. Ohne davon wissen zu können, sieht sich Marc Aurel mit den Vorboten dessen, was man Völkerwanderung nennt, konfrontiert, sieht sich gezwungen, einen Zweifrontenkrieg zu führen.

Dabei fühlt er sich als Nachfolger in der Schule der Stoa, ist allerdings Kaiser von Beruf. Gleichwohl oder gerade deshalb schreibt er die *Selbstbetrachtungen*. Das Buch heißt im Original Τὰ εἰς ἑαυτόν *Ta eis heautón*, also wörtlich übersetzt: »gegen sich selbst«, auf Latein: *ad se ipsum*. Das meint Marc Aurel mit »Selbstbetrachtungen«: Was man gegen sich selbst einzuwenden vermag.

In der Generationenabfolge der Familie Haushofer ist es bis zu Karl Haushofer dem Jüngeren mehr oder weniger gut gelungen, nicht nur in einem inneren Bezirk, sei er künstlerischer, sei er wissenschaftlicher Art, seelisch einigermaßen unbeschadet durch das Leben zu gehen. Karl Haushofer ist das nicht mehr möglich gewesen. Er scheitert wissenschaftlich-beruflich wie er auch in seinem Inneren zerbricht. Sein Sohn Albrecht Haushofer wurde von den äußeren Umständen zermahlen, die auch vor seiner psychischen Befindlichkeit nicht Halt gemacht haben. Ausgerechnet im Gefängnis von Moabit findet er jedoch in einen inneren Bezirk zurück, in dem es ihm möglich ist, die berühmten *Moabiter Sonette* zu schreiben. Am nächsten kommt dem Verfasser der Hausbibel *Selbstbetrachtungen* von Marc Aurel wieder Heinz Haushofer.

In einem kleinen, sehr feinen Büchlein mit dem Titel *Credo*[400] trägt Heinz Haushofer zusammen, was ihn spirituell bewegt. Einleitend stellt er fest, dass er kein »gelernter« Philosoph oder Theologe ist und seine Gedanken weder geordnet noch systematisiert hat. Haushofers Spiritualität ist sehr offen für unterschiedliche Wege, die in verschiedensten Kulturen von den Menschen gesucht wurden, um sich dem Geheimnis der Schöpfung zu nähern: muslimische, taoistische, hinduistische, christliche und rein philosophische. Gleich Marc Aurel braucht Haushofer, je älter er wird, immer weniger »Umwelt«, um mit sich und der Schöpfung ins Reine zu kommen – bei aller Dankbarkeit gegenüber der Musik, dem Bild, der Landschaft und dem Himmel, »weil sie nicht sein müssen«. Er dankt auch seinen Lehrern, seinen Voreltern und seinen Eltern und seiner Frau – und endet, wie er begonnen hat, mit »Ich glaube«. In seinen Erinnerungen zitiert er einen Kollegen, der statt der Formel »Selbstverwirklichung« für seine Arbeit das Wort »Verwirklichung« vorschlägt.

Im Vorwort zu seiner Autobiographie *Mein Leben als Agrarier* hält Heinz Haushofer fest, dass die »große Politik« in den aufgezeichneten Jahren zwischen 1924 und 1978 den eigenen Lebenslauf natürlich »stärkstens beeinflußt« hat, um darauf festzustellen: »Die Fakten seines tatsächlichen Ablaufs sind also eine Resultante aus diesen oft überstarken Kräften und dem eigenen Wollen, eine ›agrarische‹ Linie zu halten.«[401] Diese »agrarische Linie« hält Heinz Haushofers Lebensschiff durch alle massiven Gefährdungen hindurch in einigermaßen stabiler Lage. Er knüpft mit dieser Neigung wieder an seine Vorfahren in Thurmansbang im Bayerischen Wald an, die dort Jahrhunderte lang Bauern gewesen sind.

Am 18. Februar 1988 stirbt Heinz Haushofer in Herrsching. Sein Nachlass wurde 1989 vom Bayerischen Hauptstaatsarchiv erworben. Darunter befindet sich »ein Schulheft mit verschiedenen handschriftlichen und ohne Hilfsmittel ›im Gefängnis Lehrter Straße 4 zu Berlin im Januar 1945‹ verfassten Essays, darunter eine politische Theorie der Landwirtschaft, eine Geschichte des Hartschimmelhofes und Erinnerungen an Griechenland im Jahr 1944«[402]. Michael Stephan erblickt in diesen Texten »das Gegenstück zu den gleichzeitig entstandenen Gedichten seines Bruders Albrecht«.

Die Jungbäuerinnen des Bayerischen Bauernverbands vor dem Hartschimmelhof
(Aufnahme aus einem Zeitungsbericht)

Der Hartschimmelhof

DER HARTSCHIMMEL IM ZENTRUM VON POLITIK UND LEBEN

MARTIN (1936–1994) UND RENATE HAUSHOFER (GEB. GRÄFIN VON LÜTTICHAU *1940)

Wie sein Vater lernt auch Martin Haushofer die Landwirtschaft zunächst von ihrer praktischen Seite her, um sich daraufhin auch ein theoretisches agrarwissenschaftliches Wissen anzueignen. Er studiert in Bonn, Weihenstephan und in Hohenheim, wo er seine Studien mit der Promotion im Bereich Wirtschafts- und Sozialwissenschaften abschließt. 1965 übernimmt er den elterlichen Hartschimmelhof, den er ab 1968 mit seiner zweiten Ehefrau Renate, geborene Gräfin von Lüttichau, gemeinschaftlich bewirtschaftet, als extensive Landwirtschaft.

Martin und Renate Haushofer, 1980er-Jahre

Der Hartschimmelhof steht in geradezu kongenialer Fortsetzung althergebrachter Allmende-Bewirtschaftung für »Naturschutz per se«, von allem Anfang an, seit die Weiden bewirtschaftet werden – bis zum heutigen Tag. Martin Haushofer wird zugleich Mitarbeiter in verschiedenen berufsständischen Organisationen wie z. B. dem Bauernverband, dessen Präsident er wird. Und als wäre das alles noch nicht genug, engagiert er sich beim Weilheimer Zuchtverband, beim Landesverband für Gartenbau und Landschaftspflege sowie bei weiteren Verbänden und Vereinen. Von 1984 bis 1986 und von 1987 bis 1994 ist er Mitglied des Bayerischen Landtags.

Bei Heinz und dessen Sohn Martin Haushofer überlagern praktisches wie theoretisches und vor allem auch politisches Engagement in der Landwirtschaft künstlerische

Ambitionen, was sich in zahllosen Publikationen niederschlägt – obgleich beide nicht nur zu ihrem privaten Vergnügen der künstlerischen Ausrichtung treu bleiben. Als Abgeordneter des Bayerischen Landtags setzt sich Martin Haushofer z. B. im Haushaltsausschuss für die Ermöglichung der Theaterakademie im Prinzregententheater ein. August Everding ist voller Freude darüber.

In einem Brief vom 2. März 1994 an den »Herrn Abgeordneten« drückt er als Präsident der Bayerischen Theaterakademie im Prinzregententheater seine Dankbarkeit aus: »So oft wird vergessen, denen zu danken, die eine Sache gut machen [...]« Everding weiß, »was es heißt, in Zeiten, wo wir alle sparen, dieses Projekt im Parlament durchzusetzen«. Ans Ende seines Briefes setzt er diesen poetischen Text:

»Im Theater / hat die Nacht noch eine Königin, / ist Romeo ein echter Liebhaber / und Mephisto des Pudels Kern. // Bravo ist ein Ruf der Zustimmung / Ariel ein Luftgeist und / ›Der Sturm‹ wichtiger als ›Das Wetter‹. // Theater, Kultur muß sein. Mit freundlichen Grüßen Ihr August Everding«[403]

Brief von August Everding

BAYERISCHE THEATERAKADEMIE
IM PRINZREGENTENTHEATER

DER PRÄSIDENT

81675 MÜNCHEN,
PRINZREGENTENPLATZ 12
Tel. 089/21851 Durchwahl 2185/
Fax 089/2185-554

Herrn
Abgeordneten
Dr. Martin Haushofer
Hartschimmelhof
8121 Pähl

2.3.1994

Sehr geehrter Herr Abgeordneter,

so oft wird vergessen, denen zu danken, die eine Sache möglich machen. Sie haben durch Ihr klares Votum im Haushaltsausschuß möglich gemacht, daß unsere Bayerische Theaterakademie im Prinzregententheater jetzt geplant und 1995 ausgebaut wird. Dafür schulde ich Ihnen großen Dank.

Ich weiß, was es heißt, in Zeiten, wo wir alle sparen müssen, dieses Projekt im Parlament durchzusetzen.
Ich glaube, daß diese Akademie für München, für Bayern, für die gesamte Theaterlandschaft etwas Notwendiges und ein Movens ist.

Ich werde Sie über den Fortgang der Akademie und über unsere Pläne im Prinzregententheater stets informieren.
Über die Ide(e)n des März möchte ich Ihnen ein Informationsblatt beilegen.

Für mich gilt:

"Im Theater
hat die Nacht noch eine Königin,
ist Romeo ein echter Liebhaber
und Mephisto des Pudels Kern.

Bravo ist ein Ruf der Zustimmung,
Ariel ein Luftgeist und
"Der Sturm" wichtiger als "Das Wetter".

Theater, Kultur muß sein."

Mit freundlichen Grüßen

Ihr

August Everding

Zahlungen nur an die Amtskasse der Bayerischen Staatstheater: Postgiro-Konto München 8061-803 (BLZ 700 100 80)
Bayer. Landesbank Girozentrale, Konto-Nr. 24 867 (BLZ 700 500 00) USt-IdNr.: DE 811346144

Hätte es sein gesundheitlicher Zustand erlaubt, wäre Martin Haushofer für das Amt des Landwirtschaftsministers in Bayern vorgesehen gewesen. Auch auf nationaler wie internationaler Ebene erwirbt er sich hohes Ansehen als gesuchter Sachverständiger, etwa wenn es um den europäischen Binnenmarkt geht.

ZUSAMMENTREFFEN MIT MICHAIL GORBATSCHOW

So ist es ein glücklicher Umstand, aber kein Zufall, dass aus den Tiefen des schier unergründlichen Familienarchivs auch Aufnahmen auftauchen, auf denen Martin und Renate Haushofer gemeinsam mit bekannten Persönlichkeiten zu sehen sind. Einmal mehr erkennt man Mitglieder der Familie Haushofer in unmittelbarer Nähe zu allerhöchster politischer Führung: in der Begegnung mit Michail Gorbatschow (1931–2022). Die Aufnahmen, die davon existieren, zeigen Heiterkeit, freundliches Zusammensein, wechselseitige Zugewandtheit. »Glasnost« (Offenheit) und »Perestroika« (Umbau) kennzeichnen die Politik Gorbatschows, welche die jahrzehntelange gegenseitige Bedrohung und Konfrontation der Großmächte ersetzt – zumindest für einige Zeit. In seiner Zeit nach dem Rücktritt 1991 vom Amt des Ersten Generalsekretärs besucht er 1992 als Privatmann mit seiner Frau Raissa Deutschland und auch Bayern. Unter anderem besichtigen sie dabei die Wieskirche und kehren anschließend in die nahe gelegene Wirtschaft ein, wo man im kleinen Kreis beieinander sitzt und isst.

Michail Gorbatschow, Renate Haushofer im Hintergrund, 1992

Gerne erinnert sich Renate Haushofer an die tiefgründigen Gespräche über Lebensführung und Gestaltung mit ihm. Es lässt sich gut denken, dass der als Kind einer Bauernfamilie im Nordkaukasus aufgewachsene Gorbatschow viele Anknüpfungspunkte mit den Haushofers gefunden hat. Einmal kam sogar eine russische Landwirtschaftsdelegation zum Informationsaustausch auf den Hartschimmelhof.

Seinen Abschluss machte Gorbatschow als Agrarbetriebswirt, 1970 wurde er zum Ersten Sekretär für Landwirtschaft berufen, ehe er 1971 Mitglied des Zentralkomitees der

KPdSU geworden ist. Eine, wie es aussieht, zielstrebige Karriere, die schließlich zum höchsten Amt der damaligen Sowjetunion geführt hat. 1985 wird er Generalsekretär der KPdSU. Das kommt nicht von ungefähr und hat auch seinen Preis. Ohne eine gewisse unerbittliche Härte wird man das nicht. So glaubt Renate Haushofer bei all der feinen Geselligkeit in dem kleinen Kreis »zwei Seelen« in seiner Brust zu spüren, auch bei einem Mann wie Gorbatschow, der 1990 den Friedensnobelpreis verliehen bekommen hatte.

Einmal flüstert ihm während des Essens ein Mitglied der Delegation etwas ins Ohr, was ihn förmlich versteinern lässt, worauf er dem Informanten mit verfinstertem Gesicht hart und aggressiv etwas mitteilt, was sich wie ein Befehl anhört, der nichts Gutes verheißt. Doch überwiegen bei Renate Haushofer die überraschenden Einblicke über seine bis ins Spirituelle reichende Geistigkeit, die sie ihm gar nicht zugetraut hätte. Seine Gesprächsbeiträge gingen weit über das Allgemeine hinaus, das sonst bei solchen Gelegenheiten häufig vorherrschender Gegenstand der Konversation ist. Das war gut zu spüren und eben nicht so dahergeredet, erinnert sie sich freudig.

DER SCHÖNSTE BERUF DER WELT

Keinen Zweifel lässt Martin Haushofer daran, dass für ihn der Beruf des Landwirts bei allen Erschwernissen, Problemen und Risiken dennoch »der schönste Beruf der Welt« sei. Dabei beschönigt er in einem Vortrag im Oktober 1988 die Situation, in der sich Wirtschaft wie Landwirtschaft befinden, nicht, sondern vergleicht sie mit einer »kurz vor einer Reichsgründung«, so grundlegend haben sich die Strukturen verändert. Darin sieht er allerdings auch eine Chance für die Landwirtschaft in Bayern, wenn sie die Nähe der Verbraucher sucht und die Qualität der Produkte stets transparent hält. Auch seine Frau Renate Haushofer, die ihrerseits schon reichlich Erfahrung aus der Landwirtschaft mitbringt, weiß mit Pflanzen und Tieren sehr glücklich umzugehen. Sie macht in Gummistiefeln und der Kluft bäuerlicher Tätigkeit eine ebenso gute Figur wie als unermüdliche Forscherin und hinreißende Gastgeberin. Ein Stier ist ihr Freund, dem sie sich ohne Scheu nähert und der ihr handzahm folgt, allerdings nur ihr. Bei anderen Menschen verweigert er die Futteraufnahme. Immer wieder einmal erzählt sie gern eine Geschichte – bis sie diese selbst aufschreibt. »In den neunziger Jahren kaufte ich von einem niederbayerischen Züchter einen jungen Galloway-Stier, der zufällig an einen Weilheimer Bauern ausgeliehen worden war. Das Einladen in den Tieranhänger gestaltete sich schwierig. Zwei Bauernburschen halfen mir und traktierten den widerspenstigen Stier mit Mistgabeln. Er wollte nicht in den Anhänger. Ich verbot ihnen dieses Vorgehen. Nun kam die Tochter des Bauern, die sich besonders um den Stier gekümmert hatte und lockte ihn mit der Kraftfutterschüssel erfolgreich in den Anhänger.

Als wir auf dem Hartschimmelhof ankamen, entließ ich ›Punker‹ –- so hieß er – in meine 60-köpfige Galloway-Herde. Dabei fiel mir auf, dass Punker keinen Nasenring hatte, und ich beschloss, diesen gleich am nächsten Tag vom Tierarzt anbringen zu lassen. Bei diesem Eingriff war wohl die Narkosemenge zu viel, und der Stier schlief fast den ganzen Tag. Jede Stunde sah ich nach ihm, streichelte ihn und redete mit ihm. Nach Stunden öffnete er langsam die Augen und schaute mich an. Nach weiteren Stunden machte er Aufstehversuche, bis er endlich stehen und wieder gehen konnte.

Nach 14 Tagen besuchte mich die ehemalige Halterin aus Weilheim und sagte, sie hätte so Heimweh nach dem Stier. Sie kam mit der gewohnten Kraftfutterschüssel, und wir beide stellten uns vor Punker auf. Sie hielt Punker die Schüssel hin, er schaute sie an, er schaute mich an und fraß nicht. Auch weitere Versuche scheiterten. Da reagierte sie gut, gab mir ihre Schüssel – und Punker fraß! Da kullerte heimlich bei ihr eine Träne!

Wir gingen zurück ins Haus und tranken Tee. Dabei sagte sie, dass sie jetzt weiß, dass ihr Punker gut bei mir aufgehoben sei. – Sie kam nicht mehr wieder!«

EIN GANG ÜBER DIE FLUREN DES HARTSCHIMMELHOFES

Wandert man mit Renate Haushofer über die weiten Fluren des Hartschimmelhofes, spricht sie über die notwendige Anlage von kleinen Kanälen, die unter Waldwegen zum

Renate Haushofer, 1990er-Jahre

Ableiten überschüssiger Wassermengen gebaut werden müssen, vom richtigen Aufstellen vieler Kilometer von Weidezäunen, von der Pflege des hofeigenen Forsts genauso sachkundig wie von der Pflanzenwelt auf den Magerwiesen. Auf das Zittergras als Magerrasen-Anzeiger macht sie im Vorbeigehen aufmerksam: Das extensive Weidesystem auf den Halbtrocken-Wiesen hat dieses einzigartige Biotop hervorgebracht.

Die Wiesen sind einer eigenen Betrachtung wert mit dem Titel *Magerrasen-artige Rinderhutweiden des mittleren Bayerischen Alpenvorlandes mit besonderer Berücksichtigung der Weideflächen des Hartschimmelhofes im südöstlichen Ammerseeraum zwischen Andechs und Pähl*[404]. Burkhard Quinger hat die Studie verfasst; sie hat Eingang in den Band *Bukolien. Weidelandschaft als Natur- und Kulturerbe. Bewahrung und Entwicklung* gefunden. Der Band fasst die Ergebnisse eines Seminars am 17./18. Juli 1997 in Steingaden im Landkreis Schongau/Weilheim zusammen.

Die für den Laien wegen ihrer in Fachsprache gehaltenen, nicht immer auf Anhieb verstehbaren Ausführungen setzt Renate Haushofer für den Besucher zu einem Bild zusammen. So deutet sie auf die zahlreichen Knoblauchgewächse, die gut gegen Weideparasiten sind, weil sie dem Weidevieh schaden könnten. Auch die mächtigen Eichen und Buchen bekommen ihre Geschichte. Heu wird auf diesem Gelände erst seit 300 Jahren gemacht, vorher hat man das Vieh mit Laub durch den Winter gefüttert. Eichen schaffen ein eigenes Mikroklima: Die späte Belaubung sorgt lange Zeit für Licht, und das Gras wächst früh. Blumen wie Kleines Habichtskraut, Weidewegerich, Weiden-Alant und Wiesen-Pippau leuchten gelb aus den Wiesen. Unter kundiger Anleitung sind auch seltene Pflanzen zu erkennen wie das Waldvöglein, gar das Katzenpfötchen, das Brandknabenkraut, die Ährige Teufelskralle. Und natürlich die namengebenden Wacholder-Büsche, die kaum noch irgendwo anders in solcher Dichte zu sehen sind. Zwischen Ostern und Pfingsten 1945 schreibt Karl Haushofer einmal mehr ein Gedicht in sein *Lebensbuch*, das er dieser Heide widmet: »Altwaldland ist die Hart, wird Waldland bleiben, / drückt auch das Weltgeschehen noch so schwer: / die Fichtenjugend wird von neuem treiben […] O wär ich, statt an Volks- und Menschheitstagen / nur an der Pflanzen Hut und Schirm geraten! // Die Bäume wachsen sehen und betreuen, / Wacholderweid […] Und gibt ihm stets von Neuem Kraft und Mut, / wenn Menschen ihre Ebenbilder schänden, / und ihre Frevel schrein von allen Wänden.«[405]

In Kerschlach, diesem kleinen Ort, an den sich Albrecht Haushofer hilfesuchend wandte, steht bis zum heutigen Tag der »Schimmelhof«, Ausgangspunkt zur Gründung des Hartschimmelhofs; er trägt die Hausnummer 6. Und in der kleinen Ulrichskapelle gegenüber pflegte Carl Friedrich von Weizsäcker auf seinem Fußweg zum Hartschimmelhof nicht nur eine Pause einzulegen: In einer bestimmten Kirchenbank – und es war immer die gleiche, die er dazu aufsuchte – notierte er sich eine Vielzahl von Axiomen seiner physikalischen Theoreme, die er im Gehen entwickelt hatte.

9.

. Zur Geschichte des Bildes der Waldkapelle von Moritz v. Schwind.

Die Ähnlichkeit der Waldkapelle Moritz von Schwind's mit unserer Hartkapelle ist schon Vielen aufgefallen. Ich verdanke einem Brief des Malers und Restaurators Rudolf Schoeller die Bestätigung dafür (Diessen, 18.III.53). Er schrieb, dass die Urenkelin Schwind's, Frau Dr. Rumpf in Frankfurt, ihm selbst bestätigt habe, dass Schwind in dieser Zeit von Bernried aus in unserer Gegend gemalt habe – und zwar die Waldkapelle mit dem Vorbild der Hartkapelle, und den rossetränkenden Einsiedler mit dem Vorbild der Pähler Schlucht. Ist es nicht schön zu wissen, dass Schwind vor dieser kleinen Kapelle sass, in Schauen versunken, und dass er von hier aus der Welt dieses Bild schenken konnte, das so vielen müden Herzen Frieden gegeben hat? Genau so wie der Gipfel der Zugspitze über die Wipfel des Bildes schaut, tut sie es heute auch, und genauso laufen die Rehe über den Weg....

. Pfingsten 1953.

Aus: Geschichte des Hartschimmel, Heinz Haushofers Fortsetzung der Tradition des *Lebensbuchs*

Wandert man von Kerschlach auf dem Höhenweg Richtung Hartschimmelhof, kommt man an der Hartkapelle vorbei. Man kann, weil im vorderen Teil nach beiden Seiten offen, ohne Türe durch sie hindurchgehen, man kann sich auch auf eine Bank setzen in dem Vorraum, der genau halb so groß ist wie die gesamte kleine Baulichkeit. Schon von weither schimmert es rot aus der Kapelle, was von den vielen Kerzen herrührt, die um die Figur der Mutter Gottes angesteckt sind. Eine Tafel enthüllt eine kleine Geschichte: »HIER FAND MORITZ VON SCHWIND SEINE WALDKAPELLE«. Mit dem Motiv ist ein Bild des Malers Moritz von Schwind (1804–1871) mit dem Titel *Die Waldkapelle* gemeint, entstanden in der Mitte des neunzehnten Jahrhunderts. Moritz von Schwind, hochberühmter Maler der Spätromantik, in seiner Wiener Zeit Mitglied des legendären Freundeskreises um Franz Schubert, Franz von Schober und Leopold Kupelwieser, muss also an dieser Stelle gewesen sein. Doch auch in und an der Hartkapelle treffen wie in den Biographien von einzelnen Mitgliedern der Familie Haushofer grausiges Geschehen und künstlerisches Gestalten zusammen. Im *Weilheimer Sonntagsblatt* vom 18. Mai 1930 wird die Vorgeschichte noch einmal rekapituliert: »Es war der 21. März des Jahres 1653 – St. Benediktstag – Langsam ritt Herr Balthasar Fischer den Weg fürbaß. [...] Herr Balthasar Fischer war Pfarrherr zu Pähl.« An dem Tag sei der hochwürdige Herr so froh wie schon lange nicht mehr gewesen, schreibt die Verfasserin Anna von Mengershausen, nachdem »der Schwede« geraubt und gemordet hatte und die Kaiserlichen den Rest an sich gerissen, und dann noch Seuchen, und dann noch Hunger! Und dazu: »Die Sitten waren verwildert, der Glauben ins Wanken geraten.«

Da passiert es, dass der Pfarrer Fischer, der auf dem Heiligen Berg von Andechs einen Vortrag hält, in dem er einigen finanzkräftigen Zuhörern so eindringlich vom Elend seiner Schutzbefohlenen berichtet, dass er eine ordentliche Summe zusammenbringt – dass er an dieser Stelle im Wald ausgeraubt und ermordet wird. So wird es berichtet: »Gott / und seiner werthen Mutter Maria zu Lob / und Ehren / und seiner Gedächtnis des Wohl-Erwürdigen Herrn Balthasar Fischer gewesten Pfarrer zu Pähl / so von einem Mörder an dieser Stätt erschlagen worden / hat der Ehrwürdige und Geistliche Herr Michael Fischer sein Herr Bruder auch gewester Pfarrer zu Pähl diese Capellen vermeynt.«

Moritz von Schwinds Bild ist eine Momentaufnahme vollkommener Stille. Eine junge Frau hat sich auf die Bank gesetzt, ihren Korb danebengestellt, ihre Hände ineinander gelegt, so hält sie Einkehr mit gesenktem Kopf. Schuberts Musik könnte zu hören sein, steingeworden. Abgrundtiefe Trauer geht einher mit einer vorsichtigen Beglückung – und dem stillen Triumph einer unendlich schönen Musik. In den Bildern, die sie erzeugt, sieht man einen Kahn über den Chiemsee gleiten, in eine Zukunft, die sich für einen jungen Mann namens Max Haushofer, der da mit seinen Freunden zur Fraueninsel rudert, nicht einmal erträumen lässt. Später wird der Weg in die Berge führen, zur nahen Kampenwand etwa. Ein anderer Haushofer beteiligt sich an der

Gründung des Alpenvereins. Er richtet seinen Blick auf Steine und Mineralien. Wieder ein anderer vertieft sich in Volkswissenschaft und phantastische Erzählungen, die er schreibt. Ein nächster verliert sich in geopolitischen Verirrungen. Tappt schließlich durch dunkle Gänge eines Gefängnisses. Sein Sohn stirbt eines unwürdigen Todes. Doch gehen Lebensläufe der Nachfahren weiter. In solchen Augenblicken wie in der Hartkapelle findet die ganze Geschichte der Familie Haushofer eine Einheit, beglückt kann mit Renate Haushofer der Rückweg angetreten werden.

Ihr ist es zu verdanken, dass all die Bindungen, Beziehungen und Fügungen der einzelnen Familienmitglieder mit ihren jeweiligen Zeitgenossen auch von einem Nicht-Mitglied der Familie geistig zusammengehalten und zusammengefasst werden können. Ohne sie wären all diese Quellen bezuglos und von minderem Wert für den forschenden Blick. Unerschöpflich sind ihre Erzählungen, die aus Schriftstücken sprechende, lebende Menschen entstehen lassen. Stellvertretend seien nur Carl Orff und Carl Friedrich von Weizsäcker genannt – mit ihren Frauen beide häufige und gern gesehene Gäste auf dem Hartschimmelhof.

Oft und oft war der Hartschimmelhof Ziel von Weizsäckers langen Wanderungen von seinem Haus in Söcking am Starnberger See. Auf dem Sofa unter den Regalen der landwirtschaftlichen Bibliothek von Heinz Haushofer im Hartschimmelhof pflegte er dann seine Siesta zu halten.

Von Weizsäcker schließt seine »Zwölf Vorlesungen« mit dem Titel *Die Geschichte der Natur* mit dieser Überlegung ab: »Wenn aber die Erkenntnis ohne Liebe in den Dienst des Widerstands gegen die Liebe tritt, so rückt sie an die Stelle, die in den mythischen Bildern des Christentums durch den Teufel bezeichnet ist. Die Schlange im Paradies rät dem Menschen zur Erkenntnis ohne Liebe. Der Antichrist ist die Macht in der Geschichte, welche die lieblose Erkenntnis zur Vernichtung der Liebe ins Feld führt. Sie ist freilich auch die Macht, die sich durch ihren Sieg selbst vernichtet. Dieser Kampf ist noch nicht ausgetragen. Wir stehen in ihm an einem Ort, den wir nicht gewählt haben und an dem wir uns zu bewähren haben.« Und: »Über die Zukunft will ich nichts sagen. Die Zukunft kennen wir nicht, sondern wir sollen in ihr wirken.«[406] Zum Abschluss zitiert der Physiker Weizsäcker den Lyriker und Mystiker Angelus Silesius aus dem *Cherubinischen Wandersmann*: »Freund, es ist auch genug. Im Fall du willst mehr lesen, / So geh und werde selbst die Schrift und selbst das Wesen.«[407]

Blick von der Veranda hinter dem Hartschimmelhof

DANK

Renate Haushofer übergibt im Dezember 2014 den Hof an Martin Haushofers Tochter aus erster Ehe Alexandra von Schönberg – und widmet sich noch stärker mit immensem Wissen und Engagement dem Archiv der Familie Haushofer, das sie mit hoher Gastfreundschaft, vielen wertvollen und inspirierenden Hinweisen allen Interessierten offen hält. Ohne sie gäbe es dieses Buch nicht. Ihr gilt unser aller Dank, der nicht groß genug ausfallen kann.

Und natürlich gäbe es auch ohne Verlag dieses Buch nicht. Der Allitera Verlag hat sich weit über das übliche Maß hinaus dafür engagiert. Herzlichen Dank dafür! Meine Frau Inge Holzheimer möchte nicht genannt werden, doch gehörte sie eigentlich als Mitautorin auf den Titel! Und einmal mehr gebührt großer Dank der Hubertus Altgelt-Stiftung für die äußerst großzügige finanzielle Unterstützung.

ANMERKUNGEN

1 Privatarchiv Haushofer
2 ebd.
3 Haushofer, Heinz: Schimmel auf der Hart. Das Werden eines oberbayerischen Bauernhofes. Zum hundertjährigen Bestehen des Hartschimmelhofs zusammengestellt von Heinz Haushofer. Hartschimmel, 1957, S. 23
4 Haushofer, Heinz: Schimmel auf der Hart S. 23
5 Haushofer, Heinz: Schimmel auf der Hart, S. 105
6 Haushofer, Heinz: Traditionen. Als Manuskript vervielfältigt. München 1979, S. 1
7 Haushofer, Heinz: Mein Leben als Agrarier. Eine Autobiographie 1924–1978. München 1982, S. 9
8 Haushofer, Max: Tagebuchauszug 1828, Privatarchiv Haushofer
9 ebd.
10 Haushofer, Maximilian: Tagebuchauszug 1828, Privatarchiv Haushofer
11 Raupp, Karl und Wolter, Franz: Die Künstlerchronik von Frauenchiemsee. München 1924, S. 21
12 ebd.
13 Göttler, Norbert: Eine rechte Malerluft, ein wahres Malerlicht. Künstlerkolonien, Malerorte und pittoreske Landpartien in Oberbayern. Dachau 2011, S. 14
14 Wormbs, Barbara: Bayerischer Bilderbogen. Zur Landschaftsästhetik und Landschaftsökologie, in: Münchner Landschaftsmalerei 1800–1850, Katalog zu der Ausstellung im Lenbachhaus, herausgegeben von Armin Zweite. München 1979, S. 182
15 Raupp/Wolter: Künstlerchronik, S. 5
16 ebd., S. 5
17 ebd., S. 9
18 ebd., S 23
19 ebd., Vorsatzblatt
20 ebd., S. 24
21 Helm, Reinhardt: Vom Eibsee zum Chiemsee. Maximilian Haushofer (1811–1866). Weilheim 1990, o. S.
22 ebd.
23 Zweite, Armin (Hg.): Münchner Landschaftsmalerei 1800–1850, S. 404
24 Dahn, Felix, Erinnerungen. Zit. nach: Garleb, Ernst: Ein deutscher Dante an der Wende des Jahrhunderts. Litterarische Studie. Leipzig 1897, S. 3
25 Wurzbach-Tannenberg, Constant von: Biographisches Lexikon des Kaiserthums Oesterreich. 8. Theil. Kaiserlich-königliche Hof- und Staatsdruckerei, Wien 1862, S. 87 f.
26 Privatarchiv Haushofer
27 Jacobsen, Hans-Adolf: Karl Haushofer – Leben und Werk – Band I. Boppard am Rhein 1979, S. 9
28 ebd.
29 ebd., S. 10
30 Haushofer, Karl und Max: Aula. München, o. J.
31 ebd., S. 21
32 ebd., S. 24
33 ebd., S. 29
34 ebd., S. 28
35 von Haushofer, Karl: Die Mineralien, München 1871, S. 3
36 ebd., S. 28 f
37 Feldhütter, Wilfried: Alpenländisches Lesebuch. München 1975, S. 9
38 Mitteilung von Stefan Ritter vom 16. April 2021
39 Mitteilung von Stefan Ritter vom 16. April 2021
40 zit. nach Stefan Ritter: Zeitschrift des Deutschen Alpenvereins, Band I, 1869/70, Zweite Abtheilung, S. 87
41 zit. nach Stefan Ritter: Nicholas Mailänder: Im Zeichen des Edelweiss. Die Geschichte Münchens als Bergsteigerstadt. Zürich 2006, S. 67 (auf S. 69 ist eine frühe Abbildung des DOeAV-Edelweiß zu sehen)
42 Mitteilung von Stefan Ritter vom 16. April 2021
43 Brenner, Peter: Ein Blick in die Zukunft. Der Roman »Planetenfeuer« des TH-Professors, Politikers und Schriftstellers Max Haushofer, in: Literatur in Bayern, 147, März 2022. München 2022, S. 36, zuerst erschienen in: TUMcampus 3|2017, Magazin der Technischen Universität München
44 Mann, Thomas: Tagebücher in zehn Bänden, Frankfurt am Main 1977. Eintrag am 13./14. November 1894
45 Mann, Thomas: Königliche Hoheit. In: Werke, Taschenbuchausgabe in zwölf Bänden. Frankfurt a. Main und Hamburg 1967, S. 13
46 ebd.
47 ebd., S. 12

48 Mann, Thomas: Collegheft 1894–1895, hrsg. von Yvonne Schmidlin und Thomas Sprecher, Frankfurt a. M. 2001 (Thomas-Mann-Studien, Bd. 24)
49 Mainzer, Klaus: Alfred Pringsheim: Urbane Kultur und Wissenschaft. In: Brenner, Peter (Hg.): Thomas Mann in München. Ein schwieriger Weg in die Moderne. Thalhofen 2013, S. 92f
50 Haushofer, Max: Planetenfeuer. München 1899 in der »Abschrift« von Martin Otter 1999, S. 7
51 ebd., S. 14
52 ebd., S. 22
53 ebd., S. 34
54 ebd., S. 52
55 ebd., S. 54
56 ebd., S. 58
57 ebd., S. 193
58 ebd., S. 239
59 ebd., S. 245
60 ebd., S. 9
61 Haushofer, Max: Oberbayern. München und bayerisches Hochland. Monographien zur Erdkunde. Bielefeld und Leipzig, 1900, S. 3
62 ebd., S. 4
63 ebd.
64 ebd., S. 5
65 ebd.
66 ebd., S. 24
67 Haushofer, Max: An des Daseins Grenzen. Geschichten und Phantasien. München 1908
68 ebd., S. 1
69 ebd., S. 3
70 ebd., S. 257
71 ebd., S. 259
72 ebd., S. 263f
73 Haushofer, Max: Der Tuifelmaler. Eine oberbayerische Dorf- und Seegeschichte, in: Cimber, Amelie: Liebreizendes, Ergötzliches und Herzerfrischendes aus der Gartenlaube. Wohltuende und sinnreiche Geschichten, gefälligst illustriert, allen Empfindenden wärmstens anzuraten. Wien 1978, S. 198
74 Garleb, Ernst: Ein deutscher Dante an der Wende des Jahrhunderts. Litterarische Studie. Leipzig 1897
75 Zit. nach Garleb, S. 13
76 ebd.
77 ebd., S. 14
78 ebd., S. 42
79 ebd., S. 48
80 ebd.
81 ebd., S. 5
82 ebd.
83 ebd., S. 2
84 ebd., S. 5
85 ebd., S. 48
86 Rohmer, Gustav: Die zwanglose Gesellschaft in München 1837–1937. Als Manuskript gedruckt. München 1937, S. 81
87 ebd., S. 24
88 ebd., S. 25
89 Haushofer, Max: Ausgewählte Glossen. In: Rohmer, Zwanglose Gesellschaft, S. 80
90 Elferich, Christa: 50 Jahre Münchener Geistesleben. Max Haushofer jr. über Georg von Vollmar. In: Bassermann-Jordan, Gabriele von/Fromm, Waldemar/Kargl, Kristina (Hg.): Freunde der Monacensia e.V. – Jahrbuch 2022. München. S. 140
91 ebd.
92 ebd., S. 137
93 30 Zitate und 3 Gedichte von Max Haushofer, in: Aphorismen.de. Aphorismen Zitate Sprüche und Gedichte. Gesammelt und zusammengestellt von Peter Schumacher und Thomas Schefter. 1997–2023
94 Haushofer-Merk, Emma: Die Lierbachs-Mädeln. Münchner Roman. Berlin 1917, Neuauflage München 2016
95 Haushofer-Merk, Emma: Es wetterleuchtete. Leipzig 1922
96 Bayernbuch, hg. von Thoma, Ludwig und Queri, Georg. München 1913
97 Wolf, Georg Jakob: Die Münchnerin. München 1924, S. 269
98 Richardsen, Ingvild: Nachwort zu Haushofer-Merk, Emma: Alt-Münchner Erzählungen, hg. von Ingvild Richardsen. München 2015
99 ebd., S. 199
100 ebd., S. 202
101 Raupp/Wolter: Künstlerchronik
102 Kehr, Wolfgang: Geschichte der Münchner Kunstakademie in Bildern. München 2008, S. 81
103 Raupp/Wolter: Künstlerchronik, S. 25
104 Haushofer, Albrecht: Moabiter Sonette. Sonett XXXVIII. Ebenhausen bei München, 1999, S. 42
105 Jacobsen Bd. I, 1979, S. 17
106 The Turning Point. Thirty-five Years in this Century. New York 1942, S. 79–81, zit. nach: Naumann, Uwe: Klaus Mann. Reinbek bei Hamburg 1984, S. 13
107 zit. nach: Gajek, Bernhard: Kritik am Simplicissimus, in: Simplicissimus: Glanz und Elend der Satire in Deutschland, hg. von Gertrud Maria Rösch, Regensburg 1996, S. 59f.
108 Röhl, John C.G.: Wilhelm II., München 2013, S. 135

109 ebd.
110 ebd.
111 Rebel, Ernst: Abenteuer bis Zuhause. Stichworte zur Münchner Interkultur. München 2018, S. 32
112 ebd, S. 30
113 Röhl, S. 136
114 Privatarchiv Haushofer
115 Privatarchiv Haushofer
116 Privatarchiv Haushofer
117 Niess, Wolfgang: Der Hitlerputsch. Geschichte eines Hochverrats 1923. München 2023, S. 304
118 Brief K. H. an N. N., München, 29. November 1926, Plädoyer für die Vaterländischen Verbände, Jacobsen Bd. II, S. 71.
119 Brief K. H. an Alo Alzheimer, München, 8. März 1925, Ablehnung einer Führungsrolle im »Bund Oberland«, Jacobsen Bd. II, S. 38
120 Jacobsen Bd. I., S. 448
121 ebd., S. 449
122 ebd.
123 ebd.
124 ebd.
125 Fromm, Waldemar (Hg.): Münchner Salons. Literarische Geselligkeit im 19. und frühen 20. Jahrhundert. Regensburg 2021, S. 7
126 Friedrich Schlegel, zit. nach: Fromm, S. 8
127 Becker, Nikola: Salons der Weimarer Republik in autobiografischen Erinnerungen. In: Fromm, S. 209
128 Lorant, Stefan: Sieg Heil – Eine deutsche Bildgeschichte von Bismarck zu Hitler. Frankfurt am Main, 1979, S. 129
129 ebd.
130 Becker, Nikola, in: Fromm, S. 212
131 ebd.
132 ebd.
133 ebd.
134 Fromm, S. 213
135 Sontheimer, Kurt: Antidemokratisches Denken in der Weimarer Republik. München 1962, S. 312
136 ebd.
137 zit nach Becker, Nikola, in: Fromm, S. 214
138 ebd.
139 ebd.
140 ebd., S. 215
141 ebd.
142 ebd.
143 Hübner, Klaus: Der Untergang wird auch schon 100. Oswald Spengler und sein Erfolgsbuch, in: Literatur in Bayern 134, München 2018, S. 49
144 Herz, Rudolf und Bruns, Brigitte (Konzept der Ausstellung und des Katalogs): Hof-Atelier Elvira. 1887–1928. Ästheten, Emanzen, Aristokraten. München 1985, S. XII
145 zit. nach: Herz, S. XII
146 Herz, S. XIII
147 ebd.
148 Mann, Thomas: Gladius Dei, in: ders.: Werke, S. 149
149 Herz/Bruns: Hof-Atelier, S. 61
150 Mainzer, Klaus, in: Brenner: Thomas Mann, S. 94
151 Becker, in: Fromm, S. 232
152 Haffner, Sebastian: Von Bismarck zu Hitler. Ein Rückblick. München 1987, S. 88
153 ebd.
154 ebd., S 88f
155 ebd., S. 258
156 ebd., S. 260
157 Mann, Thomas: Doktor Faustus. In: ders. Werke, S. 510
158 Haushofer, Albrecht: Moabiter Sonette, Sonett XLVI, S. 50
159 Zweig, Stefan: Die Welt von Gestern. Erinnerungen eines Europäers. Frankfurt am Main 1970, S. 215 (Taschenbuch-Ausgabe)
160 ebd., S. 125
161 de Sélincourt, Aubrey: Die Welt Herodots. Wiesbaden 1967, S. 336 f
162 ebd., S. 337
163 Papst Franziskus: Generalaudienz am 6. April 2022 auf Malta
164 Jacobsen Bd. I, S. 3
165 Hipler, Bruno: Hitlers Lehrmeister. Karl Haushofer als Vater der NS-Ideologie. St. Ottilien 1996
166 Ebeling, Frank: Geopolitik. Karl Haushofer und seine Raumwissenschaft 1919–1945, Berlin 1994
167 Haushofer, Karl: Der nationalsozialistische Gedanke in der Welt. München 1933
168 Alle Zitate aus: Haushofer, Karl: Der nationalsozialistische Gedanke, München 1933
169 Wolter, Heike: Volk ohne Raum – Lebensraumvorstellungen im geopolitischen, literarischen und politischen Diskurs der Weimarer Republik. Hamburg 2003, S. 28
170 Ortner, Johannes: Der nationalsozialistische Gedanke in der Welt – Eine literaturwissenschaftliche Analyse von Karl Haushofers Werk vor dem Hintergrund biographischer Einflüsse. Wien 2009, S. 123
171 Bassoni, Nicola: Karl Haushofer as a »Pioneer« of National Socialist Cultural Diplomacy in Fascist Italy Central European History 52 (2019), 424–449, S. 424
172 ebd.

173 Graf, Oskar Maria: Ein barockes Malerporträt. In: Oskar Maria Graf: Werkausgabe Band XI/4, herausgegeben von Wilfried F. Schoeller. München Leipzig 1994, S. 261ff
174 ebd., S. 297
175 ebd.
176 ebd.
177 ebd., S. 298
178 Privatarchiv Haushofer
179 Wildt, Michael: Zerborstene Zeit. Deutsche Geschichte 1918–1945. München 2022
180 ebd.
181 Lorant, Stefan: Sieg Heil. Ohne die Quelle anzugeben, verwendet Lorant dabei eine Photomontage von John Heartfield für den Umschlag von »Kaiser Adolf. The Man against Europe« der Zeitschrift »Post. Hulton's Weekly«, 9. September 1939.
182 Haushofer, Martha: Lebensbuch, Privatarchiv Haushofer
183 Klemperer, Victor: Ich will Zeugnis ablegen bis zum letzten. Tagebücher 1933–1941. Band I. Berlin 1995, S. 18
184 ebd.
185 ebd., S. 399
186 ebd., S. 15
187 Haushofer, Karl: Rudolf Hess in der Hartschimmel-Rast, in: Lebensbuch 28. IX. 33, Privatarchiv Haushofer
188 ebd., S. 219
189 ebd., S. 215
190 Haushofer, Heinz: Agrarier, S. 47
191 ebd.
192 ebd.
193 ebd., S. 48
194 ebd., S. 49
195 Klemperer, S. 425
196 ebd., S. 465
197 ebd., S. 221
198 ebd., S. 443
199 ebd., S. 439
200 Privatarchiv Haushofer
201 Privatarchiv Haushofer
202 Kästner, Erich: Das Blaue Buch. Geheimes Kriegstagebuch. Zürich 2021, S. 54
203 ebd., S. 53
204 Brief von Albrecht Haushofer an Lord Douglas Hamilton am 16. Juli 1939, zit. nach Jacobsen Bd. I, S. 349
205 Salzmann, Stephanie / Schlie, Ulrich: Zuflucht Heimat – Albrecht Haushofer und das Werdenfelser Land. Berlin 2010, S. 48
206 ebd.
207 Privatarchiv Haushofer; noch 1944 bezeichnet Karl Haushofer ihn so: Jacobsen, S. 425
208 Kästner, S. 98
209 Carossa, Hans: Ungleiche Welten. Frankfurt am Main 1978, S. 134
210 Klemperer, Band II 1942–1945, S. 326
211 Kästner, S. 99
212 Kästner, S. 103f
213 Jünger, Ernst: Strahlungen II. Das zweite Pariser Tagebuch. Stuttgart 1980, S. 288
214 ebd., S. 289
215 ebd., S. 289
216 Jacobsen Bd. I, S. 414
217 ebd.
218 ebd.
219 ebd, S. 419
220 ebd.
221 Tuckermann, Anja: »Denk nicht, wir bleiben hier!« Die Lebensgeschichte des Sinto Hugo Höllenreiner. München 2022, S. 78
222 Jacobsen Bd. I., S. 421
223 ebd., S. 420
224 ebd.
225 ebd., S. 422
226 ebd., S. 413
227 Privatarchiv Haushofer
228 Klemperer, Band II, S. 549
229 ebd., S. 550
230 ebd.
231 ebd.
232 Kästner, S. 184
233 ebd., S. 195
234 ebd., S. 196
235 ebd., S. 204
236 ebd., S. 205
237 ebd., S. 209
238 Toepfer, Alfred: Zum Geleit, in: Ernst Jünger: Der Friede, Hamburg 1964, unpag.
239 ebd.
240 zit. nach: D. Strothmann, Schwärmer und Schlimmere. Eine Untersuchung der Literatur unter Hitler, in: Die Zeit 15/1967
241 Carossa, S. 23
242 ebd., S. 108
243 ebd., S. 205
244 ebd.
245 ebd.
246 Dagerman, Stig: Deutscher Herbst, Berlin 2021, S. 20
247 ebd., S. 21
248 ebd., S. 28
249 ebd., S. 16
250 ebd.
251 ebd., S. 17
252 zit. nach: Rotzoll, Silke: Ich bin nun mal deutsch. Sebastian Haffner: Eine Biographie, in: Deutschlandfunk, 21. November 2001

253 Mann, Erika: Wer das Schwert nimmt …, in: Blitze überm Ozean. Aufsätze, Reden, Reportagen. Reinbek bei Hamburg, 2001, S. 346
254 ebd., S. 348
255 Mann, Erika: Besuch bei Karl Haushofer, in: Blitze überm Ozean, S. 366
256 ebd., S. 367
257 ebd.
258 ebd.
259 ebd.
260 ebd., S. 369
261 ebd.
262 ebd., S. 370
263 ebd.
264 ebd., S. 376
265 ebd.
266 ebd.
267 Mann, Thomas: Tagebücher 1946–1949. Hg. von Inge Jens. Frankfurt am Main 1989, S. 26. Zit. nach: Mann, Erika: Blitze, Editorische Bemerkungen, S. 499
268 Privatarchiv Haushofer
269 Privatarchiv Haushofer
270 Privatarchiv Haushofer
271 Privatarchiv Haushofer
272 Zweig, Stefan, S. 195
273 ebd., S. 193
274 ebd., S. 216
275 ebd., S. 217
276 ebd.
277 ebd., S. 217 f
278 ebd., S. 218
279 ebd.
280 Mann, Erika: Wer das Schwert nimmt…, in: Blitze überm Ozean, S. 346
281 Haushofer, Albrecht: Moabiter Sonette, Sonett XXX, S. 34
282 Privatarchiv Haushofer
283 von Weizsäcker, Carl Friedrich: Albrecht Haushofer und die Jugend, in: Italiaander, Rolf (Hg.): In memoriam Albrecht Haushofer. Hamburg 1948, S. 18
284 Privatarchiv Haushofer
285 Haushofer, Albrecht: Moabiter Sonette, Sonett XXIV, S. 28
286 Privatarchiv Haushofer
287 Haushofer, Heinz, Agrarier, S. 123. Im Original »Non liquet, non liquet«: falscher Wortgebrauch von Heinz Haushofer
288 ebd.
289 Laack-Michel, Ursula: Albrecht Haushofer und der Nationalsozialismus. Stuttgart 1974, S. 14
290 ebd.
291 Privatarchiv Haushofer
292 Heimpel, Hermann, in: Salzmann/Schlie, S. 28
293 Laack-Michel, S. 15
294 Heimpel, Hermann: Die halbe Violine, zit. nach: Laack-Michel, S. 16
295 Laack-Michel, S.19
296 An die Eltern 29. Oktober 1931. In: Jacobsen Bd. II, S. 116, Dok 57
297 Laack-Michel, S. 108f
298 Zit. nach Laack-Michel, S. 119
299 An die Mutter, 21. Juli 1933, Privatarchiv Haushofer
300 Laack-Michel, S. 24f
301 Italiaander, S. 18
302 Haushofer, Albrecht: Moabiter Sonette, Sonett XXXVI, S. 40
303 Haushofer, Hubert Albrecht: Wir hatten uns nur 12 Jahre … Albrecht Haushofer als Mensch und Patenonkel von 1932 bis 1944. In: Salzmann/Schlie, S. 6
304 ebd.
305 ebd.
306 ebd.
307 Haushofer, Albrecht: Moabiter Sonette, Sonett LX, S. 64
308 Italiaander, S. 18f
309 ebd.
310 ebd., S. 19
311 Graf, Oskar Maria: Reise in die Sowjetunion 1934. Darmstadt und Neuwied 1974, S. 27
312 ebd.
313 ebd.
314 Haiger, Ernst: Albrecht Haushofer und Annemarie Schwarzenbach. Maschinengeschriebenes Manuskript: »Für Frau Haushofer zur persönlichen Verfügung«. Undatiert, S. 2
315 Énard, Mathias: Kompass. Berlin 2016
316 Schwarzenbach, Alexis: Auf der Schwelle des Fremden. Das Leben der Annemarie Schwarzenbach. München 2011
317 Maillart, Ella: Der bittere Weg. Mit Annemarie Schwarzenbach unterwegs nach Afghanistan. Bern 2001, S. 10
318 Énard, S. 120
319 Maillart, S. 11
320 zit. nach Schwarzenbach, Alexis, U 4
321 Italiaander, S. 18
322 Privatarchiv Haushofer
323 Privatarchiv Haushofer
324 Laack-Michel, S. 10
325 ebd., S. 14
326 Privatarchiv Haushofer
327 Laack-Michel, S. 45
328 ebd.
329 In: Laack-Michel, S. 46
330 Jacobsen I, S. 456
331 ebd.

332 ebd, S. 457
333 ebd.
334 Roth, Joseph: zit. nach: Helmut Nürnberger: Joseph Roth. Reinbek bei Hamburg, 1981, S. 7
335 ebd.
336 Haiger, Ernst: Albrecht Haushofer im Widerstand gegen den Nationalsozialismus. In: Haiger, Ernst/Ihering, Amelie/von Weizsäcker, Carl Friedrich: Albrecht Haushofer. Berlin/Ebenhausen 1999, S. 31
337 An den Vater, 25. Juni 1931, Privatarchiv Haushofer
338 An die Mutter, 3. Juni 1932. In: Laack-Michel, S. 299 Dok 28
339 Brief an die Eltern vom 13. Oktober 1939 und an die Mutter vom 13. Dezember 1939, in: Haiger/Ihering/Weizsäcker, S. 70
340 Bollnow, Otto Friedrich: Mensch und Raum. Stuttgart, Berlin, Köln 1963, S. 257
341 Binswanger, Ludwig: Grundformen und Erkenntnis menschlichen Daseins. Zürich 1942
342 Italiaander, S. 22
343 Laack-Michel, S. 23
344 Haushofer, Hubert Albrecht, in: Salzmann/Schlie, S. 6
345 An die Eltern, 7. Februar 1943, Privatarchiv Haushofer
346 Interview Heinrich von zur Mühlen mit Günther Gereke 7. Mai 1948, in: Bundesarchiv Koblenz, Nachl. G. Ritter 156. Zit. nach: Haiger, S. 88
347 Laack-Michel, S. 5
348 Brief vom 14.VII.1944, Privatarchiv Haushofer
349 Zitiert nach: https://de.wikipedia.org/wiki/Johannes_Popitz, letzter Zugriff: 31.07.2023
350 Privatarchiv Haushofer
351 Gründl, Schwester Petra: Kerschlach. Weiler. Schwaige. Klostergut, St. Ottilien, o.J., S. 92
352 Mitschwester von Symphorosa Kohler, ohne Angabe eines Namens der Verfasserin: Sterbebericht unserer lieben, am 2. Dezember 1949 zu Gott heimgegangenen Mitschwester M. Symphorosa Kohler. Maschinenschriftlicher Bericht, Archiv des Klosters Tutzing, o. J., S. 3
353 ebd.
354 Aigner, Toni: Auf der Flucht – Die Stele in Machtlfing. In: http://stele.machtlfing.de, letzter Zugriff: 31.07.2023
355 ebd.
356 Mündlicher Bericht von Johann Sontheim, Machtlfing
357 Salzmann/Schlie, S. 56
358 Aigner, Toni: Auf der Flucht – Die Stele in Machtlfing. In: http://stele.machtlfing.de
359 Haushofer, Albrecht: Moabiter Sonette, Sonett XXXIX, S. 43
360 Haushofer, Albrecht: Moabiter Sonette, Sonett IL, S. 53
361 Klatt, Detloff: Treffpunkt Moabit, Berlin 1957, S. 211
362 ebd.
363 Jacobsen Bd. I, S. 436
364 Meyer, Gertraud: Albrecht Haushofer – Im Auge des Zyklon. Andechs 2015, S. 14
365 ebd., S. 17
366 Stubbe, Walter: Seinem Gedenken, in: Italiaander, S. 29
367 Meyer, Gertraud, S. 15
368 Goethe, Johann Wolfgang von: Natur und Kunst. In: ders.: Werke. Hamburger Ausgabe in 14 Bänden. Band 1, Gedichte und Epen 1, München 1981, S. 245
369 De Profundis. Deutsche Lyrik in dieser Zeit. Günter Groll (Hg.) München 1946, Klappentext
370 Lenz, Hermann: Ein Fremdling, Frankfurt am Main 1952,S. 66
371 ebd., S. 80
372 Groll, Günter: Vorwort, in: De Profundis, S. 15
373 Haushofer, Albrecht: In Fesseln. In: De Profundis, S. 142
374 Denk, Friedrich: Der unbekannte Haushofer, in: Albrecht Haushofer. Macht und Ohnmacht. Weilheimer Hefte zur Literatur 39. Weilheim 1994, o. S.
375 ebd.
376 Haushofer, Albrecht: Moabiter Sonette, Sonett XXIII, S. 27
377 Haushofer, Heinz: Agrarier, S. 11ff
378 Haushofer, Heinz: Agrarier, S. 13f
379 https://www.universitaetsarchiv.uni-muenchen.de/digitalesarchiv/rektoratsunduniversitatsreden/reichsgrundungsfeier/index.html, letzter Zugriff: 31.07.2023
380 Haushofer, Heinz: Agrarier, S.17
381 ebd., S. 226
382 Plato: Politeia. 378 b 86, in der Übersetzung von Friedrich Schleiermacher, Hamburg 1958
383 Haushofer, Heinz: Agrarier, S. 17
384 Haushofer, Albrecht: Moabiter Sonette, Sonett XXXVII, S. 41
385 Haushofer, Heinz: Über seine Erde. Gedanken eines Landwirts 1944–1946. Unveränderter Abdruck des unveröffentlichten Manuskripts. O. J., S. 7f
386 ebd., S. 9
387 ebd.
388 ebd., S. 10
389 ebd., S. 28

390 ebd., S. 38f
391 ebd., S. 41
392 ebd., S. 69
393 ebd., S. 78
394 Haushofer, Heinz: Mein Leben als Agrarier. Eine Autobiographie 1924–1978. München 1982
395 Haushofer, Heinz: Agrarier, S. 114
396 ebd.
397 Ohne Verfasserangabe: Vom Kloster bis zum HdbL, in: 70 Jahre Bayerische Bauernschulen. Bayerisches Landwirtschaftliches Wochenblatt, Haus der bayerischen Landwirtschaft Herrsching, 2018
398 Marc Aurel: Selbstbetrachtungen, auch erschienen unter dem Titel Wege zu sich selbst. München 2013
399 Satzer-Spree, Susanne: Moränenhügel mit kaiserlicher Vergangenheit. Süddeutsche Zeitung, 11. Januar 1994
400 Haushofer, Heinz: Credo. Schrobenhausen 2009
401 Haushofer, Heinz: Agrarier, S. 7
402 Stephan, Michael: Neue Begegnungen mit den Haushofers, in: Literatur in Bayern Heft 141, September 2020, S. 36
403 Privatarchiv Haushofer
404 Quinger, Burkhard: Magerrasen-artige Rinderhutweiden … in: Bukolien. Weidelandschaft als Natur- und Kulturerbe. Bewahrung und Entwicklung. HG.: Bayerische Akademie für Naturschutz und Landschaftspflege, Hannover 2000, S. 83–136
405 Privatarchiv Haushofer
406 Weizsäcker, Carl Friedrich von: Die Geschichte der Natur. Zürich 1962, S. 126
407 ebd.

BILDNACHWEIS

Stegmüller, Henning S. 8, S. 13 li.o., S. 36 re., S. 176, S. 185

Privatarchiv Haushofer S. 11, S. 15, S. 22, S. 26, S. 27, S. 33, S. 34, S. 35, S. 36 li., S. 38, S. 39 li. und re., S. 42, S. 43, S. 46, S. 57, S. 58, S. 59, S. 61, S. 63, S. 66, S. 68, S. 86, S. 99, S. 101, S. 102, S.103, S. 104, S. 106, S. 108, S. 121, S. 123, S. 128, S. 130, S. 131, S. 133, S. 34, S. 135, S. 136, S. 137, S. 139, S. 144, S. 145, S. 146, S. 148, S. 160, S. 161, S.163, S. 164, S. 177, S. 182, S. 189, S. 191, S. 192, S. 193, S. 195, S. 197, Coverrückseite

Privat S. 13 re. o., S. 21, S. 28, S. 110, S. 143, S. 165, S. 175, S. 187, S. 200

Lex, Valerie Covervorderseite, S. 19, S. 55

Weese, Michael S. 31

Archiv des Deutschen Alpenvereins S. 40

Wikipedia S. 52, S. 153

Stadtarchiv München S. 56 (FS-HB-XV-056), S. 62 (FS-ALB-139-03)

Richardsen, Ingvild S. 60, S. 65

Mertz, Ulrike S. 168, S. 190

LITERATUR

Aigner, Toni: Albrecht Haushofer auf der Flucht in Bayern, in: Gertraud Mayer: Albrecht Haushofer – Im Auge des Zyklon, Andechs 2015

Bassermann-Jordan, Gabriele von/Fromm, Waldemar/Kargl, Kristina (Hg.): Freunde der Monacensia e. V. – Jahrbuch 2022

Bassoni, Nicola: Karl Haushofer as a »Pioneer« of National Socialist Cultural Diplomacy in Fascist Italy Central European History 52 (2019), 424–449, S. 424, Central European History Society of the American Historical Association 2019, published online by Cambridge University Press, 25 September 2019

Bayerische Akademie für Naturschutz und Landschaftspflege (Hg.): Bukolien. Weidelandschaft als Natur- und Kulturerbe. Bewahrung und Entwicklung. Hannover 2000

Binswanger, Ludwig: Grundformen und Erkenntnis menschlichen Daseins. Zürich 1942

Bollnow, Otto Friedrich: Mensch und Raum. Stuttgart, Berlin, Köln 1963

Brenner, Peter (Hg.): Thomas Mann in München. Ein schwieriger Weg in die Moderne. Thalhofen 2013

Brenner, Peter: Ein Blick in die Zukunft. Der Roman »Planetenfeuer« des TH-Professors, Politikers und Schriftstellers Max Haushofer, in: Literatur in Bayern, 147, März 2022. München 2022

Carossa, Hans: Ungleiche Welten. Frankfurt am Main 1978

Dagerman, Stig: Deutscher Herbst, Berlin 2021

de Sélincourt, Aubrey: Die Welt Herodots. Wiesbaden 1967

Denk, Friedrich: Der unbekannte Haushofer, in: Albrecht Haushofer. Macht und Ohnmacht. Weilheimer Hefte zur Literatur 39. Weilheim 1994

Ebeling, Frank: Geopolitik. Karl Haushofer und seine Raumwissenschaft 1919–1945, Berlin 1994

Énard, Mathias: Kompass. Berlin 2016

Feldhütter, Wilfried: Alpenländisches Lesebuch. München 1975

Fromm, Waldemar (Hg.): Münchner Salons. Literarische Geselligkeit im 19. und frühen 20. Jahrhundert. Regensburg 2021

Garleb, Ernst: Ein deutscher Dante an der Wende des Jahrhunderts. Litterarische Studie. Leipzig 1897

Goethe, Johann Wolfgang von: Werke. Hamburger Ausgabe in 14 Bänden. München 1981

Göttler, Norbert: Eine rechte Malerluft, ein wahres Malerlicht. Künstlerkolonien, Malerorte und pittoreske Landpartien in Oberbayern. Dachau 2011

Graf, Oskar Maria: Reise in die Sowjetunion 1934. Darmstadt und Neuwied 1974

Graf, Oskar Maria: Werkausgabe, herausgegeben von Wilfried F. Schoeller. München Leipzig 1994

Groll, Günter (Hg.): De Profundis. Deutsche Lyrik in dieser Zeit. München 1946

Gründl, Schwester Petra: Kerschlach. Weiler. Schwaige. Klostergut, St. Ottilien, o.J

Haffner, Sebastian: Von Bismarck zu Hitler. Ein Rückblick. München 1987

Haiger, Ernst/Ihering, Amelie/Weizäcker, Carl Friedrich von: Albrecht Haushofer. Berlin/Ebenhausen 1999

Helm, Reinhardt: Vom Eibsee zum Chiemsee. Maximilian Haushofer (1811–1866). Weilheim 1990

Herz, Rudolf/Bruns Brigitte (Konzept der Ausstellung und des Katalogs): Hof-Atelier Elvira. 1887–1928. Ästheten, Emanzen, Aristokraten. München 1985

Hipler, Bruno: Hitlers Lehrmeister. Karl Haushofer als Vater der NS-Ideologie. St. Ottilien 1996

Hübner, Klaus: Der Untergang wird auch schon 100. Oswald Spengler und sein Erfolgsbuch, in: Literatur in Bayern 134, München 2018

Italiaander, Rolf (Hg.): In Memoriam Albrecht Haushofer. Gedenkworte. Hamburg 1948

Jacobsen, Hans-Adolf: Karl Haushofer – Leben und Werk. Zwei Bände. Boppard am Rhein 1979

Jünger, Ernst: Der Friede, Hamburg 1964

Jünger, Ernst: Strahlungen II. Das zweite Pariser Tagebuch. Stuttgart 1980

Kästner, Erich: Das Blaue Buch. Geheimes Kriegstagesbuch. Zürich 2021

Kehr, Wolfgang: Geschichte der Münchner Kunstakademie in Bildern. München 2008

Klatt, Detloff: Treffpunkt Moabit, Berlin 1957

Klemperer, Viktor: Ich will Zeugnis ablegen bis zum letzten. Tagebücher 1933–1941 (Band 1), 1942–1945 (Band 2). Berlin 1995

Laack-Michel, Ursula: Albrecht Haushofer und der Nationalsozialismus. Stuttgart 1974

Lenz, Hermann: Ein Fremdling, Frankfurt am Main 1983

Lorant, Stefan: Sieg Heil – Eine deutsche Bildgeschichte von Bismarck zu Hitler. Frankfurt am Main, 1979

Mailänder, Nicholas: Im Zeichen des Edelweiss. Die Geschichte Münchens als Bergsteigerstadt. Zürich 2006

Maillart, Ella: Der bittere Weg. Mit Annemarie Schwarzenbach unterwegs nach Afghanistan. Bern 2001

Mann, Erika: Blitze überm Ozean. Aufsätze, Reden, Reportagen. Reinbek bei Hamburg, 2001

Mann, Thomas: Collegheft 1894–1895. Frankfurt am Main 2001

Mann, Thomas: Tagebücher in zehn Bänden, Frankfurt am Main 1977. Eintrag am 13./14. November 1894

Mann, Thomas: Werke. Taschenbuchausgabe in zwölf Bänden. Frankfurt a. Main und Hamburg 1967

Marc Aurel: Selbstbetrachtungen, auch erschienen unter dem Titel Wege zu sich selbst. München 2013

Meyer, Gertraud: Albrecht Haushofer – Im Auge des Zyklon. Andechs 2015

Naumann, Uwe: Klaus Mann. Reinbek bei Hamburg 1984

Niess, Wolfgang: Der Hitlerputsch. Geschichte eines Hochverrats 1923. München 2023

Ortner, Johannes: Der nationalsozialistische Gedanke in der Welt – Eine literaturwissenschaftliche Analyse von Karl Haushofers Werk vor dem Hintergrund biographischer Einflüsse. Wien 2009

Plato: Politeia. In der Übersetzung von Friedrich Schleiermacher, Hamburg 1958

Raupp, Karl/Wolter, Franz: Die Künstlerchronik von Frauenchiemsee. München 1924

Rebel, Ernst: Abenteuer bis Zuhause. Stichworte zur Münchner Interkultur. München 2018

Ritter, Stefan: Zeitschrift des Deutschen Alpenvereins, Band I, 1869/70, 2. Abth

Röhl, John C.G.: Wilhelm II., München 2013

Rohmer, Gustav: Die zwanglose Gesellschaft in München (1837–1937), Nördlingen 1937

Salzmann, Stephanie/Schlie Ulrich: Zuflucht Heimat – Albrecht Haushofer und das Werdenfelser Land. Berlin 2010

Schwarzenbach, Alexis: Auf der Schwelle des Fremden. Das Leben der Annemarie Schwarzenbach. München 2011

Sontheimer, Kurt: Antidemokratisches Denken in der Weimarer Republik. München 1962

Stubbe, Walter: In memoriam Albrecht Haushofer, Hamburg 1948

Thoma, Ludwig/Queri, Georg (Hg): Bayernbuch. München 1913

Tuckermann, Anja: »Denk nicht, wir bleiben hier!«: Die Lebensgeschichte des Sinto Hugo Höllenreiner. München 2018

Weizsäcker, Carl Friedrich von: Die Geschichte der Natur. Zürich 1962

Wildt, Michael: Zerborstene Zeit. Deutsche Geschichte 1918–1945. München 2022

Wolf, Georg Jakob: Die Münchnerin. München 1924

Wolter, Heike: Volk ohne Raum – Lebensraumvorstellungen im geopolitischen, literarischen und politischen Diskurs der Weimarer Republik. Hamburg 2003

Wurzbach-Tannenberg, Constant von: Biographisches Lexikon des Kaiserthums Oesterreich. 8. Theil. Kaiserlich-königliche Hof- und Staatsdruckerei, Wien 1862

Zweig, Stefan: Die Welt von Gestern. Erinnerungen eines Europäers. Frankfurt am Main 1970

Zweite Armin (Hg.): Münchner Landschaftsmalerei 1800–1850, Katalog zu der Ausstellung im Lenbachhaus. München 1979

MITGLIEDER DER FAMILIE HAUSHOFER

Haushofer, Albrecht: Moabiter Sonette. Ebenhausen bei München, 1999

Haushofer, Heinz: Über seine Erde. Gedanken eines Landwirts 1944–1946. Unveränderter Abdruck des unveröffentlichten Manuskripts. O. J

Haushofer, Heinz: Mein Leben als Agrarier. Eine Autobiographie 1924–1978. München 1982

Haushofer, Heinz: Schimmel auf der Hart. Das Werden eines oberbayerischen Bauernhofes. Zum hundertjährigen Bestehen des Hartschimmelhofs zusammengestellt von Heinz Haushofer. Hartschimmel, 1957

Haushofer, Heinz: Traditionen. Als Manuskript vervielfältigt. München 1979

Haushofer, Heinz: Credo. Als Manuskript gedruckt. © Andrea Haushofer-Schröder, Schrobenhausen 2009

Haushofer, Hubert Albrecht: Wir hatten uns nur 12 Jahre … Albrecht Haushofer als Mensch und Patenonkel von 1932 bis 1944. In: Zuflucht Heimat. Albrecht Haushofer und das Werdenfelser

Land. Katalog zur Ausstellung. Verantwortlich: Stephanie Salzmann, Ulrich Schlie. Berlin 2010
von Haushofer, Karl: Die Mineralien, München 1871
Haushofer, Karl (d. J.): Der nationalsozialistische Gedanke in der Welt. München 1933 Haushofer, Karl und Max: Aula. München, o. J.
Haushofer, Max (d. Ä.): Tagebuchauszug 1828, Privatarchiv Haushofer
Haushofer, Max (d. J.): Planetenfeuer. München 1899 in der »Abschrift« von Martin Otter 1999
Haushofer, Max (d. J.): Oberbayern. München und bayerisches Hochland. Monographien zur Erdkunde. Bielefeld und Leipzig, 1900
Haushofer, Max (d. J.): An des Daseins Grenzen. Geschichten und Phantasien. München 1908
Haushofer, Max (d. J.): Der Tuifelmaler. Eine oberbayerische Dorf- und Seegeschichte, in: Cimber, Amelie: Liebreizendes, Ergötzliches und Herzerfischendes aus der Gartenlaube. Wohltuende und sinnreiche Geschichten, gefälligst illustriert, allen Empfindenden wärmstens anzuraten. Wien 1978
Haushofer, Max (d. J.): Ausgewählte Glossen. In: Die Zwanglose Gesellschaft in München 1837–1937. Als Manuskript gedruckt. München 1937
Haushofer-Merk, Emma: Alt-Münchner Erzählungen, hg. von Ingvild Richardsen. München 2015
Haushofer-Merk, Emma: Die Lierbachs-Mädeln. Münchner Roman. Berlin 1917, Neuauflage München 2016
Haushofer-Merk, Emma: Es wetterleuchtete. Leipzig 1922, Neuauflage München 2016

REGISTER

In diesem Register sind alle Menschen, die den Namen »Haushofer« tragen, so erfreulich das ist, nicht aufgenommen. Aus den Kapitelüberschriften geht hervor, um welche Familienmitglieder es jeweils geht.
Aus anderen Gründen findet der Name »Hitler« keine Aufnahme. Er hätte die meisten Nennungen, wodurch sich ein Schwerpunkt ergeben hätte, der so nicht zutrifft. In diesem Buch geht es nicht um Hitler, aber man kommt – leider – nicht um ihn herum.

Adeimantos 181
Aigner, Korbinian 93
Aigner, Toni 165
Amen, John H. 120
Andersch, Alfred 173
Andreas-Salomé, Lou 81
Antonescu, Ion 109
Arco auf Valley, Anton Graf von 75
Arendt, Hannah 179
Aristoteles 54, 154f.
Augspurg, Anita 61, 82

Baden, Max von 72
Baeumler, Alfred 81
Barth, Ferdinand 29
Bassoni, Nicola 90f.
Becker, Nikola 83
Belli di Pino, Friederike 53
Beneš, Edvard 157f.
Bergengruen, Werner 173
Binswanger, Ludwig 158
Bismarck, Clara von 150
Bismarck, Friedrich Wilhelm von 150
Bismarck, Otto von 70, 72, 83
Böhlau, Helene 58
Bohle, Ernst 120
Bollnow, Otto Friedrich 157
Bormann, Martin 105f.
Boshart, Joseph 25
Boshart, Karl 25
Brachvogel, Carry 19, 58
Braun, Eva 170
Brenner, Peter 43
Britting, Georg 173
Bruckmann, Elsa 78f., 179
Burckhardt, Carl Jacob 105, 132

Calvin, Johannes 132
Caprivi, Leo von 70
Carossa, Hans 95, 106, 114–116, 173, 174
Chamberlain, Arthur Neville 98
Churchill, Winston 105, 109
Codreanu, Corneliu Zelea 109
Cornelius, Peter von 26

Dagerman, Stig 95, 115f.
Dahn, Felix 32, 51, 81
Dante Alighieri 50f., 92, 111
Darré, Richard Walter 185f.
Delp, Alfred 167
Demandt, Alexander 81
Denk, Friedrich 174
Descartes, René 14
Desch, Kurt 173
Desportes, Adrienne 16, 184
Dillis, Johann Georg von 26
Dingler, Max 122
Dorn, Hanns 177
Doss, Anna von 130–132
Douglas-Hamilton, Douglas Duke of 104f., 120
Drygalski, Erich von 41, 53, 146
Dumbser, Anna 16, 18, 26, 30, 61
Dumbser, Susanna 30

Ebeling, Frank 89
Ebert, Friedrich 75f.
Eden, Anthony 109
Eich, Günter 174
Eisenhower, Dwight D. 122
Eisner, Kurt 71, 75
Elferich, Christa 53f.
Elser, Johann Georg 107, 111
Énard, Mathias 151
Endell, August 58, 81
Enderle, Lotte 107
Enzensberger, Johann 167

Erzberger, Matthias 72
Everding, August 192

Fechter, Paul 161
Fest, Joachim 179
Fischer, Balthasar 198
Fischer, Michael 198
Fraas, Adelheid 16, 54
Fraas, Carl 54, 180f.
Frank, Hans 117
Franziskus, Papst 87
Franz Joseph I. (Habsburg-Lothringen), Kaiser von Österreich 30
Freeman-Mitford, Unity Valkyrie 104
Freisler, Roland 107
Freudenberg, Ilka 61, 135
Freud, Sigmund 88
Friedrich, Caspar David 30
Fromm, Waldemar 78

Garleb, Ernst 50f.
George, Stefan 79
Gittel, Benjamin 81
Goebbels, Joseph 104, 114f.
Goethe, Johann Wolfgang 94, 125f., 172
Gorbatschow, Michail 193f.
Göring, Hermann 98, 120
Goudstikker, Sophia 61f., 82
Graf, Oskar Maria 88, 92, 150
Grimm, Hans 87
Groll, Günter 173f.
Gründl, Petra 164
Gudden, Bernhard von 52

Haeckel, Ernst 69
Haffner, Sebastian 83f., 116
Hegel, Georg Wilhelm Friedrich 14
Heimpel, Hermann 80f., 145f.
Henlein, Konrad 88f., 158
Herodot 86
Herz, Henriette 78
Heß, Rudolf 20, 76, 80, 83, 88, 90–93, 96–98, 100–102, 104–106, 117, 119f., 132, 137, 139, 146, 150, 157, 159, 184
Heyse, Paul 51–52, 78, 81
Hildebrand, Dietrich von 83
Hildebrandt, Rainer 140
Hindenburg, Paul von 71f., 74
Hipler, Bruno 89
Hirth, Georg 16, 82, 184
Hock, Hyazintha 165
Hofacker, Cäsar von 107
Hofmannsthal, Hugo von 79
Hohenlohe-Schillingsfürst, Viktor Prinz von 159, 162

Höllenreiner, Hugo 110
Homer 10
Höppener, Hugo (Fidus) 80
Huber, Kurt 14
Hübner, Klaus 81
Huchel, Peter 174
Huch, Ricarda 58
Hugenberg, Alfred 156
Humboldt, Alexander von 69, 112
Hundhammer, Alois 184, 185

Jacobsen, Hans-Adolf 77, 78, 87, 155
Jodl, Alfred 113
Jünger, Ernst 95, 107, 113, 114, 116

Karl Theodor von Bayern, Kurfürst 133
Kaschnitz, Marie-Luise 174
Kästner, Erich 95, 96, 97, 103, 106, 107, 112
Kaulbach, Hermann 52
Kaulbach, Wilhelm von 30
Keitel, Wilhelm 113
Kesten, Hermann 114
Klages, Ludwig 79
Klatt, Fetloff 170
Klemperer, Victor 95, 96, 97, 98, 100, 106, 112
Klenze, Leo von 71
Knorr, Julius 184
Knorr, Thomas 16, 184
Kobell, Franz von 35, 39, 40, 52, 53
Kobell, Wilhelm von 26
Koeppen, Wolfgang 174
Kohler, Symphorosa 164, 165, 168
Kolb, Annette 58
Kupelwieser, Leopold 198

Laack-Michel, Ursula 145, 147, 154, 159
Leibniz, Gottfried Wilhelm 14
Lenbach, Franz von 81, 133
Lenz, Hermann 174
Lerch, Sonja 75
Lessing, Gotthold Ephraim 100
Liebeskind Verlag 50
Liebig, Justus von 180
Löns, Hermann 124
Lorant, Stefan 95
Ludendorff, Erich 71, 72, 156
Ludwig II. von Bayern, König 52, 70, 132
Ludwig I. von Bayern, König 54, 132
Luitpold von Bayern, Prinzregent 38, 68, 70
Lüttichau, Renate Gräfin von 16

Macke, August 71
Mailänder, Nicholas 40
Maillart, Ella 150f.
Mann, Erika 115, 117f., 127, 150, 174

Mann, Heinrich 71, 93
Mann, Katia 62, 83
Mann, Klaus 150–151, 174
Mann, Thomas 18, 44f., 62, 71, 82–84, 118, 151f.
Marc Aurel 186–188
Marc, Franz 71, 186–188
Max II. von Bayern, König 30
Max I. Joseph von Bayern, König 23
Mayer-Doss, Christine 125, 130f., 133
Mayer-Doss, Georg Ludwig 12, 20, 74, 130, 133f., 137, 146
Mayer-Doss, Martha 16, 101
Mayer, Samuel Chajim 132
Mende, Adolf 29
Mengershausen, Anna von 198
Merk, Eduard 57
Merk, Margarethe 57
Merlio, Gilbert 81
Meyer, Camilla 151
Meyer, Conrad Ferdinand 130, 151
Meyer, Gertraud 172
Miller, Ferdinand von 30
Montez, Lola 58
Mosley, Oswald 104
Müller, Dora 88
Müller, Karl Alexander von 79, 122, 179
Munch, Edvard 69
Mussolini, Benito 81, 91, 98

Naue, Julius 10
Neurath, Konstantin von 98
Niess, Wolfgang 76, 204, 210
Nietzsche, Friedrich 81
Nixon, Richard 109

Orff, Carl 199
Ortner, Johannes 90
Otto, Elisabeth 165, 167
Otto, Franz 165
Otto, Martin 165, 167

Papen, Franz von 120, 156, 186
Penck, Albrecht 146
Penzoldt, Ernst 173
Perikles 86
Pixis, Theodor 52
Platon 45, 54, 181
Pocci, Franz von 52
Popitz, Johannes 159, 161f.
Pringsheim, Alfred 83, 117
Pringsheim, Hedwig 83, 117
Pufendorf, Samuel von 78

Queri, Georg 49, 58
Quinger, Burkhard 196

Ramberg, Arthur von 64
Rappenglück, Longinus 12f.
Ratzel, Friedrich 85, 87, 158
Raupp, Karl 29
Rebel, Ernst 73
Renner, Luise 16, 184
Renner, Paul 16, 184
Ribbentrop, Joachim von 20, 98, 117, 120, 157
Richardsen, Ingvild 58f., 63
Richter, Hans Werner 173
Riefenstahl, Helene (Leni) 112
Riggauer, Hans 52
Rilke, Rainer Maria 58, 79, 81
Ritter, Stefan 40f.
Rökk, Marika 112
Roosevelt, Franklin D. 109
Rosenberg, Alfred 106
Roth, Joseph 155f.
Ruben, Christoph Christian 30
Runge, Philipp Otto 26
Ruoff, Wolfgang 64

Santen, Georg 46f.
Sawallisch, Wolfgang 64
Scheidemann, Philipp 71
Schelling, Friedrich Wilhelm Joseph 28
Schirach, Baldur von 79, 103
Schliemann, Heinrich 10, 149
Schmidt, Therese 62
Schneider, Reinhold 173
Schnuhr, Irmgard 150, 170
Schober, Franz von 198
Schönberg, Alexandra von 16, 201
Schopenhauer, Arthur 130, 132, 152
Schrimpf, Georg 91f.
Schubert, Franz 198
Schuler, Alfred 79
Schwarzenbach, Alexis 151
Schwarzenbach, Annemarie 20, 118, 150–153
Schwarzenbach-Wille, Renée 150
Schwerin von Krosigk, Johann Ludwig Graf 117
Schwind, Moritz von 10, 198
Sedlmayr, Joseph Anton 26
Seeckt, Hans von 71, 76
Sélincourt, Aubrey de 86
Shakespeare, William 117, 160
Silesius, Angelus 199
Sokrates 181
Sontheimer, Kurt 80
Sontheim, Johann 167
Spengler, Oswald 81, 126, 154
Stalin, Josef 113
Stauffenberg, Claus Schenk Graf von 107, 159, 161
Steinmeier, Frank-Walter 93

Steub, Ludwig 37, 39f., 52
Stieler, Karl 37, 39f.
Stöckinger, Veronika 16
Stölzl, Christoph 53
Strabon 86
Stresemann, Gustav 120
Stülpnagel, Carl-Heinrich von 107

Theophrast 54
Thoma, Ludwig 49, 58, 72f.
Thompson, David C. 25
Toepfer, Alfred 113
Toller, Ernst 156
Trampler, Kurt 80
Trautmann, Franz 25
Trifa, Viorel 109
Turner, William 26

Varnhagen, Rahel von 78
Vogeler, Heinrich 80
Vollmar, Georg von 53

Wagner, Gerhard 88
Walsh, Edmund 141
Watanabe-O'Kelly. Helen 63
Weizsäcker, Carl Friedrich von 98, 130, 132, 148f., 152, 158, 196, 199
Wels, Otto 96
Wepfer, Josef 130
Werner, Anton von 69
Wiechert, Ernst 173f.
Wied, Viktor Prinz zu 88
Wildt, Michael 95
Wilhelm II. von Preußen, Kaiser 68–74, 79, 86, 93–95, 178
Wilhelm I. von Preußen, Kaiser 72
Wille, François 130, 132
Wille, Gundalena 132
Wille junior, Ulrich 150
Wille, Ulrich 96, 150
Willich, Lotte 135
Wittmann, Reinhard 174
Wolf, Georg Jakob 58
Wolf, Gertraud 180
Wolter, Franz 28
Wolter, Heike 89
Wolzogen, Ernst von 58
Wormbs, Barbara 28
Wurzbach-Tannenberg, Constant von 32, 33

Zahler, Anna 167, 168
Ziegler, Benno 113
Zweig, Stefan 85, 125–127, 135
Zweite, Armin 30
Zwengauer, Anton 32

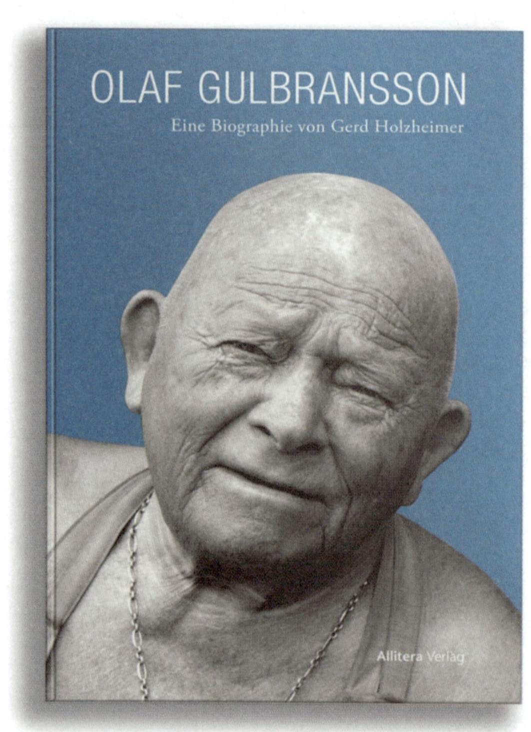

»Eine fulminante Biographie des Meisters … Unbedingt anschauen und lesen.«

MUH

Olaf Gulbransson war ein Urgeschöpf als Mensch, voller Liebe zu aller Kreatur und der Natur als Ganzer. Gulbransson erkannte die Menschen, indem er ihr Inneres förmlich erschnüffelte, und er konnte sie zeichnen, auf ihren eigenen Punkt bringen. Er war nicht nur ein genialer Künstler, er war auch ein komplexer Mensch. Wie jeder Mensch war auch er widersprüchlich – privat, künstlerisch, politisch.

Von seiner Geburt 1873 im heutigen Oslo bis zu seinem Tod 1958 auf dem Schererhof, hoch über dem Tegernsee, geht sein Weg. Künstlerisch von ersten Veröffentlichungen in norwegischen Satirezeitschriften wie »Trangviksposten« bis zum kühnen Einfall des Verlegers Albert Langen, diesen jungen Mann 1902 aus Norwegen nach München zum »Simplicissimus« zu lotsen, lässt sich seine Entwicklung zum genialen Strich seiner Zeichnungen verfolgen, ebenso wie zu nachgerade zenbuddhistischen Aquarellen etwa des Hirschbergs.

Seit der Liebeserklärung seiner Frau Dagny in »Gulbransson – Sein Leben« ist dies die erste Biographie über den großen Zeichner, Maler und Menschen Olaf Gulbransson.

328 S., Hardcover, ISBN 978-3-96233-235-8